¿QUIÉNES SON LOS DOMINICANOS?

Caleidoscopio Turbulento

La identidad nacional de La República Dominicana

por

ALAN CAMBEIRA

*"¿Puede ser que la sabrosura del sancocho dominicano
asfirma la riqueza del simbiosis cultural
de la Isla y de su identidad nacional?*

Copyright © 2002
Alan Cambeira

Todos los derechos reservados.
Se prohibe la reproducción parcial
o total de esta obra por cualquier
medio electrónico, fotostático
o impreso sin permiso previo,
por escrito del autor o
del editor.

Library of Congress Card Number: 2002095588

ISBN 0-9720821-0-7

Printed in the U.S. A. by
Morris Publishing
3212 East Highway 30
Kearney, NE 68847
1.800.650.7888

Foto en Cubierta: cortesía especial de una gran amigo caribeño, Toni Bethell.

*A la preciosa memoria de mi madre Luelvert,
Trabajadora incansable y mi más grande y fiel seguidora.*

También para mi querida Carmen, que en paz descanses.

AGRADECIMIENTOS

Estoy en deuda con todas aquellas personas que directa o indirectamente posibilitaron la ejecución de esta obra... personas maravillosas tales como la Sra. Paulina Lantigua. Gracias al generoso apoyo de todos mis amigos y familiares en la Isla, pero especialmente al talentoso Julio Belén debo agradecerle el gran esmero puesto por hacer posible la preparación del manuscrito y por su lectura crítica del texto.

Por último, quiero dedicarle esta obra a la Srta. Ruth Ocumares -Miss República Dominicana 2002- una inteligentísima y bellísima joven cuya audaz y valiente presencia en el certamen de Miss Universo sirvió para inspirar a toda una nación.

CONTENIDO

Agradecimientos 3
Prólogo 8
Notas 21

I. PRESENTANDO A QUISQUEYA 22
El Azúcar 23
La Readidad Dominicana 25
La Tierra 25
Las Cordilleras 26
El Jardín de Las Antillas 28
Los Ríos 28
Notas 29

II. LA GENTE DE LA REPÚBLICA DOMINICANA 31
¿Quiénes Son Los Dominicanos? 32
Notas 35

III. LA HERENCIA INDÍGENA 36
Sa-sa, Se Nou! 37
El Repartimiento y La Encomienda 39
La Cultura Taína 40
El Mundo de Los Espíritus 42
La Herencia Taína 43
Los Conucos y El Casabe 44
Lo Lingüístico 45
Notas 47

IV. LA HERENCIA ESPAÑOLA 49
El Carácter Nacional 50
Un Dominio Privado 51
¿Y La España Que Abandonaron? 53
El Espíritu de Cruzada 54
La Doble Amenaza 55
¿Quiénes Fueron Estos Extranjeros? 56
Las Actitudes Colonizadoras 57
Una Inversión Astuta 58
Nicolás de Ovando: Visionario Brutal 60
Notas 61

V. LAS VOCES DE OPOSICIÓN Y RESISTENCIA 64
En Defensa de Las Culturas Indígenas 66
Enriquillo: El Primer Héroe de América 67
Notas 69

VI. LOS RENEGADOS: POBLADORES MARGINADOS 70
Los Ataques de Rivalidades 72
Los Individuos Sin Patria 73
Notas 76

VII. LOS CIMARRONES: UNA CULTURA SIN FRONTERAS 79
Los Inicios de Resistencia 80
Un Cambio Demográfico Radical 81
Algunas Contradicciones 84
Notas 86

VIII. LOS AFRICANOS: UNA TEMPRANA PRESENCIA 88
Introducción al Pasado Africano 89
Controversia de "El Descubrimiento" 90
Los Africanos en La América Precolombina 91
Los Africanos que Llegaron 93
Se Despierta Europa 93
Las Actitudes Heredadas 94
La Pureza de Sangre 95
La Cuestión del Mestizaje 96
Notas 97

IX. LA INDUSTRIA AZUCARERA DEL SIGLO XVI 99
La Llegada de Azúcar 100
El Azúcar y Los Jerónimos 100
El Azúcar y Los Esclavos 101
El Desplazamiento y La Decadencia 102
Notas 104

X. UNA ISLA DIVIDIDA: LOS DOS SANTO DOMINGO 105
Una Parálisis Absoluta 105
Las Devastaciones 105
El Vecino Occidental 106
Un Vecino Muy Diferente 107
Explotados Hasta Lo Máximo 108
Dos Agendas Distintas 108
Notas 110

XI.	LA REVOLUCIÓN HAITIANA	112
	La Caída de La Monarquía Divina	112
	El Activismo de Los Mulatos	114
	La Ceremonia de Boïs Caïman	114
	La Política de Toussaint L'Ouverture	115
	La Unificación de La Isla: 1801	116
	La Llegada de Las Tropas de Napoleón	116
	Notas	118
XII.	LAS CONSECUENCIAS DE LA REVOLUCIÓN HAITIANA	120
	Los Franceses y Los Hateros	122
	La España Boba	124
	El Haití-Español	125
	La Ocupación Haitiana: 1822-1844	126
	Las Consecuencias del Predominio Haitiano	128
	Notas	129
XIII.	LA CAMPAÑA DE INDEPENDENCIA	131
	La Fundación de La Trinitaria	131
	Se Acaba El Predominio Haitiano	132
	Viene El Caos	133
	La Anexión y Restauración	134
	Notas	135
XIV.	LA INVASIÓN DEL COLOSO DEL NORTE	137
	El Expansionismo de Los EE.UU.	137
	Las Relaciones Interamericanas: Una Vergüenza	139
	La Época del "Palo Grande"	140
	La Llegada de Los Marineros Norteamericanos	141
	Los Gavilleros	142
	Las Consecuencias de La Ocupación Militar	143
	Notas	145
XV.	LA ERA DE TRUJILLO	147
	La Ascención al Poder	147
	El Padre de La Patria Nueva	149
	Resucita La Ideología Antihaitiana	150
	El Proceso de Dominicanización	152
	La Caída de La Bestia	153
	En La Sombra de Trujillo	154
	La Guerra de Abríl	155

    Las Consecuencias de La Guerra 156
    La Política Balaguerista 157
    ¿Valió La Pena? 158
    Notas 159

XVI. CONCLUSIONES: SOÑANDO JUNTOS 162
    El Gran Encuentro 162
    Las Voces Auténticas 164
    Con Todos Los Ingredientes 167
    Las Configuraciones del Color 168
    Un Gran Almacén de Tesoros Históricos 170
    Hacia El Oriente 171
    Hacia El Occidente 171
    Hacia El Sur y Suroeste 172
    Hacia La Zona Fronteriza 172
    Hacia El Norte 174
    Más Allá de Recuerdos Turísticos 175
    Notas 179

APÉNDICES 180
  A. ¿Qué Rinde Diferente El Lenguaje de Quisqueya? 181
      Glosario Breve de Dominicanismos Comunes 182
  B. Tesoros Nacionales 187
      El Sancocho Dominicano 187
      El Merengue 189
  C. Hipólito y Milagros 191
  D. Un Nueva Identidad Nacional de Inclusión 192
  E. Ironías Inexplicables de Una Comunidad: Luces y Sombras 195
  F. Los Mapas 198

REFERENCIAS CITADAS 203

*****

PRÓLOGO

¡El Caribe! Simplemente al mencionar dicha palabra nos invoca instantaneamente seducción y atracción a la visión primordial de esa región: sol, mar y arena. Las imágenes hablan por sí misma y son como fantasías pulidas sacadas de los más lustrosos folletos para viajeros: cruceros llegando al puerto bañado de sol; la compra libre de impuestos; hoteles lujosos para turistas; leyendas exóticas de tesoros escondidos; poderosos galeones españoles navegando en el litoral del Mar Caribe; atrevidos piratas y bucaneros al punto de atacar; ruinas de las plantaciones azucareras de un pasado remoto; fortalezas históricas; pelicanos, lavanderas y flamingos; deportes acuáticos como windsurfing, snorkling, scuba; millas tras millas de playas aisladas y punteadas por cuevas, ensenadas y cayos románticos; las tibias aguas cristalinas, radiantes en su color aquamarina lavándose encima de arrecifes de coral y suavemente golpeando las playas de arena muy fina y empolvada. Indudablemente son las espléndidas islas del Caribe que se encuentran entre el grupo de las joyas más seductivas del mundo. La región caribeña constituye un mundo distinto y propio que se extiende algunas dos mil millas, desde las repúblicas centroamericanas en el este hasta el arco de las Antillas Menores. La verdad es que esto es paraíso tropical de belleza celestial

Se equivocan fácilmente muchas personas en desear incluir las Islas de Bahamas dentro del grupo de islas caribeñas. Sin embargo, en un sentido estrictamente geográfico, las Bahamas sí son más correctamente parte de la región total de las Antillas. Es cierto que las Bahamas se encuentran en el Atlántico, fuera de la punta sureña de la península de la Florida. Las islas del Caribe se dividen en dos grupos principales. Primero, en el norte se encuentra la más grande de todas las islas del Caribe, Cuba, junto con Jamaica, Hispaniola (la cual comparte las islas de Haití y la República Dominicana) y Puerto Rico, formando así lo que se denominan como las Antillas Mayores. Rodeando hacia el este de Puerto Rico y entonces hacia el sur de Venezuela, manchando la alfombra aquamarina se encuentran las Antillas Menores, que incluyen Antigua, Guadaloupe, Dominica, Martinica, St. Lucia, St. Vicente y las Grenadinas; más lejanamente se encuentran Barbados, Trinidad/Tobago, Aruba, Curaçao y Bonaire Por otro lado, cuando miramos más allá de la fantasía de imágenes superficiales, lo que encontramos es una desnuda realidad. Vemos una realidad cargada de siglos de una historia remachada.

El Gran Encuentro del Almirante Cristóbal Colón sería un magnámino evento que sin duda rehizo tres mundos diferentes y contrarios: Las Américas, Europa y África. La aventura inicial empezó en 1492 y continuando en viajes sucesivos, cuatro en total, para arrojar más tarde, caballos, puercos, ratones, yerba mala, árboles de frutas variadas, enfermedades de todo tipo y más de mil hombres. Las invasiones de los españoles llevando patógenos activaron pandémicos que finalmente mataron a millones de indígenas quienes jamás habían visto a un europeo, ni hablar de haber oído mencionar esta raza de seres humanos. Cuando los europeos vieron desaparecer muy rápidamente su suministro de mano de obra, ellos montaron una campaña febril para importar a los cautivos de África. Dentro de muy poco el Caribe alojaría el Nuevo grupo de colonos dominantes en la región: los captivos que empezaron a llegar desde África a tales números asombrosos que en relativamente poco tiempo constituyeron el grupo más numeroso de todos los otros grupos combinados. En un futuro no muy lejano estos africanos también serían bastante amenazadores en cuanto a sus números.

En los siglos que siguen El Gran Encuentro, el Caribe se caracterizó por haber tenido una época de intensa rivalidad imperial (1625-1765). Fascinados por las riquezas potenciales y por la importancia estratégica en cualquier guerra marítima, las naciones europeas muy íntimamente se atrincheraron en los asuntos, tanto políticos como económicos de la región. Como consecuencia se produjeron en las aguas cristalinas caribeñas muchas decisivas batallas marítimas. Las flotas de España, Holanda, Inglaterra, Francia, aún las de Dinamarca y Suecia, todas entablaron un combate con acciones amargas en la región. Entre los años de 1640 y 1650 una gran cantidad de refugiados holandeses del territorio portugués de Brasil les habían enseñado a los plantadores ingleses y franceses cómo producir el azúcar. Los dueños de las plantaciones se hicieron ricos gracias al sudor y sangre de millares y millares de africanos que sufrieron bajo el látigo y las cadenas de la institución bárbara e inhumana de la esclavitud a todo lo largo del Caribe.

El sistema de la plantación esclavista de azúcar construyó las economías del Caribe. Los levantamientos de los esclavos ocurrieron en todas las islas caribeñas en las últimas décadas de los años de 1700, pero la única rebelión que logró convertirse en éxito absoluto fué la de los esclavos en la colonia francesa de Saint-Domingue, la colonia más rica del mundo en aquel entonces. En el contexto histórico de la época la Revolución Haitiana tuvo sus consecuencias trascendentales sobre todo para el pueblo haitiano, al liberárlo de la ignominiosa explotación esclavista y de la sujección colonia directa. Pero además la Revolución Haitiana tuvo consecuencias a escala de la zona del Caribe, asestando un primer golpe al sistema esclavista predominante en la región. Las tropas francesas se recapitularon ante las fuerzas de los haitianos a finales de 1803 y el 1ro de enero de 1804 fué proclamada el acta de fundación del Estado Haitiano. Inglaterra libró a sus esclavos en 1834; Francia y Dinamarca siguieron en 1848; España tardó hasta 1886, el año en que la abolición llegó finalmente a Cuba.

En 1898 estalló la Guerra Hispanoamericana; las tropas norteamericanas se instalaron en Cuba y hacia finales de año España había entregado a favor de los Estados Unidos los diversos territorios formando parte del imperio español, entre ellos Puerto Rico. Con la ayuda de los Estados Unidos los nacionalistas cubanos habían ganado su libertad contra España. Como proveedores de azúcar y otros deseosos productos tropicales, las islas de

Cuba, Puerto Rico y La República Dominicana atrajeron el grueso de la inversión de capitales de los monopolios norteamericanos en la caña de azúcar. Además de la ampliación de la producción, al amparo de los regímenes de ocupación en las islas se dio un proceso de definición plena del poder de los monopolios capitalistas sobre el sector.

En Cuba, por ejemplo, enormes volúmenes de inversión de capital--más de mil millones de dólares--soportaron e incrementaron el desarrollo bastante rápido de la industria azucarera. En la era de intervención militar económica de los norteamericanos, el Mar Caribe se le dio el apodo de "El Mediterraneo Americano." El núcleo de la esfera de influencias estadounidenses se extendió aproximadamente desde las Islas Vírgenes hasta Panama y Nicaragua. Durante la segunda Guerra Mundial había una impresionante cadena de bases militares construídas por los Estados Unidos a lo largo de las Antillas para proteger las principales verjas marítimas que unen el Océano Atlántico con el Mar Caribe. Desde 1945 muy pocas islas antillanas han disfrutado de un vigoroso crecimiento económico. Algunos críticos culpan sus problemas en el neocolonialismo, un proceso majormente a cargo de una parálisis de la economía interna, que va descapitalizando poco a poco la economía nacional.

El primero de enero del nuevo año de 1959 señaló la derrota de una época larga de una Cuba caracterizada por corrupción y decadencia salvaje bajo la tutela del régimen de FulgencioBatista. El joven intelecto y hombre de acción, Fidel Castro, introdujo en la isla una nueva visión para la sociedad, transformándola en una Cuba Revolucionaria. La isla se convirtió de capitalismo y de una dependencia gruesa de los Estados Unidos a un socialismo radical. Desde entonces las olas sucesivas de emigración han llevado a más de un millón de cubanos al destierro o exilio, más frecuentemente a las orillas estadounidenses. Ahora, unos cuarenta años después y plagada de dificultades económicas severamente cojeadas, Cuba está esforzándose por tomar una nueva dirección ; al mismo tiempo el propio Castro está contemplando un nuevo papel. En el medio de estos cambios dramáticos, las otras islas del Caribe se han puesto suficientemente pragmáticas en adaptarse a la nueva realidad cubana que está afectando toda la región .

Como sucede con todo, el Caribe ha sido el campo de batalla para historias en pugna. Los primeros inmigrantes europeos en la región fueron mucho más que conquistadores ambiciosos y misioneros farisaicos. Fueron también escribanos y crónistas que vieron su llegada a la región como el inicio de la historia caribeña. Esta tendencia ha persistido en la medida en que el nuevo territorio como un todo y el Caribe en particular, se han proyectado como extensiones de la historia europea, dígase holandesa, inglesa, francesa o española. Sin embargo, la verdadera historia de las Antillas tiene que empezar con los pobladores aborígenes en la región, las diversas culturas precolombinas, provenientes de varios grupos de pobladores del continente sudamericano. Contrario a lo que se cree generalmente, por ejemplo, los indígenas caribes en las Antillas Menores desempeñaron un papel importante en la región hasta el final de *L'Ancien Régime*. Tanto franceses como ingleses los consideraron como una "nación," una fuerza digna de ser tomada en cuenta.

Lo que geográfica e históricamente constituye hoy la región caribeña ha recibido diferentes calificativos o denominaciones que guardan relación con su condición mítica. Se reconoce la región por varios términos: El Caribe, Las Antillas, Las Indias Occidentales. En mayor parte las diferentes denominaciones sirven para reflejar las varias percepciones de la región a través de su historia. Como ya se sabe, el Caribe, tanto el mar como los territorios insulares, lleva el nombre de uno de los grupos aborígenes más antiguos, los caribes. Este grupo étnico existió en las Antillas algunos quinientos años antes de la llegada de Cristóbal Colón. Aunque los caribes tenían muchos rasgos parecidos a los taínos, eran aquellos una cultura predominantemente guerrera. Mientras los taínos habían sido extinguidos dentro de sólo cincuenta años de la invasión de los europeos, existen aún sobrevivientes de los caribes para recordar su gloria pasada en la reserva de Dominica, pequeña isla de habla inglesa en las Antillas Menores.

Es de notarse que una compresión amplia del proceso evolucionario de la cultura de la región se llega por la evolución de la denominación de si misma: Caribe. El Almirante Colón buscaba validar en términos aristotélicos la esclavitud y la explotación de las culturas indígenas. Es que antropofagia era, en la mentalidad europea, sinónimo de deshumanización. Así, el hombre deshumanizado por determinadas tareas era para Aristóteles la definición misma del esclavo natural. El argumento del canibalismo fue un macabro acierto de Colón, pues a partir de ese momento histórico se constituiría en la excusa más socorrida por los colonos y tratantes, para poder adquirir de manera gratuita la obra de mano esclava. La propia Reina Isabel terminaría autorizando la esclavitud de los "caníbales," los cuales, al decir de varios estudios refiriéndose a los caribes, fueron una invención interesada. [1] Idolatría o herejía y canibalismo, vendrían a ser los primeros cimientos de la ideología encaminada a expresar la inferioridad y la irracionalidad de las culturas en "El Caribe, Frontera Imperial," título que se refiere a toda la región. Como se nota, el calificativo "Caribe" conlleva la percepción del canibalismo, sirviéndose de argumentos para sostener las tesis de la inferioridad. Así entonces, los invasores europeos en el proceso brutal de colonización tendrían su justificación por el asimiento armado de los territorios--la primera de muchas batallas de la civilización contra la barbárie en las Américas.

La lista de diferentes denominaciones reflejando las diferentes percepciones sobre la región sigue con el término Las Indias Occidentales. La ironía, por supuesto, es que la ambiciosa aventura del Almirante en 1492--su "Gran Descubrimiento"--fue todo un gran cálculo erróneo, una equivocación geográfica. Hasta lo último, Colón insistió en que se había abierto una nueva ruta más corta hacia el Asia o "las Indias" navegando hacia el Oeste por el "Mar Tenebroso." Aún en estos días contemporáneos la denominación se utiliza en las comunidades caribeñas de habla inglesa. Además y especialmente en el continente sudamericano los grupos indígenas se denominan "i*ndios*", un término muy despectivo en países como Bolivia o Perú. Los verdaderos indios como importante grupo residente en la región empezaron sus olas migratorias, llegando al Caribe (de la India) como braceros contratados en medio del siglo diecinueve.

Finalmente en la lista, la denominación Antillas, que también fue una invención europea, se impuso a las varias islas del archipiélago a pesar de sus propios nombres indígenas: Ayiti-Quisqueya-Bohio: los tres nombres indígenas intercambiables usados a la vez (Hispaniola), Borinquen (Puerto Rico), Cubanacan o Siboney (Cuba), Waladi (Antigua), Iere (Trinidad), Hairoum (St. Vincent), Lucayas (The Bahamas), entre algunos. El término Antillas se deriva de Antilia, un nombre que fue empleado por los geógrafos medievales para referirse a la "Isla de las Siete Ciudades," supuestamente localizada en el Océano Atlántico al oeste de los Azores. Nunca se evidenció la existencia de esta isla mística. A finales del siglo quince la denominación se aplicó al grupo de islas "descubiertas" por el Almirante genovés. Desde el principio del Gran Encuentro histórico los europeos conquistadores se habían impuesto sus fantasías, ilusiones, mitos y sus propias realidades a la región del Caribe, lo que hoy en día se refleja en los nombres corrientes.

Contrariamente a lo que creen de manera abrumadora muchos individuos en los Estados Unidos, las islas del Caribe son muy diversas, mientras a su vez tienen mucho en común. Lo que se conoce como las islas caribeñas consta de una cadena de joyas naturales que se extiende desde las Islas de Sotavento (*Leeward*) holandesas y las islas de Trinidad-Tobago, islas cercanas a la costa húmeda de Venezuela en Sud América, hacia las islas de las Bahamas y las Antillas Mayores en el norte. Es un verdadero arco que sigue su rumbo encorrado por el Océano Atlántico. Fuera de la costa noroeste de Haití, este archipiélago se divide en dos ramas: una hacia el norte para los estrechos de la Florida y la otra hacia el sur para la península de Yucatán. Las islas situadas aquí en la parte sur y suroeste rodean el Mar Caribe, mientras sus litorales se extienden desde México hacia Guyana. Hay como nueve países distintos en América Central y América del Sur con sus costas bañándose en el Caribe. En total, el archipiélago consiste en millares de islas, islotes y cayos; muchas de estas islas se encuentran inhabitadas. Esta mezcla extraordinaria de tierra y mar se denomina el Caribe. Sin duda es una región socio-cultural en la cual su preciosa belleza natural corre paralela a su diversidad asombrosa.

Lo que tienen en común estas islas en cuanto a su evolución socio-cultural es de notar. En mayor parte son islas pequeñas, con las excepciones de los territorios formando las Antillas Mayores: Cuba, Hispaniola, Jamaica y Puerto Rico. La segunda experiencia común de las Antillas es su historia colonial; con la excepción singular de Haití, que logró su independencia a través de la Revolución de 1791-1803, todas las islas del Caribe encontraron colonias absolutas hasta el siglo veinte. En términos económicos este colonialismo hizo que las islas se transformaran en modelos clásicos de explotación mercantil. Como resultado existe la herencia en una producción monocultiva y las islas se convirtieron en enormes fábricas agrarias, con una serie de cultivos especiales, todos designados para el consumo de ultramar. Una tercera característica comun para todas las islas del Caribe es la evolución de una sociedad estratificada entre dos grandes sectores: la clase dominante de hacendados quienes historicamente han controlado todo medio de producción y sus ganancias; la otra clase fue el subordinado proletariado agrícola o sea, la esclavitud. En todas las islas del Caribe la base de la economía fue la plantación esclavista.

Por otro lado, en cuanto a la diversiversidad fisiográfica hay también elementos extraordinarios. Las Antillas tienen por lo general un relieve elevado: picos altos, llanuras dilatadas, regiones desérticas, valles fértiles y profundos. Los ríos son, en mayor parte, cortos y de corrientes suaves. Por hallarse enmarcado en una zona tropical, son dos períodos que forman las estaciones: uno seco y el otro húmedo. En cuanto a la vegetación, la misma refleja las condiciones climáticas y de superficie, siendo realmente una asombrosa diversidad. La fauna corresponde a un proceso de incorporación de las especies indígenas con aquellas introducidas con la conquista española del siglo quince.

Se encuentran islas volcánicas levantándose abruptamente desde el mar, con sus faldas de montañas cubiertas por completo en bosques densos y clavadas por fluviales veloces. En la región hay islas de coral caliza que son llanas y secas, mientras hay otras que son extremadamente exuberantes. Otras islas más son rocosas y al parecer sin vida absoluta. También se puede experimentar unas sensaciones diversas de clima. En muchas islas es posible viajar entre arrecifes y playas, pasando después por un matorral espinoso y luego por plantación fecunda hacia bosque todo dentro de una distancia de muy pocas millas. Especialmente en las montañas las temperaturas pueden bajarse abruptamente entre sol y sombra, o entre el día y la noche.

Con toda la diversidad de topografía del Caribe corren desde montañas y cordilleras altas y bosques de pino, lagos volcánicos y charcos salados, hasta pantanos y costas húmedas y lluviosos, donde abundan los insectos dañinos. Los vientos alisios predominantes oriundos del nordeste casi todo el año, atraen con ellos aguaceros más duros al norte y al este de las islas montañosas que al sur. Las islas bajas tienen mucho menos precipitación y las lluvias alcazando estas islas llegan en forma de turbonadas de poca duración y no de aguaceros continuos. Pero sin ninguna duda son los feróces huracanes que le infunden el verdadero terror a los pobladores por toda la región, llevando una fuerza de vientos y lluvias aveces de 225 a 250 km por hora cuando arrivan al Caribe. La diversidad entonces es evidente en casi todos los aspectos de la región..

Se puede concluir con la observación que es la diversidad la clave central para entender y caracterizar el Caribe. Ninguna isla es heterogéneo cultural o étnicamente por completo. La verdad es que, otra vez, es la diversidad lo que caracteriza en mayor parte el Caribe. En cuanto a raza, idioma, religión y música, otra vez el elemento de diversidad hace el Caribe una de las regiónes más heterogéneas del mundo. En mayor parte, esto proviene de las complejas inmigraciones de pobladores que crearon las sociedades caribeñas: lo indígena, lo europeo, lo africano, lo indio oriental--con gran cantidad de subgrupos y mezclas étnicas procedentes del medio oriente, la China y otras regiones asiáticas. Están en el Caribe cinco de los seis países mundiales con la cifra más alta de migración a los Estados Unidos durante las últimas décadas de los 1980.

Han llegado casi dos millones de puertorriqueños (por supuesto, como ciudadanos estadounidenses), más de un millón de antillanos en general, más de medio millón de dominicanos y más de 600.000 haitianos. Sin duda, el eslabón más impresionante entre el Caribe y los Estados Unidos tiene que ser esta corriente firme de inmigración caribeña al continente. Se estima que desde la Segunda Guerra Mundial, apróximadamente uno de cada siete individuos nacidos en las Antillas reside ahora en los Estados Unidos.

Está bien claro que existe una diáspora antillana debido al gran éxodo que ha marcado en los pueblos caribeños, formando una comunidad caribeña residente muy visible en el exterior. Quizás una cifra de veinticinco por ciento de los inmigrantes documentados a los Estados Unidos, junto con un porcentaje aún más alto de los que llegan sin documentos, todos tienen su orígen en el Caribe.

En cuanto a las estructuras económicas por toda la región antillana, hay también diversidad extrema: de los Caymans con sus refugios casi sagrados de impuestos hasta las pólizas de una economía mixta de socialismo con un mesurado capitalismo en la Cuba de hoy. Al mismo tiempo existe un país como Haití, todavía entre los países más pobres del mundo debido en mayor parte a las devastaciones de una larga herencia de corrupción y codicia dictatoriales, que ofrece mucha esperanza concreta bajo la restauración de la presidencia del humanitario Padre Jean-Bertrand Aristide. Sin embargo, las economías caribeñas en conjunto están sufriendo penosamente unas serias dificultades. Dos exportaciones principales del Caribe, el azúcar y la bauxita, están enfrentando un problema con su vulnerabilidad a las fluctuaciones del mercado internacional. Los ingresos del turismo lucrativo regional se encuentran bajos, por un lado la tensión de la criminalidad doméstica creciente y por otro, un tiempo cada vez más imprevisible. También la agricultura en mayor se halla más débil y en decadencia a lo largo de la región. El desempleo tanto como el subempleo está a niveles peligrosamente altos casi por todas partes. Hasta la fecha no se puede determinar los efectos totales de varios acuerdos y tratados de comercio regional y mundial recién firmados e iniciados por los Estados Unidos.

Agregado a la lista de cuestiones problemáticas mucho más allá de la fachada de sol, mar y diversión turística está la dolorosa inquietud socio-política durante los recientes años, que aumenta muy rápidamente. La mayoría de las islas caribeñas están sobrepobladas de manera seria y como consecuencia es altísima la emigración de estas islas. La cuestión de los pasajes sin documentación ha llegado a una problemática internacional para las autoridades. Con toda certidumbre, las dificultades económicas regionales han sido un factor importantísimo, pero subrayando firmemente la incomodidad y la ansiedad sociales ha sido el mismo conflicto entre las metas fundamentales y legítimas, y las frustraciones tanto comunales como individuales. Esas ansiedades se concentran en la posibilidad de no lograr estas metas. Con frecuencia los temas comúnes a traves de la región son el crecimiento económico, el mejoramiento en la equidad, el empleo completo, la genuina representación y sensibilidad políticas, y la autonomía nacional significante. Todas las islas están todavía vinculadas a grados variantes en los lazos dependientes de una manera u otra a una metrópoli. Estos lazos requieren un modelo herméticamente regulado de relación (pero desgraciadamente nunca como socio auténtico) con la sede de poder localizada en otra parte. En los recientes años esa sede ha sido Washington, D.C.

Los Estados Unidos están muy estrechamente involucrados con la Cuenca del Caribe entera--cada vez más dominando el comercio e inversión, incluso la política interior de los países de la región. En muchas diversas maneras, las actividades estadounidenses (que sea la ayuda económica o una presencia militar) en las Antillas se han ampliado más de diez veces en dimensión desde 1977, aún mientras se han disminuido de modo significativo las cantidades de ayuda externas. Se observan estas actividades en ejemplos como el supervisar y más tarde el condenar las elecciones nacionales en República Dominicana; el restaurar fisicamente a Aristide a su poste presidencial; el obtener la extradición controversial del General Manuel Noriega de Panamá; o el contribuir a la "eliminación" del presidente elegido de Granada, Maurice Bishop. En la escala mundial, con la excepción de Israel y Egipto, los países de la Cuenca del Caribe son los destinatarios más grandes de ayuda económica de los Estados Unidos.

El envolvimiento desembocado de los Estados Unidos, junto con un renovado interés en el Caribe, sobre todo en las áreas de asuntos cruciales diplomáticos y demográficos, se ha elevado en mayor importancia. Las islas del Caribe sostienen muchos votos en la Naciones Unidas, La Organización de Estados Americanos y otras delegaciones. Así, estas naciones isleñas forman un valioso aliado de apoyo para los Estados Unidos en un sin número de cuestiones críticas internacionales. En términos de la demografía, los Estados Unidos sí tienen una estaca definida en controlar el flujo de emigración de la región. En tal manera, los Estados Unidos despliegan un rol crucial en los esfuerzos para calmar las ansiedades y las situaciones potencialmente explosivas en las comunidades de la Florida-Sur a Nueva York, Nueva Jersey, Connecticut, California, Texas y otros estados del continente norteamericano. El eliminar la posibilidad para una conflagración regional en el Caribe, el mantener accesible y abierta las rutas marítimas vitales que atraviesan el Caribe, mientras se promueve el importantísimo desarrollo económico y la estabilidad política a largo plazo para la última meta de independencia. Son entonces algunas de las preocupaciones centrales para justificar el envolvimiento básico de los Estados Unidos en la región. El desafío real por un sincero compromiso estadounidense han despertado a la realidad desnuda que su felicidad, tranquilidad, prosperidad y crecimiento últimos son sumamente enclavados con el bienestar de las poblaciones del Caribe. Por fin unas discusiones honestas y francas, junto con información muy útil sobre la región, su historia, su cultura y sus gentes se han vuelto hoy una necesidad imperiosa.

Quisqueya La Bella

Lo que en épocas más antiguas la cultura caribeña indígena de los taínos llamó Quisqueya y a veces Ayiti es hoy día la isla de Hispaniola: la isla entera comprende el territorio de dos países, la República Dominicana situada en la zona del este y La République d'Haïti al oeste. Los diferentes calificativos de la isla claramente guardan relación directa con su condición insular. La denominación Ayiti es la más antigua: significaba "Tierra Alta," para la parte occidental, mientras el nombre de Quisqueya significaba "Madre de todas las Tierras," se utilizaba para la parte oriental. Las razónes para este perfil introductorio de La República Dominicana no son difíciles de justificar.

En primer término, en la actualidad los Estados Unidos están enfrentando un período serio, tenso y feo en cuanto a su historia. Es un momento manchado por un resurgimiento de cuestiones urgentes y ansiosas de etnicidad e inmigración como un componente mayor de dos filos en cuanto al desarrollo político, socioeconómico de los Estados Unidos. En segundo término, hasta los tiempos más recientes, este resurgimiento caracterizando al latino como el protagonista fue ignorado en mayor parte por los especialistas en culturas, los historiadores y los sociólogos. En los últimos años, sin embargo, el impacto de la inmigración caribeña--y lo más significativamente la llegada indocumentada de los grupos antillanos de habla española y de habla criolla haitiana sobre la vida cotidiana en ciertas ciudades estadounidenses han sido tan asombroso e imprevisto que los académicos, los políticos y numerosos oficiales de las agencias sociales de repente han sido forzados a prestar atención y a reconocer ese impacto.

En particular, el pais de La Republica Dominicana ha sido vinculado estrechamente de forma económica y política a los Estados Unidos a lo largo de la historia moderna de la región (o sea, principalmente desde muy temprano en los años de 1860 cuando los Estados Unidos empezaron a planear e iniciaron las negociaciones para anexar la península de Samaná). Más de un presidente dominicano, junto con los líderes norteamericanos, se convirtieron en aventureros con el singular empeño de vender, arrendar y aún ceder o el país entero o la Bahía de Samaná a los Estados Unidos. Es preciso que los estudiantes conozcan y repasen cuidadosamente la larga historia, fea y vergonzosa de intervención y ocupación norteamericanas en las varias naciones de la Cuenca del Caribe, así como el envolvimiento de los Estados Unidos totalmente en los asuntos interiores de estos países.

Aunque La República Dominicana comprende un vuelo de unas dos horas desde Miami, situada en el centro de las Antillas Mayores, muchos estudiantes norteamericanos y a menudo sus maestros saben penosamente muy poco de la cultura dominicana, ni de la historia ni de su pueblo--indiscutiblemente una fuente mayor de inmigrantes al continente en estos días de hoy. Con la excepción de Puerto Rico, Cuba y Barbados, más inmigrantes fluyen de República Dominicana que de cualquier otra parte en el Caribe. Las actuales cifras de los dominicanos residentes en el continente con el status oficial o indocumentados alcazan más de medio millón. El cuarto motivo personal para laborar en este perfil detallado de La República Dominicana es la urgente necesidad de mostrar los lazos más significantes--más lejos de lo inmediato en cuanto al volumen de comercio y turismo--entre los Estados Unidos y la isla conocida como **Quisqueya la Bella**. Es un vínculo que consiste de seres humanos. La verdad es que la isla de La República Dominicana hoy día, junto con la región caribeña por completo, a causa de su proximidad a las orillas estadounidenses y de la creciente prominencia internacional de algunos líderes carismáticos y fascinantes de la región, se ha vuelto en un tipo de prueba de tornasol para las actitudes y la política oficial que inevitablemente Washington tendrá que adoptar hacia los países globales en vías de desarrollo.

En el caso de la historia dominicana se nota que dentro del contexto político social y económico del país, desde los inicios de la colonización forzada de la isla Quisqueya por africanos, los hombres y mujeres de ascendencia africana han sido marginados y discriminados--como ha sido el caso en todas las sociedades occidentales. Con el proyecto político de corte facista, que dio como resultado el gobierno dictatorial de Rafael Leonidas Trujillo (31 años), más los gobiernos semidictatoriales de Joaquín Balaguer (27 años), se implementó en la sociedad dominicana un objetivo estratégico específico de corte racista: el blanqueamiento hispanista (europeamiento) del país.

Dentro del discurso y accionar neofacista del trujillismo y más tarde el fuerte balaguerismo (neotrujillista), las voces afrodominicanas fueron silenciadas por la llamada "intelectualidad." Sus imágenes, reales o ficticias, fueron borradas con un efecto determinado de los textos históricos oficiales. Los textos siempre han alabado a una sola madre patria, España; nunca han hecho mención de la existencia de la otra madre patria que es África. Por otro lado, al tratar del asunto de la presencia masiva en la parte oriental de los nacionales haitianos, los vecinos isleños al lado occidental, sin falta puede crear una verdadera histeria, con el propósito de devengar utilidades posteriores a expensas de un dilema muy viejo que se mitigará a veces y que se parece improbable que se resuelva pronto--a causa de una genuina voluntad por parte de dos gobiernos cuyos destinos inevitablemente están vinculados.

Este libro contribuye al estudio de una interpretación cultural que puede servir para presentar esta cultura desde un ángulo no tradicional. A diferencia de la mayoría de los otros trabajos, este libro aspira a cambiar por completo la distorción cruel y proporcionar una perspetiva más inclusiva. Además, este libro aspira ofrecerle al lector la información necesaria para ayudar a satisfacer la demanda creciente en los Estados Unidos de libros instructivos sobre el Caribe. Yo espero que el estudiante especialmente, al terminar este libro, decidirá explorar con más profundidad los varios temas y problemas aquí presentados por medio de consultar las referencias sugeridas en la Bibliografía General. Escribir con una mesura de objetividad fue otra meta de quien escribió este libro. Sin embargo, es casi imposible evadir ciertos rasgos de subjetividad cuando se escribe sobre una historia que nos envuelve, nos vincula y de la cual somos el resultado. ¿Y es fácil? El lector está prevenido que este libro se ata a mis propias observaciones, perspectivas e interpretaciones muy personales. Lo más cierto, sin embargo, es que estas opiniones subjetivas están apoyadas firmemente por amigos y colegas dominicanos desinteresados, muy honestos y ellos mismos observadores perspicaces, comentaristas fieles, algunos de aquellos son analistas profesionales e intérpretes razonables de la sociedad dominicana.

Bajo ninguna circunstancia hubo cualquier esquema ancho o una tesis personal para demostrar alguna agenda socio-política. El autor no ha pensado en ningún momento escribir un tratado pretentiendo agotar la materia. Más bien, este trabajo puede ser considerado como un manual introductorio, o sea un tipo de recurso descriptivo y básico dentro de una metodología de análisis interpretativo. Se podría notar que este análisis fue obtenido del juicio personal a través de los diversos autores que han originado la historiografía más tradicionalmente conocida de la República Dominicana.

Este manual puede servir para aquellos lectores que tienen un genuino deseo e interés en ser presentado formalmente a la cultura quisqueyana. En el sentido más estricto éste no es un texto de la historiografía concebido y estructurado según algún criterio convencional. Al contrario, es más bien una exposición coherente e integrada de la evolución socio-histórica de la cultura del país, con el enfoque principal en aquellos elementos de la diversidad étnica y cultural que al final constituye una identidad colectiva nacional. Es esta identidad nacional que nos sirve como el telón lógico para la exposición.

Quisqueya: Una Hospitalidad Amorosa

La identidad de un pueblo es un proceso. Dicha identidad no concluye, no termina en un momento preciso. De igual forma "la realidad histórica dominicana amerita de una visión amplia y profunda que posibilite su comprensión aprehendiéndola como una suma de factores, como el producto procesal que nos contiene y del cual son elementos integrales los hombre y mujeres que cotidianamente la viven y sobreviven."[2] Lo esencial, según nuestro compañero Nelson Mella, se encarna firmemente en un pueblo que ha pasado tres siglos sumergido en una lucha audaz para su libertad, su soberanía y su autorización para forjar una identidad nacional y un propósito colectivo. La cultura dominicana se ejemplifica en un pueblo cuyos orígenes saltaron de la fusión dinámica de tres herencias profundamente ricas: la indígena, la española y la africana. El resultado fue dominicanos: una comunidad que, durante los períodos históricos muy tempranos, se armaron con determinación y esperanza, lucharon muy duro derramando muchísima sangre para que se garantice y asegure para siempre el derecho inalienable de una integridad nacional. A través de períodos sostenidos de sufrimientos, miseria y represión; de repetidas intervenciones y ocupaciones militares por extranjeros, así como los proyectos nefarios por aquellos dominicanos mismos con intenciones egoístas de comprometer los intereses nacionales, el pueblo dominicano ha desplegado su resolución muy única para sobrevir las frecuentes desigualdades monumentales. La lucha de medio siglo en duración por parte de los dominicanos para obtener su libertad ha sido descrito como "lo más agonizante y prolongada en el registro de las guerras de emancipación de América Latina." [3]

A lo largo del período de colonialismo europeo en el Caribe, la alianza de las coronas española y francesa fue decisiva para que el rey español permitiera a Santo Domingo comerciar con su vecina Saint-Domingue. Dentro de muy pocos años la colonia española inevitablemente se había involucrado en el tumulto sangriento hecho de la lucha independentista de su vecino. Se había hecho el premio deseado por todos los póderes europeos obsesionado con la noción de adquirir esta isla caribeña muy estratégica para los propósitos del comercio extendido y de la edificación del imperio. Aún después de ganar su independencia definitiva (1844), los dominicanos se encontraron en mal estado para aprovechar las oportunidades procedentes de su emancipación bien ganada. Lo suyo se volvió un registro triste de sufrimientos nuevos por algunos setentitrés años adicionales bajo descaradas dictaduras corruptas, incompetentes, opresivas y brutales.

Los fuertes disturbios que se suscitaron después de la muerte del Ulises Heureaux, conocido popularmente como el General 'Lilís' (1887-1899), plantearon al imperialismo la necesidad de variar los mecanismos de dominación sobre La República Dominicana. Intervino, además un nuevo elemento histórico, matizado por la guerra España-Norteamericana, que fue el aumento significativo de la nueva influencia Yanqui en América Latina. Se inició la época de la "Política del Gran Garrote," cuyo momento más notable enunció la lucha por el desplazamiento del imperialismo europeo y que justificaba métodos directos de dominación política, económica y militar de los Estados Unidos sobre la región entera de América Latina. Así se abrió la etapa del intervencionalismo directo del imperialismo norteamericano, trayendo consigo importantes modificaciones en la sociedad dominicana. El país pasó a ser ocupado por los infantes de la marina estadounidense, una ocupación militar que iba a durar ocho años (1916-1924) y donde se veía un gobierno militar extranjero tomando numerosas medidas de orden económico, social y político. A pesar de todo, aguantó el pueblo dominicano.

Llegó la Era de Trujillo y su larga tiranía. La dictadura de Rafael Leonidas Trujillo fue la más larga que había conocido la Isla y una de las más brutales que ha conocido América, quizás debido (según algunos comentarios) al hecho de que con él llegaron al poder, por primera vez en la historia dominicana, las codicias y estrategias de la nueva burguesía en sus aspectos más crudos. Más que nada, Trujillo acudió a consolidar su omnipotencia y lo hizo mediante el terror más violento y represivo. Sin embargo, a lo largo del régimen de Trujillo, el pueblo dominicano siguió aguantando. Con la muerte de Trujillo, un espíritu colectivo resucitó y provocó un período traumático de intentos genuínos para la democratización del país, un proceso completamente nuevo y arduo. La tragedia nacional explotó en 1965 con la Guerra Civil sangrienta; hay segmentos de la población dominicana que llaman el evento una Revolución. La subsecuente acción unilateral de los Estados Unidos vio de nuevo una invasión militar norteamericana, provocando una crisis tanto internacional como interna. La Guerra destructiva costó al país un estimado de cinco millones de vidas dominicanas.

Hasta hoy día se analiza y se discute esta crisis nacional, todavía causando a veces recuerdos amargos por ambos lados del conflicto monstruoso. Quizás en ningún otro momento en la larga historia de la nación--después que los protagonistas principales firmaron una Acta de Reconciliación y salieron las tropas de ocupación del territorio dominicano--había un punto más crítico de reflexión agónica para determinar la dirección nacional con sus implicaciones variadas y múltiples para un futuro colectivo. Aún con la resultante nación dividida políticamente, el pueblo dominicano pudo reunir sus fuerzas tradicionales para sobrevivir la tragedia. A través de sus tortuosas decisones electorales--decisiones que a menudo se caracterizaban por problemas críticos y controversiales, el pueblo dominicano al final de todo escogió un retorno a una normalidad relativa.

El pueblo había exigido un cambio significativo en la campaña electoral de 1978 con Antonio Guzmán (1978-1982), el candidato que pidió el desmantelar de la jefatura de la oligarquía militar y política tradicionales. Los dominicanos habían votado por una terminación absoluta de las disruptivas facciones belicosas que estaban dividiendo la nación. El pueblo mismo quería una estabilidad económica que por muchos años había sido aplazada y necesaria junto con un ambiente comercial favorable para las inversiones extranjeras. Hubo una esperanza general que el país después de mucho tiempo estaba en rumbo sensato para un tipo de progreso socio-económico semejante a una democracia liberal.

Solo el Pueblo Salva al Pueblo

¡Cómo suena verdad esta frase sencilla! En los años más recientes el país se ha enfrentado con algunas presiones socio-económicas y políticas muy austeras. En medio de gritos explosivos de enojo, se han salido a la superficie nuevas inquietudes y descontentos del pueblo por todas partes de la República. A pesar de todo, el pueblo sigue aguantándolos. Como consecuencia al soportar la severidad de todo tipo de vicisitudes, los dominicanos inconscientemente han comprendido lo que es la identidad nacional, por muchos años buscada, pero evasivo. Ahora se comprende que "...la identidad dominicana no es más que la confluencia en la relación de un conjunto de identidades dominicanas que se han ido formando a través de nuestra historia." [4]

Al fin y al cabo es el pueblo dominicano que a través de un genuino fortalecimiento determinado de fé en sí mismo y con el reconocimiento completo del proceso continuo de forjar la Identidad Nacional como la Nación y El Pueblo se hacen uno. El pueblo debe entender que este proceso consiste en el transformarse en la hegemonía legítima de su sociedad colectiva. El pueblo, entonces, reconocerá como los únicos sucesores lógicos y honorables al espíritu colectivo de Enriquillo, Lemba, Duarte, Luperón, Diego de Ocampo, Manolo, Salomé Ureña, Ramón Natera, Vicentico, Mamá Tingó y todos los campeónes históricos de libertad.

> La Hora es de Unión, de patriotismo y de dominicanidad.
> Nosotros los caribeños somos una dimensión de la humanidad
> que ha tenido que batirse y que se bate todavía muy duramente
> para hacer que se le respete esa dignidad.
> --- Dr. José Francisco Peña Gómez

NOTAS

Prólogo

1. Fernando Ortíz, en la Introducción a la obra de José Antonio Saco, expresa la opinión que "... es cierto que la antopofagia fue más bien un mito explotado por los conquistadores para legalizar antes los reyes jurisoncultos y canonistas de España, la esclavitud de la indiada." Citado en José Antonio Saco, *Historia de la esclavitud de los Indios en el Nuevo Mundo* (La Habana: Fondo de Estudios Culturales, 1932), 3.

2. Nelson Mella, "Balance Crítico de un Práctica Cultural," en *Hoja CEDEE* año VI, no.13 (junio 1992): 19-22.

3. Sergio Guerra Vilaboy, *Historia y Revolución en América Latina* (La Habana: Editorial de Ciencias Sociales, 1989), 58-59

4. El padre Jorge Cela, "Identidad Cultural del País," en *Hoja CEDEE* año V, no.13 (junio 1992):15-18.

Capítulo I

PRESENTANDO A QUISQUEYA

El faro luminoso del Caribe, La República Dominicana por cierto no debe ser confundida con la isla de habla inglesa y mucho más pequeña de Dominica, situada entre las Islas de Sotavento más al oriente del Caribe. Este prodigioso país de la República Dominicana, denominada Ayiti o Quisqueya por sus pobladores originales, despliega gran parte de su encanto isleña en la belleza de sus costas y en la belleza y en la asombrosa variedad de sus paisajes tropicales. La isla revienta de orgullo por sus sesentisiete tipos y trescientas clases de orquídeas que se encuentran allí. El árbol nacional es la caoba; el ave nacional es la cotica, una clase de cotorra o papagayo que es un verde exuberante en color, muy habladora y muy popular como mascota en muchos hogares dominicanos. El plato nacional es el sancocho dominicano; el baile y estilo musical es el merengue. El béisbol sin ninguna duda es el deporte nacional. Más de la mitad de los trecientos y más peloteros dominicanos forman parte de los equipos norteamericanos profesionales en los clubes de ligas mayores y menores provienen del pueblo de San Pedro de Macorís. Esta nación isleña del Caribe se encuentra entre los muy pocos países (si no quizás sea el único en el mundo) que rinde homenaje a un trio de Padres de la Patria: Juán Pablo Duarte, el escritor; Matías Ramón Mella, el militar y Francisco del Rosario Sánchez, el abogado. También se encuentran entre el elenco de próceres de la República, Padre Fernando Arturo de Meriño, Vicario Apostólico quién sirvió como presidente, al igual que el otro clérigo, El Arzobispo Adolfo Alejan Nouel.
La verdad es que la historia regional en sí misma nos revela mucho aún en los días contemporáneos al observar en el vecino haitiano: allí también ha servido como presidente de la nación (Haití de hoy) un sacerdote radical, excomulgado por sus ideologías y acciones de tendencia hacia la teología de liberación en su país, Padre Jean-Bertrand Aristide.

La República Dominicana por cierto es un país de contrastes dramáticos y contradicciones desnudas. A la vez seductor y cautivador, es también un país provocador a causa de incitar frustraciones y desesperaciones absolutas. Es un país caribeño de constantes idiosincrasias enigmáticas y de lo imprevisto agonizante. Desde casi cualquier ángulo imaginable, la isla de Quisqueya muy fácilmente puede ofrecerle al observador una lista bastante larga de características contrastantes que, como se evidencia a través de su larga evolución cultural e histórica -- muchas veces caótica-- han producido una variedad de efectos e intensidad sobre la sociedad dominicana entera. Hay muy pocos países del Caribe que son tan entrañables como la República Dominicana. La tierra, sus gentes, su historia y sus tradiciones y costumbres nacionales identificables, junto con las instituciones socio-políticas y religiosas, todos se reunen para ofrecerle una inmediata hospitalidad y simpatía muy genuínas que cautivan a todo visitante. En realidad es una comunidad que en todo sentido puede describirse como llena de energías sin límites y de un espíritu riquísimo. El cariño, la vitalidad de sus pobladores, la exuberancia y el gran atractivo de sus paisajes, sin duda proveen lo esencial de una hospitalidad abierta, fácil e indiscutible del pueblo dominicano bastante admirable. Pero a pesar de esto todavía son evidentes y muy notables los contrastes y contracciones. La paradoja que es Quisqueya cobra mucha importancia sobre esta luminosa isla tropical.

El Azúcar

Una paradoja que merece atención especial es la cuestión del azúcar, el cultivo lo cual empezó (en 1506) con los primeros campos de caña plantados en los años que siguieron a la llegada de los españoles a la isla. Por los años de 1520-1521 el cultivo de la caña se había hecho una industria con los primeros cargamentos de azúcar para la exportación. Las campañas de despoblación en la Isla en el siglo XVI motivó la desaparición de muchos cañaverales e ingenios. Sería a mediados del siglo XIX cuando la producción azucarera en gran escala se implanta en Quisqueya. Para proponer la noción de que historicamente ha sido el azúcar de suma importancia en la economía dominicana sería proponer una gran subestimación. La verdad es que desde el período colonial hasta el presente el azúcar siempre ha constituído la principal producción del país desde el punto de vista de la exportación y del capital invertido. Campos de cultivo de caña, zafra, ingenios y refinerías azucareras siempre han ocupado la mayoría de la población rural, aún a pesar de los esfuerzos del Gobierno en los últimos años de promover la diversificación en los sectores agrícolas.

Sin embargo, la verdadera tragedia de esto es que las impresionantes riquezas producidas por el azúcar, el sostén principal de la economía dominicana y la nación entera, casi nunca llegan en menos de la mayoría de los dominicanos—quienes se han quedado en la pobreza del país. Esta circunstancia ilumina un aspecto importante del problema histórico socio-económico del país. Las industrias que iban instalándose, como ejemplo clásico de los ingenios azucareros, "eran expresión del concepto de dependencia colonial;...se invertía para suplir el mercado del país inversionista, no para impulsar el desarrollo de nuestra isla."[1] Así, la mayoría de las ganancias lucrativas y beneficios relacionados de la economía basada en el azúcar se dirige exclusivamente al grupo privilegiado en la sociedad dominicana y a los inversionistas extranjeros. Además, gran parte de las riquezas nacionales sin explotar se quedaron notablemente en el subdesarrollo.

Sobre la cuestión de cuotas azucareras, hay otra nota de interés. Hasta el año 1984, el sistema estadounidense de la cuota de importación, del cual el beneficiario más grande fue la República Dominicana, motivó un mercado favorable para más de la mitad de la exportación de azucar dominicano, tanto como una red de seguridad para proteger ese mercado contra la caída de precios para la caña en el mercado mundial. Por si fuera poco, en el año 1986, los Estados Unidos redujeron la cuota azucarera dominicana, por lo que hubo serias dificultades para exportar el azúcar obtenida en la zafra de aquel año. El cambio inevitable en el gusto del consumidor estadounidense desde el azúcar tradicional hasta una glucosa fructosa de alta tecnología también señalo la alternativa más lógica para los Estados Unidos, en estas circunstancias, de reducir las cuotas a un nivel devastador. Por el año 1988, la cuota azucarera dominicana había sido reducido a un veinticinco por ciento a niveles anteriores.

La mayor esperanza de que mejore la crisis radicaría principalmente en una restructuración de tres áreas vitales para que el Gobierno dominicano reemplazara el azúcar: (1) el turismo, (2) el agropecuario y (3) la expansión del sector industrial de inversionistas/propietarios extranjeros en designadas localidades denominadas "zonas francas industriales." Esto se trata de zonas a las cuales se les atribuyen características fiscales propias.[2] De las tres áreas de restructuración, es el turismo la que ha mostrado el crecimiento más espectacular. Así es como El Almirante describía su primer contacto con la isla de Quisqueya:

> Dijeron también de la hermosura de las tierras que vieron,
> que ninguna comparación tienen las de Castilla, las mejores
> en hermosura y bondad. Estaban todos los árboles verdes y
> llenos de frutas, y las yerbas todas floridas y muy altas;
> los caminos, muy anchos y buenos; los aires eran como
> en abril en Castilla; cantaba el ruiseñor y otros pajaritos.[3]

Desde las playas y vegetación tropical, la flora y su clima -- La República Dominicana tiene un extraordinario potencial turístico. El Gobierno y la iniciativa privada internacional han puesto en moción diversos polos turísticos en los últimos años. Hoy día el turismo en la isla es el ganador más grande de los ingresos en divisas -- casi dos veces más de lo que se ganan juntos con el azúcar, café y cacao. Más y más La República Dominicana se ha hecho conocida en la escala internacional por sus playas magníficas. Según un reportaje oficial reciénte de la UNESCO [United Nations Educational, Scientific and Cultural Organization], La República Dominicana tiene algunas de las mejores playas del mundo: arena blanca, palmeras cocoteras y muchas con una abundancia de flora exuberante. Los ingresos corrientes por el turismo son elevados, por encima de los 750 millones de dólares, lo cual fácilmente convierte al turismo en una de las alternativas dominicanas de desarrollo."[4] Pero es de notarse que la infraestructura turística no ha aprovechado todavía todas las múltiples potenciales que la naturaleza le ha regalado a este paraíso caribeño.

La Realidad Dominicana

Sin embargo, ninguna introducción a La República Dominicana sería fiel sin una ojeada atenta sobre la realidad dominicana de hoy: una realidad que todavía se queda bastante severa y lúgubre: Es esta realidad la cual se encuentran 'los baches' [potholes] en la mayoría de las calles de la ciudad capitalina, tanto como en las de los pueblos y aldeas por toda la República. Otro problema notable es la desvalorización continua del peso dominicano -- una acción que está reduciendo el poder adquisitivo del consumidor. El empobrecimiento creciente se refleja en el alarmante éxodo de los *'boat people'* (refugiados en yolas) hacia la isla vecina de Puerto Rico. Con mucha frecuencia el viaje se pone fatal así como se sabe que grandes números de estas yolas mal construídas se vuelcan y se hunden, dejando el destino de sus pasajeros a los tiburónes escondiéndose en las aguas oscuras del Paso de la Mona.[5] La República Dominicana, tanto como todas las otras comunidades isleñas de las Antillas, tiene una herencia histórica muy común: de filibusteros, bucaneros y piratas; de una sociedad de plantaciones edificadas sobre la brutalidad de esclavitud y labor contratada; de economías monocultivas explotadoras (principalmente el cultivo de caña de azúcar), economías produciendo lo que no se consumió y consumiendo lo que no se produjo. También quizás el período más largo de dependencia político-económica y dominación externas de cualquier región del Mundo en Desarrollo.

La Tierra

La isla se llama Hispaniola (La Española), nombre con que la bautizó Cristóbal Colón en su primer viaje a los Nuevos Territorios; la isla iba a convertirse en la base estratégica para la penetración colonial en el hemisferio y entonces el primer establecimiento europeo en tierras americanas. La isla sería un laboratorio de pruebas de una experiencia imperial que iba a durar tres siglos, y de igual importancia sería una de las primeras en ser codiciada por las restantes potencias europeas. Quisqueya en mayor parte no está separada de su vecina Haití al occidente por frontera natural alguna; los dos países comparten una misma región física. Es la única isla caribeña con esta distinción. Pero hay otra isla que sí tiene una circunstancia semejante: la isla pequeñita de St. Martin/St. Marten está en manos de ambos países Francia y Holanda. Se habla francés por un lado, holandés por otro. Se encuentran en la parte oriental del Caribe, situada entre las islas de Anguilla y St. Barthelemy.

Hay una combinación de factores socio-históricos tales como el abandono de territorio, las expediciones de piratas y bucaneros, la llegada y establecimiento de extranjeros en los lugares despoblados y las campañas de las autoridades para despoblar la costa norte, principalmente en la parte occidental, sirvieron de base para las reclamaciones francesas durante la segunda mitad del siglo XVII. Esta parte occidental de la isla fue sesionada y sometida a la soberanía francesa. Así empezó la historia europea y desarrollo del Saint-Domingue francés. En esta manera se divide la isla, con el devenir del tiempo, dos países llegaron a compartir un espacio limitado insular, con los pobladores de habla francesa y krèyol al oeste, de habla española al este.

La extensión de la isla es aproximadamente de 77.914 km², de los cuales unos 48.734 km² (10.714 millas cuadradas) a la zona haitiana. Por su tamaño es la segunda más grande del archipiélago de las Antillas Mayores; solamente Cuba es más grande que ella. Los límites geográficos de las isla son éstos: limita al norte con el Océano Atlántico, del cual provienen los vientos alisios soplando todo el año y atemperando la tropicalidad isleña; al este se halla bañada por las aguas del paso de la mona, un estrecho y peligrosísimo canal que la separa de Puerto Rico; al oeste la isla encara al Canal de El Viento o de San Nicólas, que la separa de Cuba; y el Canal de Jamaica, que la separa de la isla que lleva su nombre. Los dos estados, Haití y la República Dominicana, comparten una frontera común; la línea fronteriza separando las dos culturas, tiene una extensión de unos 375 km² (o 232 ½ millas).[6] La realidad de esta frontera—con una larga historia explosiva y agonizante—en cualquier sentido moderno es que en mayor parte la frontera se queda sin vigilancia adecuada o aún constante por las patrullas de ambos lados. La frontera ha sido objeto de graves conflagraciones desde el siglo pasado.

Las Cordilleras

Una realidad indiscutible de la geografía de la Española es que las montañas presentan un relieve muy prominente. Destacándose es el majestuoso Pico Duarte, de 3.175 m, (o 10.417 pies de altura) cuyo nombre corresponde al patriota que liberó la isla de la dominación haitiana. No solamente es el Pico Duarte el más alto de la Isla, sino de todo el Caribe. Pero la verdad es que la República Dominicana es menos montañosa que su vecino al oeste. La extensión completa de la Española alterna impresionantes sistemas montañosos, con cumbres abruptas y valles intramontaños de destacable belleza, también grandes planicies costeras. En conjunto se presenta una serie de tres cordilleras mayores en dirección longitudinal, este-oeste, que dividen el territorio en diversas regiones naturales. Este contraste dramático del paisaje es sin duda uno de los atractivos más loadable del país.

También ha sido un factor muy determinado esta topografía diversa y atractiva en el patrón del desarrollo socio-económico y político del país. El eje mayor montañoso es la poderosa Cordillera Central. Está situada en un eje paralelo equidistante a las costas meridional y septentrional y tiene una alineación desde el noroeste hasta el sureste, así penetrando en Haití, donde se llama *Le Massif du Nord*. Al norte de la Cordillera Central y entre ésta y la Cordillera Septentrional, se encuentra el hermoso Valle del Cibao, que corresponde al nombre de esta importantísima región. El valle es el más extenso del país, con una superficie que se extiende entre las bahías de Monte Cristi y Manzanillo al norte de la isla, cerca de la frontera haitiana y la bahía de Samaná en el extremo oriental. La Cordillera Septentrional forma el límite norte del Valle del Cibao.

Entre esta cordillera y la costa se encuentran los llanos costeros septentrionales cubiertos de densa vegetación forestal debido a la abundancia de precipitaciones en la región. Aquí muchos bosques fueron tallados para aprovechar la madera y en los espacios resultantes se cultivan diversos productos agrícolas, principalmente la caña de azúcar.

Pero es la llanura suroriental, situada al sur de la Cordillera Central y entre ésta y el mar, que es el llano costero más lujoso. Por su gran extensión superficial y por la importancia de sus beneficios económicos es la llanura suroriental de un atractivo especial. Aquí son muy extensos los cañaverales; los más grandes de los centrales azucareros dominicanos se establecieron aquí, desde el Central Romana al este hasta el del Río Haina al oeste. También se localizan las ciudades importantes como la Romana, San Pedro de Macorís y, sobre todo, la ciudad de Santo Domingo. La Sierra de Neiba en la zona suroeste del país, alineación paralela a la Cordillera Central y situada al sur de ésta, es notablemente árida. Desde la frontera haitiana, la sierra se extiende hasta la depresión del Río Yaque del Sur. Entre la Sierra de Neiba y la Cordillera Central, se extiende el valle intramontañoso de San Juan, segundo en extensión superficial del país, tras el Cibao.

Al igual que en el Cibao, el Valle de San Juan tiene una división de aguas en su parte central y está cubierto por un suelo aluvial de impresionante fertilidad. Al sur de la Sierra de Neiba está localizada una de las regiones naturales más peculiares de toda la Isla: la Hoya de Enriquillo. Se trata de una zona bastante compleja, sin drenaje exterior de las aguas, en la cual se encuentra el Lago Enriquillo con sus aguas saladas; es el lago más grande de todo el Caribe. El lago está aislado del mar y a un nivel por debajo de éste del orden de unos 44m. Es así una depresión muy acentuada, la única de las Antillas. Más hacia el sur de la Hoya de Enriquillo está la famosa Sierra de Baoruco, una región natural de carácter majestuso con mucha prominencia en los tiempos pasados como refugio de cimarrónes. Tanto el clima como la vegetación de esta región ofrecen diversidad acusada. Es muy abundante la precipitación en las cumbres hacia el barlovento, o sea, encaradas al nordeste. Las lluvias tropicales presentan contrastes sorprendentes a la humedad, la sequía y la aridez en las vertientes meridionales donde pierde el aire.

Finalmente, para describir el clima dominicano, hay que notar que viene determinado por su localización geográfica y por su circunstancia montañosa. Si el primer factor confiere a la Isla una característica uniforme y relativamente modesta, el segundo da lugar a más contrastes y diversidades internas. Los vientos alisios y las cordilleras configuran los climas dominicanos. Estos vientos atemperan el calor típicamente tropical. Varían también las precipitaciones, debido, a la permanencia de los vientos alisios, los cuales constituyen el gran aporte de vapor de agua sobre la Isla. Las características generales de la Isla pueden notarse alteradas por las violentas pertubaciones tropicales— lo que los pueblos indígenas llamaron huracánes. La época entre los meses de agosto y febrero es testigo de estos vientos feróces de tremenda intensidad y precipitaciones diluviales.

El Jardín de Las Antillas

Situado al norte del país está la región del Cibao, con una superficie enorme (19.144 km^2), abarcando unos 39.5 por ciento del territorio dominicano. Por causa de las aguas caudalosas y del drenaje del valle, las terrazas fluviales repletas de limo aportado por los ríos (El Yuna y El Yaque del Norte principalmente) son de excepcional fertilidad natural. De los valles de la región cibaeña, el de la Vega Real, situado entre las Cordilleras Septentrionales y Centrales, es el más fertil de la Isla. Aquí se obtienen extraordinarias cosechas de cacao, tabaco y café, productos destinados para la exportación. Como tradicional colector *par excelence* de productos agrícolas de la provincia de la Vega se ha distinguido con el reconocimiento de "El Jardín de las Antillas." También se encuentra aquí en el Cibao el segundo centro urbano del país, la ciudad de Santiago de los Caballeros, que es la capital del Cibao y ocupa el centro geográfico de la República Dominicana.

Los Ríos

Espléndidos también son los muchos ríos fluyentes por Quisqueya. La topografía contraste y diversa, junto con el clima en gran medida determinan las características fundamentales del sistema de vias fluviales dominicanas. A pesar de lo relativamente pequeño de su territorio, el país de verdad tiene corrientes de aguas bastante caudalosas y de considerable longitud. En el ya mencionado lujoso Valle del Cibao, por ejemplo, cerca de la ciudad principal de Santiago de los Caballeros, hacia el este fluye el gran Río Yuna. Éste desemboca en la bahía de Samaná, después de recorrer una distancia de unos 300 km. Fluyendo también por el centro urbano cibaeño esta el importante río de la región, el Yaque del Norte. Recorriendo una distancia de aproximadamente 400 km, este fluvial discurre a lo largo de todo el litoral noroccidente, pasando por los pueblos pintorescos de Esperanza, Mao, Castañuelas y Villa Vásques, desembocando finalmente en la bahía de Manzanillo. Gracias a estos ríos estratégicos cibaeños, el limo que desciende con ellos de los elevados picos rodeándolos, transforma la región al más fecundo de todo el Caribe.

En la vertiente suroccidental de la Cordillera Central tiene su origen el caudaloso Río Artibonito, fluyendo primero hacia el sur y formando una visible línea fronteriza con Haití. Más tarde este río va penetrando en territorio haitiano. Un poco más al norte el río de infamia histórica, el Dajabón (El Masacre), también comparte la frontera con Haití. El Yaque del Sur, el cuarto río prominente del país, como el Yaque del Norte, tiene su origen en las cercanías del gran Pico Duarte. El río fluye en dirección meridional hasta llegar al mar, cerca de Barahona, en la Bahía de Neiba. Por último es necesario que se mencione el histórico Ozama, en cuyas antiguas orillas está situada la ciudad capitalina de Santo Domingo de Guzmán. Fue esta metrópolis de Santo Domingo, desde su fundación, el gran puerto singular y entrada principal del país por muchos siglos. El Río Ozama levanta riquísimo testimonio a una larga serie de eventos mayores desplegándose en una corriente rápida que nos revela mucho no solamente sobre el desarrollo del primer centro urbano, sino también de igual importancia para el país entero. En capítulos posteriores se presentarán unas discusiones más amplias de estos sucesos.[7]

NOTAS

Capítulo 1

1. Juan Bosch, *Composición social dominicana: Historia e Interpreación* (Santo Domingo: Alfa y Omega, 1991), 363.

2. Una industria instalada en régimen franco no debe abonar derechos aduaneros de importación ni exportación para poder equiparse o para sacar del país sus productos. Tampoco paga impuestos al Gobierno. El mercardo de consumo es el de los Estados Unidos. Aunque la declaración de zona franca se ha planeado en localidades muy críticas o estratégicas a través del país, la localidad es realmente determinada más bien por consideraciones políticas y no por factores lógicos o económicos.

3. M. Fernández de Navarrete, *Los Viajes Históricos de Cristóbal Colón*, 6ª ed. (Madrid: Editoria Espasa-Calpe, 1968), 90.

4. James Ferguson, *The Dominican Republic: Beyond the Lighthouse* (London: Monthly Review Press, Latin American Bureau, 1992) 38-40.

5. El punto de partida más popular para estas yolas es el pueblo costeño del Atlántico de Miches. En conversación local se entiende por todos que si alguien le dice, "Carlitos se marchó para Miches," de inmediato se sabe que el tipo está preparándose para salir del país sin papeles o documentos oficiales -- desde el pueblo de Miches.

6. En la Paz de Ryswick se reconoce la soberanía francesa sobre la mitad occidental de la España (1697). El Tratado de Aranjuez fija los límites entre las partes españolas y francesas de la Isla (1777).

7. Con solamente tres excepciones -- El San Juan, La Isabela y El Masacre, este último lo cual se llamaba El Dajabón anteriormente, todos los ríos mayores en el país conservan su nombre indígena.

Capítulo II

LA GENTE DE LA REPÚBLICA DOMINICANA

La llegada en 1492 de las expediciones españolas a tierras americanas inició la época moderna de la historia universal porque en mayor sentido inauguró la expansión europea sobre los territorios de América, África y Asia. Fue el fenómeno más relevante de la historia posterior durante muchos siglos, pues en última instancia significó el desarrollo y predominio del régimen capitalista a nivel mundial. Es a partir de ese hecho que empieza la evolución socio-económica y política de la República Dominicana, como consecuencia de un proceso que se desarrolló fuera de sus límites. La sociedad de los pobladores aborígenes de la Isla, los taínos, no tuvieron una influencia importante en el desarrollo histórico del país porque fue brutalmente destruída dentro de algunos cincuenta años con la conquista española. Fue el hecho de la conquista del territorio por los invasores el elemento decisivo que dio lugar al inicio de la historia social de Santo Domingo como colonia española, y no el natural auto-desarrollo de la sociedad autóctona de la Isla.

Lo que hoy constituye la sociedad dominicana ha sido el resultado de un proceso evolucionario muy intrigante en términos de geografía tanto como historia. A varias etapas en este proceso denominaciones descriptivas variadas han sido utilizadas como puntos de referencia. Estos nombres han evolucionado una correlación directa con la circunstancia insular de la sociedad. Hoy día en algunas zonas rurales de la República, por ejemplo, los campesinos utilizan el término 'haítises' para referirse a las montañas. El primer grupo importante que se estableció en la isla, de la etnia arawaca, de cultura taína, denominó Haití (Ayiti) o Quisqueya su isla; el nombre Ayiti significaba "Tierra Alta." La cultura posterior de los taínos, que llegaron a la isla antes del año 3,000 a.C., llamó la isla Quisqueya, lo que significaba "Madre de la Tierra." Con la llegada de los conquistadores españoles, la isla recibió el nombre de La Española. Esta designación, con la referencia inconfundible político-histórica a una posesión de España, duró desde el siglo dieciséis hasta el siglo diecinueve, por fin conformándose al nombre más preferido de Santo Domingo.

El nombre Santo Domingo adquirió importancia significante especial como resultado de su prominencia como la ciudad principal del nuevo territorio español y puerto singular de entrada a lo largo de la época colonial. La ciudad de Santo Domingo de Guzmán fue fundada el 4 de agosto de 1496 por el Adelantado Bartolomé Colón (hermano de Cristóbal) sobre las orillas del Río Ozama, pero originalmente se llamaba la ciudad Nueva Isabela en honor a la Reina Isabel la Católica.[1] La preferencia histórica, igual como la popularidad de Santo Domingo, se debió en gran medida a los franceses. Al lograr dominación absoluta del territorio y más tarde al establecer su colonia oficial en lo que hoy se llama Haití, los franceses más que nadie fueron responsables por llamar el territorio Saint-Domingue al referise a ello.[2] Por el período del siglo dieciocho la denominación francesa de Saint-Domingue de pronto se hizo popular en Europa, al fin y al cabo reemplazando por completo el viejo nombre. La soberanía francesa sobre la totalidad de la isla nació en 1789 con la sublevación histórica de esclavos africanos en la colonia francesa. Aproximándose el año 1820 volvió de nuevo la inquietud social en la colonia española. La mayor parte de los sectores dominantes de las ciudades del interior estimó más acorde con sus intereses la idea de la incorporción a Haití-Español, con apenas unas cinco semanas de existencia.

Con la invasión del presidente haitiano Jean Pierre Boyer en 1822, así empezaron las medidas destinadas a colocar a la parte Oriental en consonancia con las condiciones políticas y socio-económicas existentes en la parte Occidental: fue la abolición de la esclavitud la más inmediata. La parte española pasó a integrar La République d' Haití.[3] Hasta hoy día sigue siendo un punto de controversia emocional entre grupos de eruditos e historiadores dominicanos en cuanto a la validez histórica o la conveniencia de reconocer oficialmente este período decisivo como el verdadero comienzo de lo que se llama La República Dominicana. Tal vez debe señalarse que el término 'Dominicana' guarda relación directa con el nombre del principal puerto y ciudad, también con la orden religiosa de los Dominicos; esto se hizo con el fin de honrar a esos misioneros. El concepto dominicano tal y como lo concebimos en tiempos modernos fue empleado con más propiedad por Nuñez de Cáceres, cuando al redactar la Constitución se refirió a los habitantes y no a la nueva nación que intentó establecerse. Con el máximo patriota Juán Pablo Duarte, el ejemplo del término alcanzó mayor dimensión en todo sentido en 1838 al concebir la independencia bajo el lema: "Dios, Patria y Libertad, República Dominicana," que aparece en la bandera nacional. Son éstas las palabras que conllevan el espíritu muy hondo de soberanía nacional. El lema oficial les sirvió a los guerreros de libertad durante su lucha para la independencia colectiva. Desde entonces el nombre "Dominicana" no sólamente logra un carácter jurídico, sino un empleo y aplicación definitiva. Finalmente, como puede notarse, los diferentes términos que ha recibido el territorio responden a unos procesos evolutivos claramente diferenciados.

¿Quiénes Son Los Dominicanos?

La imagen que se proyecta sobre una sociedad de cualquier estratificación social de la misma, en mayor parte es determinada por factores culturales-históricos. En la sociedad donde exista gran diversidad de ideologías y perspectivas acerca de quiénes son, habrá al mismo tiempo un número impresionante de tales imágenes, cuya influencia no será necesariamente semejante, puesto que su importancia social depende de la posición ocupada en la estratificación social por los profesadores de cada imagen. Por eso, cualquier tentativa apresurada para contestar la pregunta "¿Quiénes son los dominicanos?" automáticamente resultará en alguna vacilación y reflexión seria. En la sociedad dominicana con su tradición bastante larga de estratificación racial/social la pregunta muy fácilmente provoca discussion . . . todos representativos de una gran variedad de ideologías y niveles de educación dentro del país.

Por ejemplo, durante las elecciones presidenciales de 1994 los argumentos acerca de la identidad nacional "auténtica" se pusieron muy feos cuando ésos se convirtieron en una tenaz teoría hispanófila y negrofóbica no siempre sumergida en la cultura dominicana. Cuando el candidato el doctor José Francisco Peña Gómez se postuló, la manipulación de argumentos étnicos y nacionalistas ha sido de suma importancia a causa de su ascendencia haitiana.[4] Sin faltar el comentario y los pronunciamientos ni un día en los periódicos, quemaron las páginas: "¿Quiénes son los dominicanos puros?" Sobre el punto de la sociedad dominicana y especialmente sus componentes étnicos, vamos a hablar más tarde con mayor profundidad analítica en futuros capítulos de este presente trabajo.

Con todo, el único punto irrebatible y más fácil de establecer es aquél para obtener datos estadísticos de los cuales se presentaron en los comentarios introductorios. El territorio dominicano posee una población de 8.0 millones de habitantes (1997), de la cual se concentran en la zona urbana casi 2.5 millones de habitantes (1997). La cifra anual proyectada como promedio del crecimiento de la población es de 1.98 % (1990-1995); los ingresos per capita hacen un promedio de US$ 1,019 dólares; la tasa de mortalidad infantil proyectada guarda 54 por cada mil partos. El alfabetismo se calcula a un 83 %, mientras que casi 42 % de la población total está por debajo de la edad de quince años. La fuerza laboral: 31% gobierno y servicios, 28% agricultura, 12% industrial.

Cuando se habla de la sociedad dominicana en términos de etnicidad y raza, esa sociedad es una consecuencia socio-histórica. La cultura humana entonces puede describirse como una mezcla o fusión de tres sangres: indígena, europea (principalmente española) y africana. Al siglo de haber resultado en este triple encuentro racial, la variedad tipológica del país ofrecía una gama que abarcaba todas las combinaciones posibles de mezclados. Con el pasar de los tiempos los tipos raciales fueron entremezclándose y ampliándose con la llegada de nuevos grupos étnicos. Más tarde se presentará para el lector una discusión y análisis bastante amplia sobre las configuraciones descriptivas de color que operan en la Isla. La geografía humana de la Española es un ejemplo dramático de los efectos, a veces muy contrastantes y otras veces muy semejantes, pero mayormente paradójicos en sus circunstancias tanto históricas como culturales sobre un fondo físico similar. Unas consideraciones más detalladas en otras secciones de este trabajo intentarán confirmar estos contrastes En contraste fácilmente visible a la distribución uniforme de la población haitiana abundante, La República Dominicana tiene dos regiones en particular cuyas densidades son más altas que en otras localidades en la Isla. Estas regiones son el Cibao, la Vega Real al norte, y la llanura suroriental, al sur de la Cordillera Central. A causa de los esfuerzos vigorosos por parte del Gobierno dominicano para diversificar una economía tradicionalmente monocultiva, lo que ha resultado ha estado en un cambio mayor de lo demográfico.

Por primera vez más dominicanos viven en sectores urbanos y no en zonas rurales de la Isla. Si correlacionamos la población con la extensión superficial, se pueden encontrar también grandes contrastes, los cuales reflejan los variados grados de desarrollo económico y social de la Isla. Por ejemplo, la Romana, provincia de gran energía industrial y turístico, supera los 250 habitantes por km^2. Dos ciudades que especialmente son las más grandes del país, son los beneficiarios principales de este cambio demográfico. Hay que destacar el gran atractivo que ejercen las ciudades de Santo Domingo y Santiago de los Caballeros, los dos centros urbanos se han comportado como receptores a disgusto en vista de la transición demográfica: el acelerado crecimiento de la población urbana se ha traducido en presiones injustificadas de todo tipo en servicios y recursos limitados.

La evolución demográfica dominicana de los últimos años realmente ha sido explosiva. Sin duda las tradicionales zonas rurales, los campos, han sido víctimas muy imprevistas de la transición. Las actividades agrarias se encuentran sin trabajadores; estos trabajadores en grandes números están abandonando el campo para dirigirse a las áreas urbanas, donde buscan empleo en la industria o en los servicios. Finalmente, para empeorar una situación ya delicada y explosiva historicamente, la vecina Haití, con su nivel de vida en peligro constantemente, aumenta las presiones demográficas con el tráfico ilegal de millares de braceros que cada año llegan a la zafra dominicana contratados por las empresas azucareras. Esta está en el centro de una larga controversia emotiva, por la llegada de números dramáticos de nuestros vecinos haitianos. También se presentará más tarde un análisis detallado e interpretación de la presencia tradicional de haitianos en territorio dominicano, especialmente cuando estos vecinos escapan de los cinturones marginales de los centros urbanos del país.

NOTAS

Capítulo II

1. Los historiadores no se hallan contentos acerca del origen de este nombre; pues mientras Bartolomé de las Casas (Historia de las Indias, tomo II, 136), afirma que el fundador de la ciudad quiso que se llamase Santo Domingo "porque el día que llegó allí fue domingo y por ventura día de Santo Domingo, Fernando Colón, sobrino del Adelantado, sostien, a su vez (Historia del Almirante, tomo II, 65), que "el nombre de Santo Domingo se lo dio Bartolomé Colón en memoria de su padre que se llamaba Domingo [Dominico en italiano]."

2. Véase la nota número 6 del capítulo uno, para comentario sobre los tratados históricos acerca de la repartición del territorio.

3. Esta nueva invasión haitiana, capitaneada por Boyer, y la subsiguiente ocupación del territorio español perduró 22 años, hasta 1844. Con la independencia de ese año surge la aplicación oficial del término Dominicana.

4. Los dos candidatos principales fueron José Franciso Peña Gómez y Jacobo Majluta. Se dice con frecuencia que aquél es de ascendencia haitiana, mientras ése de linaje libanés y eso no le importa a nadie según la ausencia de comentarios en los periódicos. El lector debe estar enterado también de la controversia corriente acerca del lugar de nacimiento del Dr. Peña Gómez, según al biógrafo prominente de Peña Gómez, el escritor Victor Salmador, el candidato 'haitiano' en verdad nació en territorio dominicano, en una aldea del campo con el nombre de La Loma del Flaco.

Capítulo III

LA HERENCIA INDÍGENA

Al contrario a lo que nos hacen creer los historiadores, por lo general, fue bastante simple el proceso etnohistórico involucrado en la formación cultural de la Isla. Por cierto, la llegada de Cristóbal Colón a las Antillas constituyó un momento muy crucial en la etnicidad total en la región. Pero también es verdad de igual fuerza el hecho de que mucho antes del año histórico de 1492, hubo grupos de culturas indígenas viviendo en la región y tratando de enfrentarse con su ambiente duro con toda la habilidad posible. Estos grupos tenían su propia historia, su propia cultura y su propia realidad—quienes habían habitado en la región por muchos siglos cuando encontró Colón esta otra realidad. Todavía no se sabe con ninguna exactitud la fecha precisa del primer asentamiento en la Isla. En todo caso, ya se conocen restos arqueológicos que atestiguan que la presencia de una cultura aborígen en Ayiti-Quisqueya data por lo menos unos 3.000 años a.C., pero no es nada improbable que desde períodos bastantes anteriores el hombre ya se había instalado en la Isla.

Lo curioso de la realidad indígena, por ejemplo, es que existía la rueda en las Américas mucho tiempo antes que la llegada de los europeos; la arquelogía nos revela que las antiguas culturas americanas empleaban ruedas en los juguetes de los niños. Lo que arrivó después del gran Encuentro de 1492 fue la idea de utilizar estas ruedas con el propósito de trabajar las navajas de obsidiana que usaban los cirujanos aztecas, en otro ejemplo de una curiosa realidad, pudieron rivalizar con aún el acero moderno en cuanto a su incisión precisa. Diversos grupos de pobladores provenían de la región de la América del Sur e iban trasladándose por medio de balsas o canoas a través de las pequeñas Antillas hasta establecerse en las grandes Antillas. Una cultura sucedía a la otra y a menudo la obligaba a desplazarse hacia nuevos sitios, pues los recién llegados eran más numerosos y poderosos que los primeros. Muchas veces los dos grupos, los viejos y los recién llegados, se unían en el transcurso de los años para dar presencia a nuevas culturas. La transmisión de herencias culturales, las mezclas de diversos grupos etnolingüísticos, los largos períodos de residencia en la región, así como la presencia de nuevos factores geográficos y ecológicos hicieron que las varias culturas antillanas adquirieran numerosos rasgos que las diferenciaban de las existentes en el continente.

Otra realidad del ambiente natural fue también una de contrastes y contradicciones aparentemente el leit motif de lo que se ha llegado a conocer como la República Dominicana. El esplendor topográfico natural de la región fue en aquel entonces como lo es en estos días contemporáneos cautivador para todo visitante. Al mismo tiempo, sin embargo se quedan reales los muchos peligros y amenazas: los violentos y destructivos huracánes, los terremotos catastróficos, los volcanes activos, las inundaciones monstruosas, las enfermedades de índole epidémica, las plagas de insectos voraces. Pero a pesar de la presencia constante de esas fuerzas amenazadoras a la vida, los pobladores aborígenes enfrentaron las vicisitudes y los peligros con una creatividad y sofisticación asombrosas. Definitivamente su mundo uno repleto de problemas y transiciones interminables. Su historia particular es una combinación de mitos, creencias, tradiciones y filosofías que les capacitaba a estas sociedades tempranas a adaptarse exitosamente a sus circunstancias predominates.

Sa – a, se nou! [kreyòl haitiano = Esta tierra pertenece a nosotros!]

No obstante las diferentes teorías acerca del origen de los pobladores más antiguos de Quisqueya, hoy en día se admite que los primeros indígenas provenían de la América del Sur. Se supone que habían llegado desde las bocas del Orinoco, aprovechando las corrientes favorables para transportárse en canoas fuertes. De isla en isla fueron adueñandose de la totalidad del arco isleño. La posición geográfica de las Antillas Menores les sirvió de puente entre el continente sudamericano y las islas mayores. Las olas emigratorias se realizaron en diferentes épocas y por diversos grupos de pobladores: los más conocidos incluyen los ciboneyes, los arawacos y los caribes.[1] Estos grupos culturales se ubicaron en todas partes de la región caribeña, aunque unos y otros se concentraron principalmente en algunas de las islas mayores. Todos los grupos tocaron Quisqueya; pero a diferencia de las ramas arawacas que se establecieron en ella, los ciboneyes habitaron la isla de Cuba. Los caribes poblaron las Antillas Menores, haciendo invasiones frecuentes a las islas mayores por ser fuertes navegantes y agresivos pilladores.

El grupo étnico de los caribes fue el grupo que desplazó a los pobladores anteriores y más débiles de las Antillas Menores. Los caribes realizaban incursiones guerreras contra Puerto Rico (Borínquen) y probablemente contra la zona oriente de Quisqueya. No era sorpresa que los caribes nunca se pudieron establecer en forma permanente en ningún territorio de las Antillas Mayores. Tenían los caribes notables rasgos muy semejantes a los taínos, por ejemplo. Sin embargo, los caribes eran una cultura predominantemente guerrera, con conocimientos técnicos en algunas áreas más avanzadas que la de los taínos, y mantenían relaciones sociales con fuerte grado de matriarcado. La islita de Dominica en la zona oriente de las Antillas Menores hoy en día tiene la única comunidad restante de los caribes. Los igneris, los macorix y los ciguayos se incluyeron entre los otros grupos étnicos importantes en la región.

De acuerdo al ritmo de penetración que observaron los pueblos aborigenes, estos grupos del segundo núcleo arawaco se fusionaron con los caribes en un nuevo comglomerado cultural. Notables por el uso superlativo de arcos y flechas, los ciguayos fueron aquéllos que atacaron a Colón en tan feroz resistencia durante el primer viaje de los españoles a la zona de Samaná que el Almirante bautizó el sitio con la denominación descriptiva de Golfo de las Flechas.[2]

Cualquier análisis del impacto de la herencia indígena sobre la cultura dominicana debe comenzar con ciertas advertencias claras. En primer término, esta herencia única y primaria es un factor que no debe de exagerarse en la cultura de la Isla. De necesidad y por exactitud histórica, hay que enfocar la atención dentro de las limitaciones apropiadas. Segundo, no debe haber ningún intento por romantizar esta herencia o su impacto, por más inconsciente o involuntario que sea la tentativa. Lo que sí es de suma importancia es colocar el impacto indígena dentro de unas dimensiones justas para que se evite el error común que, movidos en gran parte por un romanticismo bien intencionado pero poco científico o realístico, exagera dicha influencia como un modo de hacer justicia a la tal 'raza aniquilada' o peor aún, como un medio para subestimar el impacto y presencia africana, lo que fue poderoso en la formación de la cultura dominicana. El hecho sencillo es que, en cuanto a los límites apropiados, el contacto supuestamente intenso y sostenido de españoles y africanos con los grupos indígenas en las Antillas no duró más de cincuenta años. Lo que aniquiló a la sociedad indígena fue la realidad creada por Colón esclavizando a los grupos aborígenes desde el inicio mismo de colonización y orientando la economía de la colonia sobre la base del trabajo esclavo.

La evidente diferencia cultural y somática de los indígenas frente a un conquistador de color blanco y con un mayor desarrollo armamento, serviriá, cómoda y fácilmente, para la elaboración de tesis racistas a todo lo largo de la historia colonial de las Américas. En Santo Domingo los indígenas desaparecieron, prácticamente, a mitad del siglo XVI. De los 300.000 ó 400.000 o más pobladores originales sólo quedaban en 1548, al decir de Oviedo, unos 500 "...entre chichos y grandes, que sean naturales e de la progenie o estirpe de aquellos primeros."[3] En menos de 60 años, partiendo del año de la llegada de los españoles y haciendo un recuento apróximado de los niños nacidos en ese lapso y de los lucayos que en calidad de esclavos fueron traídos a Española, perecieron unos 500,000 indígenas. Esa cantidad de seres humanos sucumbió como consecuencia de la organización que le impuso el colonizador en la explotación del oro. En el trasfondo de la historia de la humanidad aparecen los indígenas de Quisqueya-Ayiti como víctimas casi primeras del proceso de acumulación originaria del siglo XVI. El oro llevado a Europa por España coadyuvará en el desarrollo de las fuerzas productivas del capitalismo.

La desaparición de los pobladores aborígenes es la repuesta apropiada a cualquier intento de justificación de la conducta de los 'descubridores' y colonizadores de América. La significación de la vida humana era un valor ya bien establecido en la cultura europea desde antes del Gran Encuentro encabezado por Colón. Que en las islas antillanas se llevan a cabo un genocidio (el primero de varios en la región) de proporciones tan enormes que no permite ningún tipo de justificación racional e histórica. No puede ser válida la comprensión de este fenómeno sino se parte de la idea de que los responsables fueron los detentadores de un poder monstruoso puesto al servicio de una ambición desmedida. La desaparición de los indígenas como entidad cultural fue total en todo aspecto. Su mundo material y su mundo mítico, coincidentes con sus expectativas, su nivel de desarrollo, su manera de vivir fueron arrasados por el modelo social que creó las instituciones del repartimiento y la encomienda.[4] Estos sistemas tuvieron por consecuencia principal el aniquilamiento físico de la mayor de la población indígena de la Isla. Las instituciones significaban, no sólo una explotación despiadada, sino también la separación radical del grupo aborigen de su medio de vida habitual.

La gran cantidad de seres humanos pereció como consecuencia directa de una estructura colonial meticulosamente organizada que le impuso el conquistador español en la explotación del territorio nuevo. En aquella sociedad tremendamente explotada, brutal e inhumana, dividida entre amos y esclavos, se estableció todo un sistema de segregación social y racial que logró en impedir la integración o incorporación cultural y biológica entre la cultura indígena y la española. Esta segregación existente entre las dos culturas chocantes se resolvió en el aniquilamiento final de la población indígena en la Isla. La confrontación agónica entre las dos instituiciones radicalmente opuestas y diferentes- - la cultura indígena y aquellas instituciones novedosas importadas por los invasores de Iberia terminó definitivamente con la desaparición total del indígena tanto en su integridad biológica. El sistema, junto con su política era una explotación que se manifestaba muy claramente en la relación encomendero/encomendado y amo/esclavo.

El Repartimiento y La Encomienda

Con apenas una superficial reflexión sobre la cuestión del colonialismo, se nota que ésta es una política que niega por completo los derechos humanos a los seres humanos quienes han sido sometido por violencia, y manteniéndolos también por violencia y represión en un estado de miseria e ignorancia. Sin duda el sistema de colonialismo engendra la brutalidad e inhumanidad hacia los vencidos. En su actitud colonizadora los españoles se inclinaron a considerar a los indígenas como vasallos de la Corona Española en Madrid. Entonces así empezaría en el Caribe todo un proceso sistemático de valoración socio-político tomando como punto de partida todo el conjunto de diferencias culturales: religiosas, morales y sociales, para terminar edificando las teorías y prácticas basadas en las diferencias raciales. Así también comenzaría, en la mentalidad española-europea, el proceso insidioso de deshumanización de la población indígena. Y el hombre deshumanizado por determinadas teorías (percibidas así por el conquistador) ya era la definición misma del "esclavo natural"—por ser "inferior". Para alcanzar el nivel de prejuicio racial faltaba asignarles a los indígenas un valor permanente, natural,

irreversible e inferior. La elaboración de este aspecto estuvo a cargo de los teólogos—
la iglesia Católica, los intelectuales y los colonos, es decir, de todos los individuos
ligados en cualquier manera—indirecta o directamente al proceso de inhumanización y
explotación de los indígenas. Ahora fue legítimo consagrado por los Reyes Católicos/la
Iglesia este sometimiento de los indígenas a la fuerza, mediante la acción violenta.

La acción bélica de los españoles dieron lugar a las más horribles crueldades. La cultura indígena fue aniquilada mediante procedimiento de terror en forma enorme o reducida a la esclavitud. Fue en 1496 cuando la Corona Española accedió a los colonos en Hispaniola los repartos de tierras. La práctica se llamaba repartimiento, para indicar con el término que "se repartian tierras y la población misma; pues el reparto de las tierras cultivadas por los aborígenes, dondequiera que estuvieran en la Isla". Diego Colón, hijo del Gran Almirante, y sucesor de Nicolás de Ovando como gobernador de la colonia, se dedicó a repartir los indígenas de la isla a quienes le pagaran—aun cuando desapareció el sistema oficial. Nicolás de Ovando, como gobernador, convenció a la Corona que si no se obligaba por fuerza al indígena a trabajar para los colonos, la nueva colonia "se desplomaría de civilización y se perdería todo el negocio de ella."[5]

La Cultura Taína

Sin duda el grupo aborígen entre estos primeros pobladores con rasgos más predominantes fue la cultura taína. Los taínos que confrontaron a los conquistadores españoles en el momento histórico de El Encuentro se hallaban en un nivel notable de desarrollo social. Esta cultura dominaba una tecnología impresionante en cuanto a su ambiente; la institución de su jefatura se unificó dentro de las comunidades taínas, siendo asequible en lo esencial sólo a ciertos grupos de la comunidad y con carácter hereditario, pero sin existir la propiedad privada o individual. Vivían en una forma claramente comunitaria e igualatoria. La religión desempeñaba un papel de primer orden en la comunidad de los taínos. Todo el universo cósmico para ellos estaba condicionado por esta religiosidad. El sistema religioso consolidó la conexión espiritual de mitos y leyendas para explicar el origen y la evolución de su mundo. Su religión era semejante a su forma comunitaria, rutinaria y pacífica de la vida.

Los taínos son el grupo más importante que se desprende de la rama arawaca. Es la cultura material de la etapa final precolombina, y a ella se relaciona la sociedad más avanzada que evolucionó en Quisqueya. Los taínos habían eliminado los remanentes ciboneyes y habían absorbido a los igneris y ciguayos. La denominación taíno significa "hombre bueno" y "agrícola." La cultura taína es la que corresponde a un pueblo natural y agrícola. Por consiguiente, los caracteres que ofrece son propios de una sociedad en situación neolítica, es decir, que su arte responde a formas e intenciones religiosas de la vida cotidiana y natural; sus creencias asumen los matices de un pueblo profundamente espiritual; sus rituales mezclan varios aspectos históricos de hazañas que se vinculan también a las ideas religiosas. Por último, sus manifestaciones populares de costumbre y entretenimiento responden al carácter de una sociedad colectiva.

La agricultura fue la base fundamental de la economía de los taínos, colocándola por encima de la caza y de la pesca, como de la recolección silvestre. De los cultivos agrícolas, la yuca fue el producto más importante por ser la base alimenticia de donde obtenían el casabe, llamado "el pan de las indias," cuya técnica de elaboración no fue superada por quienes más tarde les conquistaron. Después de la yuca, otros cultivos importantes eran el maíz, la batata, el mapuey, la yautía, el lerén y el ají. Muchos de estos cultivos los trajeron los taínos como emigrantes sudamericanos, como los implementos y recursos agrícolas: como también el uso del riego y la fertilización a través de la orina. Los taínos hicieron tipos de bebida que obtenían mediante la fermentación del jugo del maíz y de la yuca amarga; el jugo era sometido a un proceso muy delicado a través del cual eliminaban la porción venenosa que contiene.

La unidades sociales primarias de los Taínos consistían de grandes familias, cuyos integrantes eran los moradores de dos tipos de vivienda. El de techo cónico y forma más o menos circular se llamaba caney: una vivienda bastante grande en la cual vivían entre 25 a 30 personas, pertenecientes a unas seis u ocho familias unidas por vínculos de sangre. El otro tipo de vivienda era en forma del actual bohío, que identificaba a las viviendas de los caciques. La unión de linajes daba lugar a la unidad social más significante de los taínos, la aldea: cada aldea tenía su propio cacique. Esta solidaridad más amplia se expresaba a través de una confederación de aldeas o tribus que originaron lo que se llamó el cacicazgo, máxima estructura social de la cultura taína.[6] Un rasgo notable de esta cultura fue el nivel algo complejo de interacción social entre los miembros de la comunidad, así explicando el elemento esencial en la solidaridad e identidad del grupo. En términos de actividades recreativas, los taínos practicaban el juego popular de la pelota que se jugaba en una cancha o patio abierto llamado *batey*.[7]

Otro rasgo muy importante que distingue la cultura taína es el gran desarrollo que logra en las actividades artísticas y artesanales. Los taínos desarrollaron la confección de una extraordinaria cerámica de fines rituales y funerarios, cuyas características artísticas incluso influenciaban la producción cerámica destinada a fines utilitarios. Las piezas de cerámica son la expresión por excelencia del enorme valor que en la cosmovisión taína tenían su rituales, pero también en la utilidad práctica y cotidiana. Hay otras piezas cerámicas, con fines ceremoniales y ricamente decoradas, que representan seres antropomorfos, lo que sin duda se relacionan a una función mágica.

Descubrimientos arqueológicos revalorizados en los últimos años, y todo afirma que todas las sociedades precolombinas en las Américas fue ésta la de los taínos la menos agresiva. Hay abundante evidencia para apoyar la afirmación, por ejemplo, que los caribes representaban una cultura predominantemente guerrera y violenta. Se nota también que la sociedad taína correspondía a la de una sociedad menos avanzada si se le compara con las grandes sociedades amerindias que formaron los incas del Perú, los mayas de mezoamérica y los aztecas del Valle de Anáhuac. La llegada de los españoles a Quisqueya constituye un encuentro asombroso entre dos mundos o dos realidades contrastes y contradictorios; era desproporcionado de medida chocante el contraste.

La sociedad taína era de carácter comunitario e ingenuo; la de los españoles, de carácter individualista y dominadora. La sociedad taína representaba una movilidad económica basada en la agricultura, explotando la tierra para sobrevivir; por otro lado, los españoles se motivaron por la conquista y explotación de la tierra para enriquecimiento y prestigio social. La sociedad taína simbolizaba una cultura natural, insular y por supuesto, indígena; los españoles, una cultura guerrera, nacional, continental y cristiana. La sociedad taína constituyó un frente mayoritario, con cultura homogénea, pero no formaba un Estado unificado; los españoles constituyeron un frente minoritario, con cultura homogénea y coherencia política. Finalmente, la sociedad taína representaba una comunidad con una elemental técnica de combate y recursos muy límitados de enfrentamiento (e.i., macanas y flechas), mientras los españoles llegaron con un superior poderío técnico de combate (e.g., espadas, lanzas, perros, caballos…).

El Mundo de Los Espíritus

La religión desempeñaba un papel de primer orden en la cultura taína. Todo el universo de la sociedad estaba condicionado por un sistema de creencias religiosas bastante bien sofisticado y organizado. Se hacía común en sus aspectos esenciales a los grupos indígenas de toda la Isla, así como de otras islas vecinas de la región antillana. Como ya dijimos, en su producción artesanal y en el grafismo pictórico están presentes esas creencias religiosas. Los caciques se hacían respetar por toda la población, que los consideraba portavoces sagrados de los dioses ya que eran (junto con los sacerdotes) los únicos autorizados a comunicarse con ellos en la figura de los ídolos. Esta comunicación se realizaba mediante la ceremonia designada "Rito de la Cohoba," precedida por la inhalación de una droga alucinógena de ese nombre que hacía perder la razón a quien la tomaba y le ponía por ende, en capacidad de comunicarse con los dioses. Los sacerdotes, gozando de muchos de los privilegios de los caciques, se llamaban *behiques*.

Eran considerados los hombres sabios por la comunicación fuerte que tenían con los muertos. Los dioses tutelares representados por los varios ídolos se llamaban *cemíes*. Cada cacique tenía un cemí particular, aparte de que existían cemíes aceptados como bienhechores por los diversos grupos clánicos. Durante la ceremonia de la cohoba, en la inhalación de polvos alucinógenos y bajo esos efectos de behique recibían las palabras y mensajes de los cemíes. Cada tribu también tenía sus cemíes secundarios ligados a sus tradiciones especiales.

Una ceremonia ritual de máxima importancia para la cultura taína lo constituía el *areíto*, una fiesta en las que se bailaban los cantos legendarios en honor del poderío de los cemíes. Era una expresión musical de hazañas ocurridas en tiempos antepasados.[8] El areíto simboliza el rasgo más avanzado dentro de todas las expresiones culturales de la sociedad taína. Servía para señalar la unidad comunitaria y para educar a los jóvenes en las tradiciones familiares y de la sociedad en total. Es muy curioso notar este punto final acerca de las ideas religiosas de los taínos; estas ideas estaban todas condicionadas por los fenómenos de la naturaleza y por las necesidades apremiantes que se planteaban en la realidad de su mundo. Al momento histórico de la llegada de los españoles con suma ruptura y trastornos, los taínos ya empezaban a formarse ciertas ideas definitivas acerca de un gran dios todopoderoso y, por eso su principal cemí Yocahu (que al mismo tiempo era la divinidad de la yuca: la principal alimentación de los indígenas) era visto como un dios de los cielos y probablemente percibido como creador supremo de la vida. No obstante, la mera noción de un dios creador omnipotente todavía no la podían alcanzar pues no se compaginaba con su grado de desarrollo desplegándose en estos momentos históricos en las Antillas.

La Herencia Taína

La agonizante imposibilidad de averiguar es el tipo de evolución social último que habría resultado si los conquistadores españoles de una manera u otra hubiesen logrado la demora de su Gran Encuentro en 1492 con las culturas indígenas de Quisqueya. Es cierto que al momento de la intensa penetración española de la región y más preciso la llegada de aquéllos a la Isla, la sociedad taína estaba en grandes transiciones significantes y cambios internos muy cruciales. Sin embargo, la rendición final a los invasores de Iberia fue inevitable puesto que las diferencias chocantes fue en la tecnología más que nada. Aún con las campañas formidables de resistencia anterior por los pobladores aborígenes determinados afirmó la conquista decisiva de los resistentes. Además y quizás más formidable fue la introducción de enfermedades contagiosas antes desconocidas en la región del Caribe. Estas enfermedades aniquilaron los pobladores indígenas con una fuerza más rápida lo cual hizo la artillería de los conquistadores.

En fin, ¿qué es lo que constituye alguna herencia taína en términos de componentes étnicos en la formación de la cultura dominicana? Es preciso señalar, en primer lugar, la aniquilación completa de la población indígena en la Hispaniola, por más rápida que fuera, durante el primer siglo de colonización española no significaba automaticamente que estas culturas exigían un impacto mínimo sobre el subsecuente desarrollo social en la Isla. En segundo término, la negativa de los indígenas a aceptar el trato inhumano se expresó en la rebelión del cacique Enriquillo, pero también en el suicidio y en la muerte que las madres daban a sus niños para evitarles una vida de torturas.[9] Los taínos de Quisqueya aportaron al catálogo de los elementos de la cultura dominicana, algunas manifestaciones de su vida material, de sus costumbres, de su lenguaje y creencias y de sus hermosas leyendas. Tercero, el indígena está presente en la identidad nacional dominicana porque la historia de la encomienda y de la esclavitud, del prejuicio racial y de la lucha de clases e interéses y vinculada también a la historia del dominicano explotado, prejuiciado, colonizado y neocolonizado.

A pesar de una política de segregación social y racial que trataba de impedir el intercambio cultural y biológico entre la población indígena y el español, se produjo una nueva especie de ser humano: el mestizo. Es a través de este proceso de mestizaje que se integró en la sociedad colonial algunos rasgos culturales indígenas. La mezcla de razas se efectuó de manera continua desde finales del siglo XV hasta buena parte de la primera mitad del siglo XVI. En un país predominantemente agrícola como lo es todavía Quisqueya, la agricultura tradicional y la importancia del conuco no se pueden subestimar: son ambas herencias taínas. Los taínos les enseñaron a los conquistadores la agricultura de "tumba y quema." Hoy en día los campesinos dominicanos todavía aplican este método de preparar la tierra para sembrar: es una forma de cultivo intenerante o mudanza periódica del establecimiento familiar. Se trata de la tala o 'tumba' de los árboles y la limpieza de la maleza, el picar los troncos en pedazos reducidos, para más tarde quemarlo todo, o sea 'quema' lo cual despeja el terreno y fertiliza el suelo las substancias nutritivas que se pierden y libera otras ya encontradas en la tierra.

Los Conucos y El Casabe

Por todo el país en estos días contemporáneos el orgullo de todo hogar dominicano, que esté localizado en el campo o en los suburbios, es el conuco familiar, que se ha hecho rasgo casi sagrado para el hogar. De orígen taíno, el conuco se caracteriza por el pequeño cultivo simultáneo de varios productos en una misma zona, no para el comercio, sino para el hogar mismo. Simbólicamente el conuco hace a la familia más auto-suficiente: tradicionalmente, la siembra se efectúa en forma tal que los diferentes plantíos maduren unos tras el otro y así se cosechen alimentos el año entero. La mayor parte de los productos para el conuco se dedican a los tubérculos como yuca, batata, yautía y mapuey porque ésas pueden dejarse en la tierra hasta cuando se necesiten, así eliminando cualquier problema de almacenamiento.

Sin ninguna duda es la yuca y su subproducto en forma del casabe lo que señalan el aporte más importante de la agricultura taína a la dieta dominicana. En sus investigaciones arqueológicas, Bernardo Vega nos revela que el casabe no sólo fue la fuente de alimentación por excelencia de los taínos, "sino que los conquistadores, en sus primeros años, literalmente se hubieran muerto de hambre sino hubieran obtenido un producto no perecedero como lo es el casabe."[10] Además, la necesidad del mismo llegó a extremos tales que exigían oro a los indígenas, como tributo, pero, frenando su avaricia por la necesidad de sobrevivir, a otros demandábanles casabe.

En otras ocasiones, cuando los taínos buscaban formas de derrotar a los españoles optaron por marcharse a vivir en las montañas remotas para que nadie trabajara los montones de yuca y tratar así que los españoles murieran por falta de alimentos. Todos los barcos que salían de Santo Domingo a explorar y conquistar nuevos territorios, llevaban cantidades de casabe como alimento esencial para los tripulantes. Con toda justificación se llamaba "el pan del país."

El tabaco es el segundo producto de importancia agrícola introducido a los españoles por los taínos. Sobrevivió la conquista y se desarrolló a niveles que lo convirtió en uno de los dos mayores productos de exportación, en los siglos XVII al XIX y, hoy en día, sigue siendo vital. El tabaco forma parte de la trilogía antillana tradicional de azúcar, café, y tabaco. La producción de tabaco y su manufactura fue en otra época la base de la economía del valle del Cibao, gracias a las condiciones climáticas y topográficas muy favorables. Otras fuentes alimenticias indígenas de importancia formando parte de la herencia taína y que son utilizadas todavía en la Isla son las siguientes: el maíz, el maní, el fríjol, la guayaba, el ají. De fama especial hay dos: el maíz y la batata, que ahora se extienden por muchas regiones mundiales a la medida que son estos dos productos considerados como alimentos básicos absolutos del sobrevivir humano.

Lo Lingüístico

A gran diferencia de lo que es el caso lingüístico en muchos países de América donde la población indígena sobrevive numerosamente y mantiene sus lenguas propias, dando elementos significantes al español y recibiéndolos de él, en las Antillas falta un sustrato lingüístico indígena permanente que influya sobre el español. El idioma taíno, al igual como el de los macorix y de los otros grupos étnolingüístico en Quisqueya-Haití, ya estaba en camino de extinción por 1540, meclándose con la lengua de los conquistadores. Sin embargo, es indudable que el aporte taíno al lenguaje dominicano fue extraordinario. Estos indígenismos se oyen hoy en día en la Isla, principalmente en la toponimia nacional, o sea los nombres comúnes de lugares y cosas específicas, también la geografía. El siguiente catálogo incluye palabras de orígen taíno que todavía se encuentran en el vocabulario del país: barbacoa, bohío, canoa, cayuco, guagua, hamaca, maní.

Estas son frutas oriundas de la Isla, pero se hallan a lo largo del Caribe: anon, caimito, chirimoya, guanábana, guayaba, guavaberi, hicaca, jagua, jobo, lechoza (papaya), mamey, mamón, piña.

Algunos víveres (vegetales o legumbres) incluyen estos cultivos: amate, ají, bacoanabo, batata, boniato, catey, cumaná, guacanarí, guaguarey, guajabo, maíz, mapuey, yautía, yuca. La mayoría de los peces que abundan en las aguas de Quisqueya conservan todavía sus nombres taínos: burgao, carey, carite, conjinúa, dajao, guábina, guatapaná, jurel, lambí, macabí, menjúa, tiburón, zago, zurele. Hay nombres de montañas o sierras: Bahoruco, Biajama, Cabao, Cuao, Guaconejo, Guainamoca, Higua, Pico del Yaque.

Hay nombres de bahías, capos o puertos: Bayahibe, Chavón, Cumayasa, Guayacanes, Jina, Maimón, Najayo, Neiba, Ocoa, Samaná, Yuma, Punta Hicacos, Punta Macao, Cabo Macorís, Punta Mangle.

Son casi sin fin los nombres de pueblos o regiones geográficas: Acaya, Azua, Baguá, Bánica, Buyacán, Bonao, Cabia, Camaguasí, Canabacoa, Cibao, Cuey, Cayuano, Duyey, Guabatico, Guarey, Hicayagua, Higüero, Jacagua, Jarabacoa, Jaragua, Los Mameyes, El Mariel, Moca, Nicagua, Sosúa, Tamboril, Túbano, Yaguate, Las Yayas.

Muchos de los ríos y arroyos son a la vez nombres oficiales de localidades pobladas: Amino, Arazao, Artibonito, Azuey, Azuí, Bajabonico, Bao, Básimo, Bayajá, Boyá, Camú, Caraba, Casuesa, Ceiba, Cenobi, Comte, Cuaya, Chavón, Dajabón, Dicayagua, Duey, Gabón, Guasí, Guabanimo, Guajabo, Guamira, Guanaiboa, Guárano, Guayayuco, Gurabo, Haina, Higuano, Jagua, Jamao, Jánico, Jaya, Jina, Jiminoa, Joba, Libonao, Macorís, Maguá, Maguaca, Maguana, Mao, Neiba, Neibuco, Nigua, Nisibón, Nizao, Ocoa, Ozama, Payabo, El Seibo, Soco, Tabara, Toga, Yabacao, Yabón, Yamasá, Yaque, Yuma, Yuna.

Los nombres de animales incluyen: caguana, catuan, cigua, cocuyo, comején, curí, coquí, guabá, guaraguao, guacamayo, jején, iguana, maye, mime, maco, manatí, mohíe, nigua, hicotea, quemíe. Algunas de estas plantas y árboles hicieron parte importante de la creciente industria nacional de la madera: caoba, cuaba, capá, ceiba, corozo, copei, guano, guayacán, guazábara, guayaba, guázuma, guacomeco, guao, manle, manacla, maguey, majague, batata, búcara, jobobán, y agrumo, yarey, samo.

NOTAS

Capítulo III

1. Estos grupos o ramas se refunden a dos condiciones: (a) De condición preagrícola. A ella pertenecen los ciboneyes, cuya denominación "se derivaría de la voz ciba, que vendría a significar piedra y de la voz eyerí que significaría hombre, dándose al ciboney el apelativo de hombre que vive entre piedras o las rocas". Marcio V. Maggiolo, Arquelogía prehistórica de Santo Domingo (London : Mac Graw Hill, Ltd., 1972), 84. (b) De condición agrícola. Incluimos aquí a los arawacos, quienes formaban el grupo más importante de los pobladores antillanos. Es la agricultura lo que determina el asentamiento de este grupo, quienes se caracterizan por su gran producción de cerámica. Al momento del Encuentro, los grupos con un estilo cerámico llamado cerámica Boca Chica tenían un nivel de desarrollo superior al de aquéllos con estilos cerámicos anteriores llamados Ostiones y Meillac.

2. Estos ciguayos debían ser el resultado de un proceso de integración cultural de grupos caribes con grupos taínos en las regiones de Samaná y lo que hoy es Río San Juán, Cabrera y Nagua. Frank Moya Pons, *Manual de historia dominicana, 10ª edición* (Santo Domingo: Caribbean Publisher, 1995), 9-10.

3. Gonzalo Fernández de Oviedo. *Historia General y Natural de las Indias* (Madrid: Biblioteca de Autores Españoles, 1959) 65-67. La cifra dada por Fernández de Oviedo se repite en muchos otros autores.

4. Por el enorme interés de los Reyes Católicos en obtener oro de las minas en la Isla, la corona legalizó el sistema imperante de repartir los indígenas a los españoles para que trabajaran forzadamente en las minas. En 1503 comenzó legalmente el sistema de las Encomiendas en la Isla. Era el sistema según el cual un español-el encomendero-recibía, además de tierras, un grupo de indígenas (frecuentemente aldeas enteras) que le pagaban tributo y trabajaban (sin salario) para él. Este a su vez, tenía la obligación de enseñarles la religión católica. El nuevo sistema tenía su base histórica en la experiencia Ibérica con los grupos vencidos (los moros) durante la época de la Reconquista: los soldados fieles a la corona fueron premiados con tierras confiscadas de los moros.

5. Hugo Tolentino Dipp, *Raza e historia en Santo Domingo: los orígenes del prejuicio racial en América* (Santo Domingo: Fundación Cultural Dominicana, 1992), 39-40.

6. El cacicazgo era geográfica y políticamente una extensión territorial muy sofisticada gobernada por el cacique. El proceso de integración socio-política-territorial se explica

sobre una base del compartimiento de la Isla entera. A la llegada de los españoles el territorio quisqueyano estaba dividido en cinco cacicazgo:
Cacicazgo de Marièn: gobernado por Guacanagarix.
Cacicazgo de Maguá: al mando de Guarionex.
Cacicazgo de Maguana: bajo la autoridad de Caonabo.
Cacicazgo de Jaragua: gobernado por Bohechío.
Cacicazgo de Higüey: dirigido por Cayacoa.

7. Algunos investigadores en la etimología del vocabulario dominicano han apuntado el indigenismo de la palabra batey: "en el campo, un patio grande; el sitio en que los indígenas jugaban a la pelota." Emilio Rodríguez Demorizi, *Del vocabulario dominicano* (Santo Domingo: Editora Taller, 1983), 34. Pero en el día de hoy, se entiende que el término se le da a las viviendas escuálidas para los trabajadores en la caña de azúcar en la Isla, en mayor parte los braceros haitianos.

8. El popularísimo merenguero dominicano Juan Luis Guerra, tanto compositor como cantante, le dio a un recién albun el título de Areíto, recordando la rica herencia lírica de los taínos. El artista Guerra se caracteriza por su incorporación a su música infectuosa, temas y tópicos culturales significantes para los tiempos modernos y pasados.

9. Sobre el cacique Enriquillo vamos a hablar más aun en futuro capítulo al referirse a las voces de resistencia.

10. Bernardo Vega, "La herencia indígena en la cultura dominicana de hoy," en *Ensayos Sobre Cultura Dominicana* (Santo Domingo: Fundación Cultural Dominicana,1990), 14.

Capítulo IV

LA HERENCIA ESPAÑOLA

La creación fenomenal de lo que se dió a conocer como la América Hispañola o Hispanoamérica fue el resultado de diversos grupos etnoculturales y raciales, todos laborando en su conjunto para constituir un nuevo mundo. Frecuentemente, esta labor encontraba circunstancias desfavorables y aún antagónicas. El mundo que iba a edificarse era completamente diferente a cualquier otro sitio que se hubiese visto previamente. A la última maravilla de esa empresa atrevida y monumental, todos los grupos contribuyeron derramando su sangre, su espina dorsal rota y los músculos retorcidos. La empresa americana desde sus inicios contuvo un poderío de expansión del cual carecían los precedentes movimientos europeos en el Atlántico, debido a que se esperaba una base para el comercio y la colonización de Asia.

La Península Ibérica, de donde vinieron los primeros aventureros europeos, durante el siglo dieciséis, era un lugar desheredado con un montón de condiciones favorables que les hubieran hecho bastante agrado y habrian llenado la vida de esperanza a la mayoría de los pobladores que allí habitaban. España, que precisamente durante todos los siglos del feudalismo se mantuvo en guerra contra los árabes, atravesó los tiempos feudales en un estado de tensión militar constante. Eso prolongó en Iberia cierto aislamiento en cuanto a las corrientes mayores del pensamiento progresivo del resto en España, no se produjo el desarrollo normal-- si se puede llamar "normal" el patrón seguido en otros lugares de Europa-- de las formas económicas y sociales del feudalismo.

La geografía ibérica era insoportablemente hóstil, tanto en términos de provocar el ruinoso aislamiento como en términos de ser responsable por los desfavorables clima de la tierra y la región. Hasta en los días de hoy el patrón interno de los ríos y sierras divide la península en un regionalismo profundamente exagerado. Este regionalismo tradicional se ha convertido en un tipo peculiar de nacionalismo: lo que se llama Patria Chica. De hecho, un regionalismo fuertemente defendido en mayor parte ha caracterizado la historia de la Peninsula. Entonces lo que se halla es una España evolucionándose desigualmente en comparación con otras sociedades europeas como Francia e Inglaterra.

El desarrollo histórico-económico de España había dependido de una serie de reinatos ibéricos (León, Navarra, Aragón y Castilla), que através del doble fenómeno de la larga campaña de la Guerra de la Reconquista y la repoblación se habían impuesto a los árabes, invasores desde el siglo VIII.[1] La Reconquista apelaba al sentimiento nacional y al espíritu religioso para combatir a los árabes. La reprobación consistía en ocupar las tierras baldías y deshabitadas a base de establecer núcleos poblacionales o concedérselas a unos cuantos hombres. Así, frente al poder de los Reyes Católicos surgió el poder señorial. Las tierras quitadas a los árabes o recuperadas fueron la base de los grandes latifundios. La Reconquista había contribuido a romper con el orden feudal. Sin embargo, se había producido un proceso de acumulación de la tierra en manos de una aristocracia cuyos valores eran parte de una concepción religiosa y política del mundo. Con todo esto, la paradoja de recursos se podría justificar para la buena disposición de un país en general que quisiese lanzarse al mar en búsqueda de su fortuna.

El Carácter Nacional

Parece a simple vista que si España transplantó a Quisqueya la cultura occidental, también transplantó los frutos sociales de la Edad Media europea. Pero no sucedió así, puesto que no transplantó la importantísima organización burguesa de la sociedad, que fue el jugo, y por tanto el producto social más significante del feudalismo. Como dice Juan Bosch, "España les trasmitió a los quisqueyanos todo lo que tenía: su lengua, su religión, su estilo de arquitectura, su manera de vestir y de comer, su arte militar y sus instituciones jurídicas y civiles; el trigo, los ganados, la caña de azúcar, y hasta los perros y gallinas."[2] Pero los pobladores originales de Quisqueya no pudieron recibir de España, porque no tenía, los métodos de producción y distribución occidentales, la técnica y los capitales y las ideas de la sociedad europea de la época. A los pobladores en el Caribe les tocaría heredar las debilidades que latían en el fondo de las contradicciones y paradojas.

La transculturación es un fenómeno social de intercambio que se produce por el choque de dos culturas diferentes. En la historia siempre se ha producido, primero una reacción de destrucción (depende del poderió o fuerza de uno u otro, pero a veces recíproca), si las diferencias son muy grandes; después un proceso de reconstrucción, para recomponer lo que se ha desbaratado y luego un proceso de recopilación o de incorporación, que es una manera antigua de calificar la integración.[3] Es notoriamente provocativa la intensidad de la investigación cuando se afirma que "las contribuciones de España parecen lo más significantes y de valor más grande y duradero que aquellas contribuciones de cualquier otra cultura en la evolución del país."

Lo que se presentan son algunos ejemplos de muchas observaciones y las actitudes personales planteadas por algunos historiadores dominicanos bien reconocidos comentan acerca de lo que ellos llaman el carácter nacional:

Como dijimos al principio, somos un pueblo mestizo tenemos el predominio de
África y América en muchos de nuestros factores somáticos; y el de España, en la
básica estructura de nuestro temperamento y de nuestro modo de ser. Si urgamos
serenamente en nuestros más caros valores y nuestros cosas más valiosas
nos acercaremos más a nuestra herencia española.[4]

En otra ocación, se presenta una interpretación personal sobre lo que el autor describe como "los fundamentales y motivaciones de la raza dominicana":

Las migraciones que llegaron en el siglo XVII sirvieron para
rescatar de la barbarie a los pobladores. En cierta forma se logró
restaurar una serie de costumbres que hoy en día son fácilmente
determinables en diversas pobaciones del país. La inmigración española
que llegaba principalmente de las Islas Canarias, sirvió para
forjar los fundamentos de una nacionalidad. [5]

La impresión de los valores semíticos-hispánicos que acarrearon estos inmigrantes, habrá de apreciarse hasta nuestros días, en los comentarios históricos muy personales de profesores como Valentina Peguero y Danilo de los Santos, en su *Visión General de la Historia Dominicana* afirman que: "el hispánico es el más importante de los ingredientes que conforman la cultura...que radica, no sólo en la superioridad cultural que lo caracteriza, en comparación con el taíno y el africano a los cuales se impone; sino que lo hispánico es lo que mejor modula y especifica el espíritu del siglo XVI."[6]

Algunos comentarios han ofrecido al mundo la visión que estos hombres intrépidos, conquistadores valientes con un ardor implacable, motivados todos por su lujuria por el oro y otras riquezas materiales, y con una fe intransigente en Dios, automáticamente simbolizan el espíritu ejemplar de Europa del siglo dieciséis. Como consecuencia y sin duda, los elementos determinantes de la cultura española sería para todos en todas partes el paradigma supremo. Así, el pensamiento fue que no había ninguna otra civilización ni cultura existente. En realidad, toda civilización occidental fue considerada como la única civilización reconocida para el hombre. Se opinaba cualquier otra cosa como inferior. Simplemente lo que importaba fue lo hispánico, nada más.

Un Dominio Privado

Muy temprano en el proceso de evolución socio-político y cultural de la Isla en su período de colonización, se determinaba que la Española sería mucho más que un territorio ultramar ordinario. Si bien la experiencia colonizadora de los españoles en tierras foráneas era mínima, ya que se limitaba a las Islas Canarias, habían aprendido los resultados obtenidos por los portugueses a través de una serie de enclaves en la costa africana occidental llamados factorías. Estas factorías servían para comerciar esclavos, oro, marfil, maderas, pieles y otros productos a cambio de mercancías europeas. Así, la colonización fue concebida como una empresa ambiciosa y mixta de carácter comercial por un lado (establecimiento de factorías que comerciaran con los pobladores y con Asia, particularmente con el imperio chino), y colonizador por el otro lado (dominio directo sobre nuevos territorios para la explotación de sus riquezas naturales y de sus hábitantes para servir de base a un imperio colonial). En este sentido muy particular, el nuevo territorio fue considerado como el dominio absoluto privado de los Reyes Católicos, Fernando e Isabel. El oro en especial: se encontraba endeudado profundamente a causa de las guerras civiles que emprendieron los Reyes Católicos para debilitar a la nobleza castellana. Por otra parte, la economía española estaba imposibilitada de impulsarse a través del capitalismo comercial debido a la ausencia de una burguesía y a su proceso histórico.

Los Reyes Católicos rápidamente decidieron el establecimiento de una cabeza de playa colonial, por lo que el segundo viaje de Colón, que pondría en operación la idea, fue acordado casi tan pronto éste regresó a la península Ibérica. En su actitud colonizadora original los reyes españoles se inclinaron a considerar a los pobladores aborígenes en Quisqueya, ahora La Española, como vasallos privados de la corona. Antes la estructura clasista y ante el Derecho Público español no existía razón alguna para estimarlos de otro modo.[7] El oprimir a los hombres por descubrir no estuvo previsto en la perspectiva de los intereses metropolitanos que auspiciaron la empresa colombina. Era lógico, además, que así fuera, puesto que esos intereses revelaban muy claramente la intención de establecer, como lo habían venido haciendo el reino ambicioso de Portugal con Africa y algunas ciudades de Italia en Asia, una corriente comercial entre España y los pueblos por alcanzar.

El diario personal del Almirante es prueba evidente del delirio por el oro y de la necesidad española royal de restaurar, por nuevos caminos, el importantísimo intercambio comercial con Asia, detenido entonces por el mediterráneo con la caída de Constantinopla en manos de los turcos.[8] De cualquier manera, aunque concebida como punto hacia nuevos territorios para su comercio y conquista, la idea del Asia parece que no inquietó mucho a partir del segundo viaje. La empresa colonizadora en America mantuvo y acrecentó su pujanza por el hecho de tratarse de tierras vírgenes donde sin gran esfuerzo se podían extraer, por vía de rescates o de conquistas, fabulosas riquezas, y donde la resistencia de los pobladores se perfilaba mínima. Conociendo algunos de los detalles del primer viaje, encontramos que la Monarquía Española no contribuyó con medios de capital, puesto que no disponía de los mínimos recursos excedentarios para tal tipo de gastos.

¿Y La España Que Abandonaron?

La reunión de los reinos de Castilla y Aragón, junto con la definitiva expulsión de los árabes de territorio español, hicieron de España la potencia política y militar más importante de Europa. España era un centro comercial fundamental en el Mediterráneo y sus artículos manufacturados, y sobre todo junto con la experiencia colonizadora ya apuntada. Era casi una necesidad la expansión militar y económica a otras tierras.
En Europa, los dos siglos anteriores al Gran Encuentro en tierras nuevas se caracterizaron por la decadencia de las relaciones sociales condicionadas por el comercio, la producción artesana-mercantil y por la vida urbana. En las ciudades empezaron a surgir brotes inicipientes de producción capitalista.

El período que se extendió desde entonces hasta la Revolución Industrial se puede estimar como de transición muy importante del feudalismo al capitalismo. Fue la aparición de una economía urbana poderosa lo que hizo posible la expansión europea a otras regiones, que empezaba a manifestarse ya en el siglo XV con las colonizaciones de regiones de ultramar. El ejemplo más importante en este aspecto fue el establecimiento de las 'factorías' portuguesas, una serie de enclaves en el litoral occidental de África. Muy pronto estas factorias se covertirían en los odiosos mercados en la trata de seres humanos.

Sin embargo el caso de España al principio fue algo diferente. Antes de 1492 no existía el Estado español como una nación unida. Se originó la Monarquía Católica peninsular con la unidad de dinastia entre las coronas de Castilla y Aragón. Al principiar el reinado de los Reyes Católicos quedaba todavía una parte del territorio español bajo el dominio islámico: el reino de Granada.[9] Para realizar plenamente el propósito de la largísima Guerra de la Reconquista (que empezó en 719), y con ella la unidad religiosa de la nación bajo el cristianismo, los Reyes Católicos emprendieron la lucha contra el reino de los moros, más tarde aprovechando la oportunidad de una guerra civil que lo debilitaba.[10]

Pero al fin, después de varios meses de sitio tuvo que rendirse, y los Reyes Católicos entraron vencedores en la ciudad de Granada en 1492. Ese año terminó de forma absoluta el dominio del Islam en la Península Ibérica. España había sido reconquistada para el cristianismo. La monarquía católica eliminó el último reducto árabe que constituía el Reino de Granada y patrocinó la ambiciosa empresa que llevó al Encuetro, conquista y colonización de los Nuevos Territorios de América.

El Espíritu de Cruzada

La tendencia unionista, que había convertido la defensa de la religión católica en justificación de la existencia del propio Estado, obligó posteriormente a los grupos culturales como árabes y judíos a convertirse al cristianismo o la expatriación. Ésta se llevó a efecto, en el caso de los judíos, en 1492 y, en el de los moriscos, entre 1609 y 1613. Como resultado y consecuencia inmediata de victoria contra los infieles, la Iglesia aumentó sus influencias eclesiásticas en los asuntos seculares. Ahora se identificó con la Iglesia y con el tiempo en toda España un tipo de ferror religioso que se puede describir como el espíritu de cruzada. Junto con este espíritu particular se desarrolló cierta actitud psicológica: en guerra permanente; un sentido medieval revitalizado en combate, o sea un sentido de la hidalgía. Esta idea revitalizada de caballería militarista muy pronto se hizo lo ideal deseado para la "pequeña aristocracia," los terratenientes.

Los caballeros llegaron al punto de rechazar por completo el trabajo manual – y en territorio tradicionalmente agrario. Tales actitudes harían un papel muy importante más tarde en la relación socio-económica de hombre y trabajo en el ambiente del Caribe. El carácter nacional de Iberia llegó a describirse por el psique del conquistador o cruzado. Las artes militares hicieron el camino imaginado de cualquier movilidad ascendente imaginado de cualquier movilidad social, política y económica ascendente para las masas de jóvenes varones a lo largo de la Península. Estos jóvenes conquistadores futuros llegaron en manadas a Castilla, precisamente en el momento histórico para estar entre la fuente de reclutas para uno de los viajes más inauditos jamás imaginados por el hombre occidental.

Había tal preocupación obsesiva con el nuevo militarismo que uno de los efectos secundarios imprevistos fue un debilitamiento notable del crecimiento comercial e industrial de la nación. Al contrario, en ascensión fue una lucha de clases entre una burguesía embrionario urbana, con poderío potencial, y una aristocracia hacendada. Éste tradicionalmente siempre había resistido de inmediato cualquier desarrollo de las ideas de un capitalismo mercantil. Por sus propios intereses tradicionales se oponían la inevitable transición del feudalismo al capitalismo como dijimos antes. Dentro de muy poco este conflicto de intereses alcanzó niveles explosivos. Los monarcas absolutos aplicaron normalmente su apoyo a la causa del enriquecimiento de la aristocracia, que era la base de la expansión y el fortalecimiento del sistema feudal. No hay que pasar por alto las influencias formidables de la Iglesia y el grupo mismo de aristócratas. El arma más efectiva contra la burguesía, que se consideraba una amenaza a los intereses nacionales, fue la decisión de expulsárlos completamente.

La Doble Amenaza

Del mismo modo que los musulmanes de España alcanzaron un grado de civilización muy superior al de otros países islámicos, los judíos españoles, llamados sefardíes o sefarditas, constituían entonces la aristocracia del pueblo hebreo, tanto por su situación económica como por su cultura. Todavía después de expulsados formaron grupos de los más distinguidos dentro del judaísmo. Se distinguieron especialmente en todo lo relativo a la gestión económica, en profesiones como las de administradores, recaudadores, banqueros, comerciantes y en algunas artes como la joyería y la orfebrería. Pero también se distinguieron mucho en actividades relacionadas con la cultura, sobresaliendo por encima de los otros núcleos hebreos de la época. Los sefarditas eran gente laboriosa, activa, ahorradora, cualidades que si les sirvieron individualmente para enriquecerse, también beneficiaron al país.

Con la riqueza les vino el poder. La posición ventajosa que por ello y por su cohesión como pueblo alcanzaron fue una de las causas principales de que en los últimos siglos de la Reconquista suscitaron los judíos al antagonismo popular que tuvo expresión muy fea en motines y persecuciones. La otra causa fue el prejuicio religioso, cuya vehemencia por parte de los cristianos iba creciendo con la duración de la lucha secular contra el Islam. La convivencia llegó a ser peligrosa y difícil en muchos ciudades. Se preparó así el pretexto para la expulsión. Aunque los judíos vivían separados de los cristianos (en los barrios que se llamaban juderías) existieron sin duda muchas relaciones entre unos y otros, así como matrimonios mixtos. Es por ello muy explicable la huella sefardita en la cultura hispánica teniendo en cuenta la cifra de su población y la valía socio-económica de los judíos españoles.

Entonces no cabe duda de que por largo tiempo el campo financiero y comercial de España en mayor parte fue capitaneado exclusivamente por el sector judío. Hay evidencias concretas, por ejemplo, que afirman que los judíos financiaron la Reconquista contra los moros.[11] Fue, precisamente, a través de un préstamo hecho por Luis de Santángel y Gabriel Sánchez, los dos descendientes de judíos conversos, como se pudo financiar la mayor parte de los gastos que se requerían para armar la primera expedición de Colón.[12] Como se mencionó, venían produciéndose campañas muy agresivas contra la comunidad judaíca, que por su riqueza e influencia suscitaban el antagonismo amargo de muchos cristianos. Así, por motivos en parte religiosa y en parte políticos, los Reyes Católicos decretaron la expulsión definitiva de los judíos en edicto de marzo de 1492.[13] Con la enorme expulsión por edicto royal, fueron confiscadas inmediatamente las propiedades y bienes de los judíos, así enriqueciendo notablemente las cajas de la aristocracia cristiana privilegiada.

Con la expulsión simultánea de la amenaza doble de musulmanes y judíos, también de otros grupos considerados como indeseables o no de *"pureza de sangre"* tales como los gitanos, protestantes y otros religiosos aparte del catolicismo, casi todo aspecto de la vida nacional sufrió una paralización inmensurable. De la "pureza de sangre" dependían muchas posibilidades de movilidad social y de integración en el seno de la vida española. En el mundo del Caribe, el concepto de la pureza de sangre se prolongaría hasta los indígenas, los africanos y los descendientes de éstos con unas nuevas elaboraciones de carácter racial; esta idelogía tendría grandes ramificaciones más tarde. La gran expulsión dejó a Ibéria recursos esenciales, principalmente en términos humanos y financieros, que se necesitaban para el desarrollo capitalista. La economía como consecuencia se quedó casi en la ruina.

Básicamente, así era el estado desesperado de España preimperial al momento de la partida del Almirante. Había más que nada una grande carencia de capitales existentes en el país para proseguir con los planes de Colón. Estos planes eran de crear en el Caribe una factoría o una colonia de explotación de los nuevos territorios, semejantes a los que se habían conocido muchos años atrás de los portugueses y sus empresas por las costas de Guinea y Cabo Verde, en Africa.

No sólo la isla estratégica de la Española, sino lo total de las conquistas españolas por el Caribe y la América Hispánica deben concebirse desde la perspectiva de haber sido una empresa comercial en mayor parte. Claro está, la imposibilidad de los españoles de establecerse en tierras africanas seguramente fue un aliciente para que los Reyes aceptaran la propuesta de Colón de buscar una nueva vía de navegación a tierras asiáticas. El proceso del Encuentro y conquista de América por los españoles, que se inicia en la isla de Quisqueya, estuvo condicionado por exigencias formidables turcas que seriamente obstaculizaban el comercio con el Oriente, y también por la necesidad de expansión que sentía la monarquía española.

La empresa americana mantuvo y acrecentó su pujanza por el hecho de tratarse de territorios vírgenes donde sin gran esfuerzo era posible extraer, por vía de conquista y explotación de pobladores aborigenes y captivos africanos, fabulosas riquezas nunca antes imaginables. Con la llegada del Almirante se crean las bases de la colonización de la Española, ya que sus caracteres fueron fundaciones, expediciones y la conquista territorial, apoyada en una campaña de sometimiento y violencia. Todo se ponían en función singular de la búsqueda y obtención del oro para la Corona. La autoridad de los Reyes se ejercía a través del Consejo de Indias, principal institución de la administración de todos los territorios ultramarinos.

¿Quiénes Fueron Estos Extranjeros?

¿Quiénes fueron estos españoles que inicialmente navegaron con el Almirante Colón? ¿Qué tipo de nuevos navegantes llegaron después del primer viaje atrevido? En el viaje inicial de 1492, el número más grande de los primeros conquistadores se originó en la región sureña española de Andalucía (las provincias de Cádiz, Córdoba, Granada, Málaga, Sevilla y Huelva se representaron muy predominantemente). Estos individuos, al igual que aquellos de otras regiones a lo largo de la Península Ibérica, sentían la seducción magnética hacia el centro espiritual de la ya unificada nación. Tanto Castilla como Sevilla, ambas sirviéndose de núcleos de mucha actividad comercial, les ofrecían una medida lucrativa de oportunidades a los individuos de otra manera sin esperanza e inexperto, ahora ansiosos de una vida mejor de aquella que se habían conocido por generaciones.

Grandes números de estos desesperados vinieron de los pueblitos y aldeas deprimidos que se encontraban en las regiones remotas de Extremadura y Andalucía Occidental. Este conjunto diverso de individuos, a la vez inquietos y determinados, salieron de Sevilla con una mirada singular: una vista de conformidad absoluta con lo que caracterizaba Castilla en aquel entonces. Esa caracterización fue que la conquista y dominación españolas eran productos naturales del poderío militar español ya que se había logrado la Reconquista de Iberia después de un control islámico de ocho siglos. Además, el militarismo revitalizado al mismo tiempo se unió con la obsesión para expansión territorial y riquezas, y para otro individual a trabajar. Hay que recordar que el trabajo manual se vio como una estigma para el "hombre digno" después de la Reconquista. En estos antecedentes residen las grandes contradicciones de la sociedad peninsular que iban a desempeñar el papel de aventurera, conquistadora y colonizadora del Nuevo Territorio.

Las Actitudes Colonizadoras

Siguiendo la ola inicial de conquistadores, exploradores y aventureros españoles, había muy claramente un corte transversal de la sociedad española de la época. Se incorporó una tremenda diversidad de oportunistas: oficinistas, escribanos, artesanos y jornaleros urbanos, menestrales, clérigos y sacristánes, mercaderes, campesinos e infanzones o hidalgos sin título. Fue de esta gran diversidad de la población española de donde saldrían los conquistadores y colonizadores del Nuevo Territorio. Todos en búsqueda desesperada de algo mejor, por cierto, que les esperaba al otro lado del mundo. Por lo más ambisioso que fuese este grupo de intrépidos, un rasgo particular en común que se exhibía fue el desdén inmediato y aparente de cultivar la tierra. Sería esta característica singular quizás sobre tantas otras que iba a explicar el mayor defecto en la evolución socio-económica subsiguiente en la Española.

Si evidenciaban defectos serios en el desarrollo socioeconómico de la Isla, habían imperfecciones mucho antes en las actitudes y sentimientos precisos de los invasores españoles al encontrarse con los pobladores aborigenes de la región caribeña. Las diferencias y contrastes entre el hombre europeo y el indígena se destacaron a simple y primera vista, no suscitaron ni en el Almirante ni en los demás invasores, idea alguna acerca de la superioridad o la inferioridad humanas en términos raciales. Todo lo contrario, "...para los españoles, y en particular para Colón, los indígenas eran gentes de naturaleza encomiable."[14]

Es decir, frente a la sociedad recién encontrada, desconocida aún, el Almirante se limitó a describir el aspecto físico y la "espontánea inclinación a obedecer" de los taínos. Con apenas una superficial comparación entre españoles e indígenas, ¿comprendió Colón la imaginada "debilidad" de éstos y la facilidad con que podían ser conquistados? De todas maneras esa verificación, como se ha mencionado, no provocó juicios de valor en torno a inferioridades o superioridades raciales.

Una Inversión Astuta

Como ya se sabe, el contingente de las expediciones colombinas lo constituían hombres de toda índole: tripulantes, hidalgos, religiosos, soldados y artesanos. Incluía además materiales para diferentes usos prácticos que sirvieron para el establecimiento firme de una colonia de explotación llamada factoría. Esta colonia puede definirse como un negocio serio que asociaba, en los beneficios y ganancias, a Colón con la monarquía. El interés y la participación activa del comercio en la empresa americana, confirieron algunos de los rasgos socioeconómicos más importantes de la nueva sociedad colonial.

Colón era todo un comerciante, un hombre genuino del Renacimiento. Y aunque como buen renacentista tenía algo de soñador, no eran sus sueños tan abstractos o fantásticos como para impedirle comprender que a falta de mercancías elaboradas por los pobladores indígenas y con valor en la cultura europea, el indígena mismo era una preciosa "mercancía" para determinados mercados europeos. Y así fue, temeroso de que su fulgurante delirio por las riquezas (el oro) y las especias fuera sólo eso, un delirio, comenzó a entrever macabras posibilidades. Surgía de repente la idea de la esclavitud de la población indígena de Quisqueya.

Ahora bien, ya desde el primer viaje se evidenciaban las dudas del Almirante acerca de la posibilidad de que en aquellas islas caribeñas 'descubiertas,' fuera posible iniciar una corriente de intercambio comercial, mercantil, con España. Pero fue en su segundo viaje cuando el Almirante genovés comprendió la realidad del desarrollo histórico de las islas y la imposibilidad del establecimiento de un sistema de trueque de mercancías de las Indias. Consciente el Almirante de que las necesidades económicas de los Reyes Católicos no podían satisfascerse con la sola hazaña del descubrimiento, escribía en 1493 a Rafael Sánchez, tesoro de los monarcas españoles, expresándole que con pequeños auxilios del reino podía llevar a España "...todo el oro que se precisara, así como aromas, algodón, almáciga y tantos esclavos para el servicio de la marina, cuantos quisieran exigir sus majestades."[15]

El fracaso financiero de la empresa colonial determinó que Colón tuviese que ampliar los renglones de explotación de recursos. La primera medida que se tomó en ese sentido como procedimiento generalizado, fue la reducción de grandes cantidades de indígenas a la condición de la esclavitud, generalmente cuando habían participado en rebeliones o en intentos de ellos. Los barcos que regresaban a Sevilla, en vez de ser cargados con oro, lo eran con otra mercancías: los taínos hechos esclavos para ser vendidos en los mercados esclavistas de las islas del Atlántico y de las costas del Mediterráneo. En su desesperación Colón llegó a ver este negocio como inagotable. Desde los primeros meses de 1494 empezaron a realizarse señales de descontento, agravándose por los más recien llegados de la península. En 1496 Colón, como primer gobernador de la colonia, tuvo que salir de vuelta a España para responder a las acusaciones contra la factibilidad del proyecto.

Aprovechando la ausencia de Colón y su hermano Bartolomé, un grupo de descontentos dirigidos por el Alcalde mayor de la Isla, Francisco Roldán, se declaró en estado de rebelión contra el sistema constituído. La causa principal de la rebelión roldanista consistía en la exigencia de que tal modelo colombino desapareciera para dar paso a una explotación privada con rasgos feudales y esclavistas. Las noticias llegadas a la corte de España sellaron negativamente la suerte de Colón. Ya antes de tener noticias de la Rebelión de Roldán, los monarcas habían decidido sustituir al Almirante pero habían aplazado la puesta en marcha de la decisión. El alzamiento de los roldanistas vino a ser el pretexto que utilizaron los Reyes Católicos para deshacerse de Colón. Amularon la autoridad de Colón, dando autorización al comendador Francisco de Bobadilla, para que tomara plenos poderes en la Isla.

Bobadilla llegó a la Española en 1500 y tras largas pesquisas inculpó al Almirante, quien fue puesto prisionero con sus hermanos y enviado a España. El nuevo Gobernador prosiguió con los repartimientos de tierras e indígenas. Fue de esta manera que el Gran Almirante quedó excluído del ambicioso negocio de las Indias y concluyó la factoría. Todos causados por atropellos de españoles, para declarar a los indígenas en estado de rebelión y sentirse justificado jurídicamente para emprender las inicuas guerras y matanzas. Especialmente en la zona este de la Isla se escenificaron dos grandes matanzas y en región occidental de jaragua y otros cacicazgos. Miles de víctimas fueron el resultado inmediato de estos genocidios pero de igual importancia, la causa verdadera que motivó las guerras, fue el apresamiento en calidad de esclavos de millares de seres humanos que eran repartidos en propiedad privada a los integrantes de los cuerpos armados de agresión. Es decir, después de cada guerra se procedía a un aprovisionamiento cuantioso de la mano de obra necesaria a la explotación de las minas de oro.

Estos indígenas, a causa de las brutalidades que sufrían y al hecho de ser trasladados a largas distancias y arrancados definitivamente de sus comunidades, morían con suma rapidez y su muerte exigía nuevos esclavos y nuevas agresiones. El establecimiento definitivo de las encomiendas se efectuó por fin en 1504, con la llegada de la autorización de la Reina Isabel la Católica. El gobernador tenía el último control sobre las comunidades taínas y era el encargado de determinar qué cantidad debía tocar a cada persona (español) y qué período debía durar el repartimiento/encomienda. La nueva institución se extendió por todas las colonias continentales. La Encomienda ahora fue el instrumento real; el régimen de esclavización a que se sometió al pueblo aborigen ahora fue permanente, siendo sus resultados desastrosos.

Nicolás de Ovando: Visionario Brutal

Se puede interpretar la caída del Almirante Colón como un regocijo general porque significaba que las trabas puestas por su autoridad al sistema de los repartimientos de indígenas quedaban totalmente eliminadas. En efecto, Bobadilla propuso una política consistente en defender los intereses de la población española en la Isla, mediante el incentivo completo a la explotación privada de los indígenas. De ahí en adelante, los indígenas serían utilizados sin cortapisas, ya no una parte del tiempo, como lo dictaminara Colón, sin todo el tiempo posible. Se descuidarían las labores agrícolas y se pondría a las masas indígenas a la dura faena de extracción del oro.

Ovando, el tercer gobernador de la Española, bajo cuyo mandato se construyó la ciudad de Santo Domingo de Guzmán, al llegar a la Isla en 1502, encontró que la encomienda no se usaba todavía; se usaba la de repartimiento, para indicar con ella que se repartían tierras e indígenas. Al parecer Ovando argumentó todo lo que pudo ante los Reyes diciéndoles que, de no reestablecerse los repartimientos, "la colonia estaba abocada a la destrucción a causa de la negativa de los indios a pagar tributo y a trabajar como asalariados."[16] Entretanto no recibían autorización real para efectuar el restablecimiento de los repartimientos, Ovando ideó una política que mantendría reanimada la vida económica de la colonia a través de la explotación inmisericorde de la población indígena. Esta política en mayor parte trataba de provocar deliberadamente guerras contra zonas indígenas donde la influencia de los españoles era más escasa. Aprovechando los incidentes, la encomienda ovandina tuvo por consecuencia final el aniquilamiento físico de la mayor parte de la población indígena de Quisqueya. La desaparición de la cultura aborigen de la Isla, que se produjo básicamente en los años del gobierno de Ovando, se debió a una imposibilidad radical de adecuamiento de las estructuras sociales típicas de la cultura taína a los requerimientos impuestos por los españoles como clase social dominante.

Con la administración política de Ovando no solamente se consolida la Española, sino que se crean las bases estratégicas de la conquista y la colonización de otros territorios. Además de organizar las relaciones socio-política y económicas de la colonia mediante el establecimiento de las encomiendas, Ovando tomó una gama de medidas que configuraron la evolución colonial de la época. En primer lugar, trasplantó a la Isla la organización municipal existente en la Península. Dispuso que la convivencia de indígenas y españoles debían desaparecer, y que los españoles debían agruparse en ciudades en torno a cabildos.[17]

Ovando también prohibió los amancebamientos y matrimonios con las mujeres indígenas como medio de facilitar la explotación inhumana y debilitar las posiciones sociales de los primeros pobladores. Por último, Ovando se preocupó por organizar el comercio externo de la colonia; las ganancias recibidas por el sector esclavista-burocráticos eran verdaderamente fabulosas. Con esta finalidad se había creado desde 1503 la Casa de Contratación de Sevilla, organismo político con atribuciones fiscales que desde la Península se encargaba de monopolizar exclusivamente las relaciones comerciales de España con sus colonias.

NOTAS

Capitulo IV

1. De todos los reinos peninsulares, Castilla y Aragón se convirtieron en los más poderosos, porque lograron una mayor definición territorial y política. Desde 1469, el enlace matrimonial entre Fernando de Aragón e Isabel de Castilla planteó la unidad dinástica de España, aunque no la unidad de los reinos, porque ambos Estados siguieron conservando su personalidad política y administrativa, sus leyes, sus propias tradiciones y demás instituciones particulares; así fue la idea de Patria Chica.

2. Juan Bosch, *Composición social dominicana: historia e interpretación, 17 edición* (Santo Domingo: Editora Alfa y Omega, 1991), 9.

3. Para apreciar esa importancia basta con examinar los medios espirituales con los cuales los españoles transculturan a los grupos sometidos y los llevan, desigualmente, a la cultura occidental. La primera expresión concreta de lo que fue el dominio de Quisqueya-Haití del Gran Encuentro del 5 de diciembre de 1492, lo constituye el nombre con que fue bautizada por los conquistadores: "La Española."

4.Carlos Dobal, "Herencia Española en la Cultura Dominicana de Hoy," en *Ensayos Sobre Cultura Dominicana* (Santo Domingo: Fundación Cultural Dominicana, 1990), 103.

5. Francisco R. Herrera Miniño, "Raices, Motivaciones y Fundamentos de la Raza Dominicana," en *Ultima Hora XIX* (22 marzo de 1979), 66

6. Valentina Peguero y Danilo de los Santos, *Visión General de la Historia Dominicana* (Santiago de los Caballeros: Universidad Católica Madre y Maestra, 1989), 82-83.

7. Tolentino Dipp, 22.

8. Razones económicas fueron las que obligaron a los hombres y naciones de Europa a lanzarse a las expediciones marítimas. La necesidad monetaria llevó a los Reyes Católicos a auspiciar una empresa de exploración que buscaría una ruta más corta que condujera a la India. Las islas caribeñas del primer viaje de Colón no eran, en esas condiciones, más que la pasta imprevista y mal vista frente a la cual el reconocimiento cedió el lugar a una impaciencia que se convertiria en exasperación.

9. Un Ejército moro mandado por el jefe Djébel Tarik desembarcó en la costa hispánica, por el sitio que ahora se llama Gibraltar (corrupción del árabe Djébel Tarik, que quiere decir "Montaña de Tarik"), y derrotó a Rodrigo, último rey de los visigodos, en 711.

10. Con los nombres de árabes, musulmanes o moros se designa al pueblo islámico que invadió la Península Ibérica, empezando en 711. Los moros procedieron del norte de Africa. Durante la ocupación islámica en Ibéria por ocho siglos, las olas invasoras representaban diversos grupos islámicos: dos grupos étnicos de poca tolerancia religiosa hacia cristianos y judíos y proseguían la "guerra santa" aun con más fervor religioso que sus predecesores, fueron los almorávides y los más militarista almohades. Se llamaban mozárabes aquellos cristianos viviendo en el ambiente islámico y a veces incorporándose la religión de los invasores; los mudéjares eran los árabes quienes seguían viviendo bajo el dominio cristiano.

11. Frank Moya Pons, *Manual de Historia Dominicana*, 10ª (Santo Domingo: Caribbean Publisher, 1995), 27.

12. Frank Moya Pons, *Historia Colonia de Santo Domingo* (Santiago de los Caballeros: Universidad Católica Madre y Maestra, 1971), 54.

13. Los judíos ya habían sido expulsados antes de Francia e Inglaterra. En Iberia todos los que quisieron bautizarse (convertirse a cristianos) tuvieron que salir de España. No se sabe exactamente el número de sefarditas que emigraron entonces. La mayor parte de ellos pasaron al norte de África, Grecia y Turquía, donde muchos Sefarditas conservan todavía el español arcaico que hablaban sus antepasados.

14. Tolentino Dipp, 42.

15. Carta a Rafael Sánchez, "Tesorero de los Mismos Severísimos Monarcas, y traducida del Español al Latín por el Generoso y Literato Leandro de Gozco a 25 de abril de 1493," citada en M. Fernández de Navarrete, *Viajes de Cristóbal Colón*. (Madrid: Editora Espasa-Calpe, 1935), 219.

16. Tolentino Dipp, 56.

17. Consistía de una institución creada después de la Reconquista en Iberia; el cabildo, o municipio fue una asamblea del pueblo, en el que participaban ciudadanos locales que ejercían diversas funciones, entre ellas la de alcaldes y regidores; jugó un importante papel en el movimiento de independencia latinoamericana. Los Cabildos en la Española reforzaba todavía más el sojuzgamiento de los indígenas pues los identificaba como grupo étnico a la clase explotada y definía a los españoles, también como grupo étnico, como la clase explotadora.

Capítulo V

LAS VOCES DE OPOSICIÓN Y RESISTENCIA

Teniendo que ser productiva la empresa colonizadora, la crueldad y violencia frente a la cultura indígena en la Española no llegarían a ser mortificantes para la monarquía española y para los colonos si le preveían un texto legal. La aparente contradicción entre la Iglesia y la necesidad económica se resolvió con el razonamiento de algunos teólogos escolásticos. Así quedó validada la creación de un sistema bastante rígido de sujeción del indígena sin el cual se hacía muy difícil para la metrópoli la explotación de La Española. Como se ha visto, la esclavitud tuvo un comienzo tradicional, ya que Colón y sus hermanos siguieron la norma establecida de las primeras ventas de captivos africanos en Europa. Sin embargo, todo esto cambiaría rápidamente. La extracción el oro haría de la esclavitud una institución de una importancia insospechada en el Caribe. A partir de ese razonamiento era lógico establecer, de manera general, al trabajo obligatorio. Entonces, desde el comienzo el indígena fue sometido a un régimen de trabajo que hizo caso omiso de toda consideración humana.[1]

La encomienda y la esclavitud fueron lo mismo en verdad. Cuando la violencia con que se impusieron creó problemas de conciencia (por parte del español, por supuesto) se acudió siempre a las tradicionales excusas y justificaciones teológicas y jurídicas de la justa guerra, del canibalismo y del rechazo a la religión cristiana. Esas excusas fueron el ardid político-idelógico para afianzar la idea de que la encomienda y la esclavitud se justificaban como medios para redimir a los indígenas del pecado original. A partir de nueva orientación la encomienda y la esclavitud caracterizarían las relaciones de producción existentes entre el colono y la comunidad indígena. Es decir, la imposibilidad de valerse de los caciques indígenas y de las otras personas principales para obtener tributos anuales fue un acomodativo pretexto para la generalización de la institución de la encomienda/esclavitud.

Se estableció entonces el Requerimiento, el modo buscado de tranquilizar cualquier ansiedad en los espíritus exigentes, puesto que a través de su contenido se ofrecía la oportunidad de evitar la esclavitud pura y simplemente. La idea que dio culminación al Requerimiento surgió de un sacerdote, Martín Fernández de Enciso, apoyado en ejemplos del Antiguo Testamento; con sólo una frase reveló los criterios que debían predominar en la elaboración del Requerimiento:

> Es con todo derecho que el Rey puede enviar sus gentes a las Indias
> para exigir a esos idólatras que les entreguen sus territorios, puesto
> que él los ha recibido del Papa. Si los indios rehúsan él podrá

justamente combatirlos, matarlos y reducir los cautivos a esclavitud,
como Josué redujo los habitantes del país de Canáan.[2]

El proceso consistía en leer a los indígenas los términos del documento (El Requerimiento) a fin de darles la oportunidad de aceptar voluntariamente los principios de la religión cristiana. Tras comenzar describiendo la creación del mundo y de la iglesia de San Pedro, el Requerimiento descubría su verdadera intención al relatar lo que haría el colonizador a los indígenas si no aceptaban todos aquellos incomprensibles propósitos: guerra justa. El Requerimiento volvió entonces a poner en primer plano el prejuicio religioso y cultural como razón justificadora de la guerra justa y de la esclavitud definitiva del indígena.

Puesto que el dogma cristiano era la única verdad a través de la cual se podía aspirar a la civilización y, naturalmente, a la gloria eterna, quien no lo aceptara o no creyera en él se constituía, entonces, en un bárbaro y, por ende, "domador de las gentes bárbaras," para autorizar, con el apoyo divino, la esclavitud de los incrédulos. Llegaron en 1510 a la colonia caribeña los primeros representantes de la Orden de Santo Domingo, llamados dominicos; entre ellos fueron dos hombres excepcionales no sólo por su inteligencia sino por lo acerado de su voluntad y de su espíritu indomable. La reacción de los dominicos ante la crueldad e injusticia de los colonos no se hizo esperar. La decisión de sacudir la conciencia cristiana y hacerla reaccionar frente a tanta ignominia se tomó tras múltiples consultas y reflexiones de los más sabios entre los frailes dominicos que profesaban en la colonia.[3]

Fray Antón de Montesino fue entonces escogido para pronunciar el sermón del cuarto domingo de Adviento del año 1511. Orientado a denunciar y condenar la realidad de la encomienda y de la esclavitud de la población taína y demás indígena con máxima audacia e intrepidez, Montesino en su denuncia apoyada en los principios del derecho natural. Se refería a la igualdad de todos los seres humanos al declarar que los indígenas eran hombres con almas racionales. ¡Qué atrevimiento! Naturalmente, estos juicios no serían del agrado de quienes, en la Isla y en España, avanzaban teorías acerca de la desigualdad e inferioridad natural para explicar la validez de la encomienda y la esclavitud, tanto como explicar la guerra contra la civilización indígena. Tronó el frail:

> Yo que soy voz de Cristo en el desierto de esta Isla, y por tanto,
> conviene que, con atención, no cualquiera, sin con todo nuestro
> corazón y con todos nuestros sentidos, la oigáis; …Todos estáis
> en pecado mortal y en él vivís y morís, por la crueldad y tiranía
> que usáis con estas inocentes gentes: Decid ¿con qué justicia tenéis

en tan cruel y horrible servidumbre aquestos indios? ¿Estos, no son
hombres? ¿No tienen ánimas racionales? ¿No sois obligados
a amarlos como a vosotros mismos? [4]

La protesta contra Montesino y sus hermanos de la Orden fue encabezada por el propio Gobernador Diego Colón (hijo del Almirante), quien, por el poder que le atribuía su cargo, tenía buena cantidad de indígenas sometidos a encomienda y esclavitud, tanto para beneficio suyo como de su mujer, su hermano, y de su tío Bartolomé Colón. Tras el Sermón de Montesino, a los dominicos sólo les quedó la soledad y el camino del destierro forzado. Fray Montesino había provocado una persistente resaca en las conciencias de quienes sustentaban la tesis de la servidumbre natural de los pobladores indígenas y el derecho de los españoles a someterlos al trabajo obligatorio. Después del atrevimiento del fraile, las autoridades lo silenciaron para siempre.

En Defensa de Las Culturas Indígenas

Junto a los religiosos Fray Pedro de Córdoba y Fray Antón Montesino se encontraba el clérigo Bartolomé de las Casas, hombre bien llamado más tarde el Protector de los Indios. Ordenado clérigo en Roma, Las Casas era, sin duda, un legítimo representante, como lo fueron otros religiosos de la Orden de los dominicos, de las ideas de Cristo y de la corriente humanista del Renacimiento. En cuanto al Requerimiento, las Casas describe la manera cómo los españoles lo usaban en sus cacerías de indígenas:

> Llegaban a la Isla o a la parte de tierra firme donde ir acordaban
> que más cómodo hallaban, y desde los navíos hacían sus
> requerimientos, y aunque los hicieran al oído de cada uno
> de los moradores, como fuese en nuestra algarabía, no entendieran
> ni entendían palabra.

Cuando en 1519, en Barcelona, Las Casas propuso ante el rey Carlos V y su consejo de Indias un proyecto audaz de colonización que propiciaba la libertad de los indígenas en la Isla, los partidarios de la esclavitud se opusieron radicalmente, basándose, una vez más, en la incapacidad natural del indígena para ser libre. Como se sabe, el proyecto de Las Casas fue aprobado por el Consejo con la opinión contraria de grandes influencias de la corte. El conjunto del enriquecimiento de los encomenderos en base al trabajo forzado de los indígenas se advierte en las protestas pronunciadas por Las Casas. Siempre el fraile les recordaba a los encomenderos en su conjunto cómo se hicieron ricos: "con las fatigas y sudores de los indígenas."[6] Con lo cual viene a decir que la riqueza de la oligarquía encomendera, así fuera relativa, se nutría del trabajo de los indígenas encomenderos. Sin duda fue de esa oligarquía de encomenderos de donde salieron los hombres ricos.

Los esfuerzos de Las Casas y de algunas otras conciencias como las de Montesino y Pedro de Córdova, ilustran vivamente una gran contradicción ideológica existente en el seno del Estado y de la Iglesia española. Las Casas contradijo el humanismo que se quería, inspirado en los orígenes del cristianismo primitivo, en la nueva dimensión que adquiría el pensamiento renacentista en los albores del capitalismo y, por otra parte, un cristianismo escolástico a ultranza, institucionalizado burocráticamente en la monarquía y ambicioso de riquezas y de conquistas materiales. La actitud y los juicios del Padre Las Casas iban a constituir una bella herencia para el pensamiento liberal occidental. Sin embargo, en estos momentos, y en lo que concierne en particular a La Española, serían menos que letras muertas. Los intereses económicos eran tales y tan acelerada la ambición de riquezas materiales, que en esta colonia caribeña vendrían a sucumbir en ella millares de gentes explotadas, traídas en calidad de esclavos desde otras tierras más tarde.

A lo último, lo que derrotó a Las Casas y aniquiló a la cultura indígena fue la realidad creada por el Almirante Colón, esclavizando a los pobladores originales desde el inicio de la llegada de los conquistadores. Desde los primeros pasos la economía colonial fue orientada sobre la base del trabajo esclavo. Desanimado por su derrota, el Padre Las Casas se retiró a un monasterio en Santo Domingo, donde se dedicó a lo que quedaba de su vida a escribir una serie prolífica de polémicas espirituales en defensa de las culturas indígenas y de la destrucción de su civilización a menos brutales de los conquistadores. Las escrituras que siguen su argumento defensivo son el primer gran alegato contra la inferioridad biológica y contra su expresión racista y discriminatoria en los territorios americanos.

Las Casas no sólo contradijo el pensamiento acerca de las diferencias somáticas como creadoras de inferioridad humana, sino que al mismo tiempo, reconociendo que la naturaleza podía crear seres anormales, propuso que no podía ser en la excepción ni en la prudencia de algunos hombres, donde se debían buscar razones para ser gobernante o gobernado. Como consecuencia de esta polémica, se produjo la ira de los colonos y las autoridades, endureciendo el conjunto de determinación para que Las Casas cayera en descrédito. Hasta muchos religiosos rechazaron las tesis del padre; lo acusaron de sustentar "proposiciones temerarias escandalosas y heréticas." Sería más tarde que a Bartolomé de las Casas a quien, por su formación ideológica, le atribuirían la paternidad de los captivos africanos en América y, en particular en Santo Domingo.

Enriquillo: El Primer Héroe de América

Hoy en día, colocado en el medio del camino conduciéndole al viajero al Lago Enriquillo en la zona suroeste del país hay un monumento impresionante que honra al cacique taíno Guarocuya, conocido por los españoles como Enriquillo. Así es como lee la dedicatoria: *"Cacique Enriquillo / Primer Héroe de América / Fue Justa Su Rebelión y Grande Su Victoria."* El alzamiento más importante en la época de la colonia fue el dirigido por este guerrero indígena en una de la zonas de los montes del Bahoruco. En 1519 Enriquillo se alzó a las montañas a consecuencia de los abusos que había sufrido por parte de su encomendero. Se sabe, como una de las muchas ironía históricas, que Guarocuya de niño había recibido su primer catecismo del mismo Padre Bartolomé de Las Casas.

Las tentativas de rebelión indígena de tiempos anteriores se basaron en la utilización de los procedimientos militares existentes en la sociedad indígena prehistórica. Hasta esa época los aborígenes lucharon con armas de piedra, con arcos y flechas; eran fácilmente derrotadas las rebeliones armadas por los españoles. La situación desde 1519 cambió porque los indígenas no sólo conocían el idioma español, sino también muchos aspectos de la cultura espiritual y material de los españoles. La larga guerra de Enriquillo (1519-1533) fue una perfecta lucha de guerrillas, concebida brillantemente de acuerdo a la circunstancia por la cual atravesaba la colonia y la clase dirigente. Por otra parte, Enriquillo empleaba armas españolas de hierro y procedimientos de táctica militar aprendidos de los conquistadores o adaptados para hacer frente específicamente a los procedimientos de los españoles.

Desde el principio, Enriquillo se preocupó por crear una base de sustentación en su rebelión en el sentido militar y económico. En lo militar se evidenciaba la táctica del cacique por la selección de las zonas más abruptas de la cordillera que impidieron la llegada de los españoles y posibilitaron su rechazo exitoso en caso de hacerlo, utilizando los desfiladeros y la vegetación como verdaderas armas de combate. En el aspecto económico, se creó una red de fuentes de aprovisionamiento de sus fuerzas, principalmente mediante el cultivo de conucos en zonas muy seguras. Además, se preocupaba por establecer reservas estratégicas de alimentos en lugares ocultos. Desde sus bases remotas del Bahoruco occcidental, Enriquillo emprendió ataques vigorosos y depravaciones a las propiedades de los españoles en la mayor parte de la geografía de la Isla.

Igualmente, Enriquillo tomó toda una serie de precauciones para dificultar las comunicaciones internas de la colonia: los viajeros eran frecuentemente asaltados y se veían obligados a andar en grupos fuertemente armados. Estos ataques estratégicos provocaron una verdadera agudización de la crisis económica, amenazando seriamente hasta la extracción de oro en los distantes montes Cibao, con todo, la vida en la colonia quedó paralizada y se hizo difícil la expansión del nuevo modelo agrícola y esclavista. Para los españoles no sería cosa muy fácil de olvidar al primer héroe de América, el cacique indígena Enriquillo y sus esfuerzos audaces de liberar a su pueblo explotado y esclavizado.

NOTAS

Capítulo V

1. Expresa en esta manera el famoso economista Celso Furtado: "En las regiones en que el nivel de desarrollo material de los indígenas era muy bajo, no hubo posibilidad de sustraerle un excedente por intermedio de sus dirigentes tradicionales." *La Economía Latinoamericana desde la Conquista Ibérica hasta la Revolución Cubana* (Santiago de Chile: Editorial Universitaria, 1989), 26.

2. Aparentemente el primer conquistador que hizo uso del Requerimiento fue el célebre Alonso de Ojeda en 1509. José Antonio Saco, *Historia de la Esclavitud de los Indios en el Nuevo Mundo: seguida de la historia de los repartimientos y encomiendas.* (la Habana: Editora Cultura, S.A., 1948), 149.

3. Bartolomé de las Casas, *La Destrucción de las Indias, tomo II* (Caracas: Biblioteca la Academia Nacional de la Historia, 1962), 178.

4. Tolentino Dipp, 54.

5. Las Casas, tomo III, 388.

6. Ibid., 390.

7. De hecho irónico, no siempre había simpatizado Las Casas a la defensa de la cultura indígena de La Española. Llegó en 1502 a la Isla como aventurero, no como clérigo, esclavizando muchísimos taínos, todo con una conciencia sin preocupaciones. Aún después de ser ordenado por la Iglesia, Las Casas siguió ganando riquezas. Formó parte de la misma congregación denunciada en el famoso sermón de Montesino. A los cuarenta años de repente se dio cuenta de su papel en mantener el sistema cruel de la encomienda; a este punto renunció a todos sus bienes privados, dedicándose a la campaña de defensa de culturas de indígenas en las Américas.

Capítulo VI

LOS RENEGADOS: POBLADORES MARGINADOS

A casi todo el mundo le fascinan y les intrigan los cuentos y las leyendas de piratas aventureros como se presentan en la literatura y en el cine. Estos relatos románticos, siempre llenos de fantasía e imaginación, se tratan de tesoros sepultados, sangrientas esgrimas, torturas, captivos, saqueos y pilláje, heroísmos y valentía, galantería fogosa en tierra firme y en alta mar. Sin embargo, la verdad es que hay mucho más del asunto de lo que nos podemos imaginar acerca de la apariencia inmediata de aventuras y excitación. La piratería fue un elemento de suma importancia en las rivalidades internacionales económicas y políticas durante los siglos dieciséis y diecisiete. Con más frecuencia que nunca, estas competencias feroces se efectuaban contra el fondo lujuriante del Caribe.

Casi desde el principio mismo, España se enfrentó con la competencia y rivalidad bastante fuertes y determinadas para el control lucrativo y las riquezas de los nuevos territorios. Todo pusieron el ojo sobre el gran premio que fue el "mercado del nuevo mundo", junto con la adquisición de todos los recursos de la región: Francia, Inglaterra y los Países Bajos (Holanda) planearon sus estrategias para poder ganar la supremacia de las altas mares. Algunas particularidades de la colonia en Santo Domingo en el período, harían posible el mantenimiento de la ciudad como centro administrativo más importante de América hasta aproximadamente 1530.

La audiencia de México se consolida, por ejemplo, y hasta mediados de siglo como el otro gran centro administrativo, junto con México, que por su posición geográfica no solamente aglutinaría las colonias del Caribe, sino parte fundamental del comercio con España de todas las colonias americanas. De tal modo, los productos de la Isla tenían una salida muy fácil, tanto con destino a España, cuando los numerosos barcos regresaban teniendo una gran capacidad de cargos barato. Descargaban sus productos en la Isla, con destino a las otras colonias. Esto tuvo mucha importancia porque le abrió mercados importantes a Santo Domingo en las colonias que se iban expandiendo en la zona del Caribe. Así creció la importancia político-administrativa del puerto de Santo Domingo como centro comercial más importante de América. Esta posición fue muy vinculado fuertemente al comercio internacional, especialmente cuando se consideraba el elemento clave de una economía esclavista.

La industria azucarera fue la actividad fundamental de la economía esclavista intensiva del siglo XVI. Por su importancia le hemos dedicado unos capítulos futuros a su estudio. A fines de siglo, la industria azucarera entró en una fase de decadencia y con ella todo el conjunto de la esclavitud intensiva. Además, esta decadencia ya empezaba a producirse en la propia economía española peninsular, teniendo como consecuencia la reducción del comercio de España con las colonias americanas. El tráfico con Santo Domingo y con los otros puntos de las Antillas empezó lentamente a decaer. La crisis se profundizó más negativamente para La Española a causa de los efectos del monopolio español que impedía el comercio con otras ciudades de España, a excepción de Sevilla y Cadiz, y con otras naciones, con lo cual Santo Domingo encontraba cada vez menos mercados para sus producciones.[1]

La piratería fue un elemento decisivo en esta evolución pues obligó a la adopción del sistema de las flotas, es decir, de grandes grupos de navíos viajando juntos y escoltados por varios otros navíos de guerra.[2] Este proceso de desplazamiento de Santo Domingo de las rutas comerciales del Caribe llega a un punto importante cuando se ordena que tanto la flota de los galeones que iba a Portobelo (Panamá) y Cartagena (Gran Colombia), como la flota de la Nueva España (México) se unieran en la ciudad de la Habana para regresar juntas con los cargamentos de plata que eran las presas más codiciadas por los piratas. La disminución del comercio de España con Santo Domingo fue el incentivo principal para el establecimiento de un sistema generalizado de contrabando con piratas y comerciantes de países enemigos cuyas características y consecuencias analizaremos más adelante. Pero ese contrabando, a su vez, alejó más al comercio español porque los extranjeros pagaban a más del doble la producción de la Isla y vendrían muchísimo más barato los artículos de proveniencia europea que los mercaderes españoles.

Los contrabandos a su vez acelerarían la decadencia de la industria azucarera y el auge de un nuevo renglón económico que sería el más importante desde entonces hasta inicios del siglo XIX, es decir, casi el resto de vida colonial, la ganadería. De punto servía el Caribe como testigo de cerca al viaje en alta mar sin precedentes durante esta época. Las pandillas merodeadoras de piratas, bucaneros, corsarios, filibusteros — conocidos por cualquiera de las varias denominaciones que con el transcurso del tiempo llegaron a significar lo mismo— por casi dos siglos se hizo una pesadilla dura para los galeones españoles en su tentativa de llevar a Sevilla y a Cádiz su precioso cargamento. Con mucha frecuencia, los piratas franceses, ingléses y holandeses conducían sus actividades marítimas con la autorización oficial de sus gobiernos respectivos reales— a veces hasta encontrándose en el empleo real.[3]

La verdad es que en general, la piratería entre el conjunto de rivales amargados se consideraba una profesión y empresa bastante respetables. Con todo, fue un elemento significante en la campaña de guerra; los competidores contra España estaban en un estado de guerra contra esta y su política inflexible y conservadora. En términos económicos, la política proteccionista que España tuvo que emprender para proteger su monopolio ultramarino afectaron la conducta ilegal de los rivales de España. Así, el saqueo de los galeones españoles, el asiento de marineros españoles, el secuestro de pasajeros españoles y el pillaje de las costas coloniales del Caribe fueron todas, algunas actividades y tareas que ganaron mucha alta estima y aprobación de la mayoría de las casas reales de Europa. La Española más y más se encontraba en el centro de la tabla en este gran drama de intensas intrigas. Los factores geográficos y demográficos incidieron mucho en que fuera Santo Domingo uno de los puntos más preferidos por los piratas para realizar sus ataques. En primer lugar, la colonia fue seleccionada por su posición insular y por la existencia de enormes costas desguarnecidas, así como por la situación central que para el Caribe tenía la Isla. Por otra parte, fue preferido por la poca población libre, unida a la gran cantidad de riqueza que producían las masas de esclavos africanos.

Los Ataques de Rivalidades

El aumento de los gastos militares se debió mucho al establecimiento de enemigos de España en la isla de La Tortuga después de 1630.[4] Los primeros fueron refugiados de una de las pequeñas Antillas que habían sido atacada por unas escuadras españolas. Estos se dieron cuenta que la isla de La Tortuga se encontraba en mejor posición geográfica para realizar ataques a los buques españoles. Además, de ella podían trasladarse a las regiones despobladas de La Española para cazar las reses salvajes y aprovechar los cueros. De ambas actividades surgieron con el tiempo los filibusteros y los bucaneros. Los primeros, los filibusteros, eran piratas que atacaban mayormente buques españoles; y los segundos, los bucaneros, eran cazadores de reses en las zonas despobladas de la Isla. Sobre el desarrollo de estos grupos culturales vamos a comentar más en una sección mas adelante.

Al incrementarse el establecimiento en La Tortuga de franceses e ingleses, los españoles se dispusieron a liquidarlos. En varias ocasiones las tropas españolas atacaron la isleta en la mayor parte con éxito, pero la abandonaron, seguido por lo cual los extranjeros se volvieron a instalar de nuevo. Después del abandono voluntario de La Tortuga, la isleta pasó para siempre a manos de los extranjeros, ya controlados por las autoridades francesas. Los franceses muy pronto empezaron decisivamente a extender su influencia por toda la zona occidental de la Isla. Cuando los españoles atacaban La Tortuga, los escapados buscaban refugio en lo que llamaban la isla grande, es decir, en las zonas despobladas de Santo Domingo frente a La Tortuga; hoy día la zona se llama Port-au-Paix en Haití. Así, fueron los mismos ataques españoles que contribuyeron a incentivar la aparición de las actividades bucaneras.

A pesar de las frecuentes batidas de las cuadrillas de tropas y de las nacientes cincuentenas, los espesos bosques de la isla ofrecían mucha mayor seguridad a los perseguidos que tenian la poca defendible isla de La Tortuga.[5] Aunque La Tortuga siguió siendo el centro de la aventura, desde muy pronto, hubo muchos más extranjeros en la isla grande que en ella. En 1655 el gobierno inglés de Oliver Cromwell estableció una fuerte colonia en la zona del Caribe, determinándose la isla de Santo Domingo como objetivo.[6] Las tropas inglesas, sin embargo, se revelaron impotentes de quebrar la resistencia de los habitantes de la colonia española. Esto se explica en mayor parte por el hecho de que desde hacía mucho tiempo se vivía en un estado psicológico de sobre-excitación bélica ante la inminencia de ataques de piratas o de grandes flotas de países enemigos. De esta manera casi toda la población libre estaba agrupada en compañías de milicias e incluso gran parte de los libertos y aun esclavos africanos estaban encuadrados en unidades especiales. Por la misma época se empezaban a formar las unidades conocidas como cincuentenas, en general compuestas por personas de pobre condición social, las que combatían fieramente con lanzas por medio de embestidas arrolladoras. Estas cincuentenas estaban destinadas por su táctica a combatir los bucaneros. Con todo, a partir del ataque de 1655 y del incremento en los mismos años de los ataques y las actividades de los bucaneros en las zonas occidentales, la colonia española adquirió una fisonomía extremadamente militarizada.

Los Individuos Sin Patria

De forma tan sutil apenas ha llegado a ser apreciado, puesto que los historiadores tradicionales de la República Dominicana dieron el occidente de la Isla por perdido a partir de las despoblaciones. Se pasó por alto el hecho que durante todo los siglos XVI-XVII, hasta sus mismos finales, la Isla siguió siendo "una e indivisible," como diría después Toussaint L'Overture. Por esa razón la historia del desarrollo cultural de los bucaneros y los piratas, los habitantes de la zona oeste y los piratas es una historia que les pertenece tanto a los dominicanos como a los haitianos, aunque se haya escrito más frecuente en francés. Es una historia mutua puesto que afectó el destino de los dos lados del río Artibonito. La verdad es que los hechos de los bucaneros y de los piratas son parte de las dos repúblicas vecinas. Es cierto que Haití nació de las semillas sembradas en 1640. Resulta que la sociedad bucanera fue uno de los hechos más fascinantes de los tiempos modernos, tal vez la única sociedad de individuos libres que se mantuvo, sin leyes y sin autoridades procedentes desde afuera, gracias al respecto de cada uno de sus miembros por los derechos y la individualidad de los restantes.

Precisamente, ¿quiénes eran estos *piratas*, *bucaneros* y *filibusteros*? ¿Qué papel tomaron ellos en la formación cultural de La República Dominicana? Como ya se ha visto, la rigidez absoluta de la monarquía española en cuanto a las prácticas económicas para la colonia de La Española y los otros territorios ultramarinos —monopolio y aislamiento— ofreció algunas explicaciones importantes para el desarrollo de una decidida sociedad bucanera dentro de la comunidad general. Para empezar hay que citar el hecho de que en el oeste de La Española había reses en cantidades asombrosas. Tales cantidades de reses, dada la demanda de pieles que había en Europa, equivalían a grandes minas de oro y plata, pero con la ventaja de que no había que buscar el metal bajo la tierra.

Por otra parte, hay que notar que hacía un cuarto de siglo que la zona del oeste y en el norte de la Isla no había habitantes. No se sabe si a Santo Domingo llegarían noticias de que en las costas del oeste había unos extranjeros cazando reses, lo que indicaba que no había puestos de vigilancia en esas costas remotas de la capital. Es muy curioso la falta de interés serio por una porción de la colonia. Una posible explicación se puede plantear: los habitantes de Santo Domingo se habían resignado a vivir aislados. En los días del contrabando, antes de las despoblaciones, esos habitantes eran a la vez monteros y comerciantes. Perseguían reses por entre los bosques y al mismo tiempo las criaban en sus ranchos, pero a su vez vendían pieles y sebo, tabaco y madera, y compraban artículos de consumo. El aislamiento impuesto a la fuerza produjo sin duda un estado de recogimiento general y con él una pérdida de interés por lo que podía pasar en el país.

No hay información al respecto, pero es casi seguro que en esa etapa la población estuvo viviendo mayormente del trueque. La falta de moneda, que se produjo a raíz de las despoblaciones, tiene que haber aumentado la sensación de aislamiento. Por tanto la sociedad en que vivían los habitantes de Santo Domingo por los años de 1630 y tantos, cuando llegaron a las costas del oeste los primeros franceses de lo que después sería la increíble sociedad de los *bucaneros*. También hay que considerar otro elemento importante: esa sensación de aislamiento debe haber contribuido a la formación del carácter nacional dominicano. Al sentirse dejados por sus propias fuerzas y a lo que pudieran extraer del medio en que vivían, los habitantes de la Isla se vieron forzados a crear hábitos propios de comida, de vivienda y de vestuario.

Los que iban a llamarse *bucaneros* llegaron a las costas del oeste en la hora más propicia. Fue en el momento histórico en que los habitantes de la Isla estaban desinteresados en el destino de su propio territorio, y por eso los extranjeros (principalmente los franceses) pudieron establercerse en la zona occidental, matando reses, secando pieles y carnes para venderlas a los barcos contrabandistas que pasaban por las vecindades. Con el paso del tiempo los nuevos pobladores de la zona fueron agrupándose de acuerdo con su inclinaciones y sus conocimientos: así, unos escogieron la cacería como medio de vida, formando la sociedad bucanera.[7]

Otros prefirieron sembrar víveres y tabaco, fijándose como agricultores en la tierra. Unos cuantos, más agresivos y aventureros, construyeron piraguas y balsas, para después lanzarse a atacar pequeñas embarcaciones, primero en las vecindades y luego contra buques más fuertes en las altas mares. Esos últimos terminaron formando la sociedad de los filibusteros o piratas, la temida asociación de los "Hermanos de la Costa." De esos tres grupos sociales, sería el de los bucaneros el más original. Nunca antes había conocido el mundo nada parecido a ellos ni nada tan diferente a la piratería, más sin embargo hay historiadores que echan en el mismo saco a los bucaneros y piratas, considerándolos a los dos igualmente detestables. Además, en la lengua inglesa bucaneros y piratas son términos equivalentes, lo cual es incorrecto e impropio, como es impropio que en la lengua española sean equivalentes los términos corsarios y piratas.

En primer lugar, los piratas o filibusteros formaron una comunidad de malhechores, similar a otras muchas que hubo antes y después. Lo que distinguió a los piratas que operaron desde La Tortuga de otros piratas que habían operado en otros sitios, fue un cúmulo de circunstancias. En primer término fue el hecho de que estuvieron respaldados por gobiernos interesados en despojar a España de territorios y riquezas americanas. En segundo lugar fue la intensidad y la continuidad de sus correrías. Por último fue la difusión que les dio a sus actividades el hecho de que tuvieran un historiador que llegó a conocer las entrañas mismas de la sociedad filibustera porque fue uno de ellos.[8]

En cuanto a las posibles explicaciones por las cuales los dos grupos hayan sido puesto en la misma categoría social, hay que buscarlas en las circunstancias de que ambas sociedades tuvieran durante muchos años una misma capital o centro de actividades. Su sede de operaciones fue la isla de La Tortuga. Según un ilustre historiador dominicano:

> La pequeña isla adyacente de la de Santo Domingo fue plaza
> commercial de los bucaneros y de los piratas a la vez,
> y cuartel general de los segundos, y esa coexistencia
> de bucaneros y piratas en un mismo lugar ha confundido
> a muchos historiadores. [9]

Por lo general, la extraña coexistencia de bucaneros y piratas en un mismo lugar sin duda ha confundido a muchos historiadores a primera vista. Pero lo cierto es que la sociedad de los bucaneros fue completamente diferente a la de los piratas; puesto que sus principios, sus actividades, su organización y sus fines nos se parecían en nada.
Los bucaneros formaron una sociedad de hombres y mujeres libres; no tuvieron código alguno ni obedecieron a ninguna autoridad, mas sin embargo fue una comunidad pacífica que nunca hizo la guerra a nadie a excepción de algunas pequeñas acciones defensivas cuando los habitantes o autoridades de Santo Domingo hacían incursiones hacia la zona oeste para obligar a los bucaneros a salir de sus tierras. Hay que recordar que los bucaneros habían llegado a un territorio aislado que nadie les disputó y hallaron en él su medio de vida sin conquistarlo en luchas de armas o de otro tipo.

Un personaje histórico identificado con la sociedad bucanera en La Tortuga fue Bertrand de Ogerón, que había sido bucanero, y alcanzó la gobernación de La Tortuga en 1665. Quería Oregón llevar a La Tortuga a los pobladores de la parte oeste de Santo Domingo; sabía que sus planes no iban a ser aceptados tranquilamente por los bucaneros. Estos formaban una sociedad libre de gobierno tradicional y de Oregón no podía gobernar a esos individuos independientes sin destruir antes su sociedad por medio de desacreditar a los bucaneros. La sociedad bucanera se extinguió cuando se extinguieron las reses, que eran su medio de vida. Su base económica quedó extinguida no sólo debido a la cacería de los bucaneros sino también debido a las campañas organizadas para destruir este segmento de la población isleña.

Se ha observado que los bucaneros fueron "la versión francesa de los monteros y los hateros dominicanos, que se habían dedicado a la montería en esas tierras occidentales que fueron escenario y base de la sociedad bucanero."[10] Es verdad que la sociedad de los bucaneros fue un ejemplo muy original. Nacieron, vivieron y murieron todos en unos cincuenta años. No se sometieron nunca a las leyes generales de la comunidad más grande; ni a las políticas de Francia ni a las sociales y económicas de Santo Domingo, ni a las de violencia y brutalidad de los piratas. En los tiempos modernos de hoy no hay nada parecido a esa sociedad tan singular. El ganado cimarrón de la zona del oeste de la Isla le dio vida y su extinción la llevó a desaparecer, y fue desapareciendo sin dejar detrás de sí ni documentos escritos ni edificios de piedra para atestiguar su presencia.

NOTAS

Capítulo VI

1. Roberto Cassá, *Historia Social y Económica de La República Dominicana, 3ª ed.*, tomo I (Santo Domingo: Editora Alfa y Omega, 1992), 76-78.

2. Se aprecia la existencia de dos grandes flotas: la de los galeones, con destino a Veracruz, y ambas con pequeñas fracciones que se desviaban a los puertos de menos importancia. Para entonces, en virtud del sistema de flotas, La Habana se hizo el centro de la navegación en el Caribe y en las Américas, pues se reunieron para el viaje de regreso de las dos flotas cargadas de plata (de México y Perú) y productos tropicales.

3. Los aventureros y piratas ingleses Francis Drake y John Hawkins, con el apoyo de la Reina Isabel de Inglaterra y unos cuantos negociantes de Londres, demostraron que el negocio inglés en el Caribe podía ser provechoso; los dos se convirtieron en terribles corsarios al servicio de la reina inglesa. En 1586, Drake invadió a Santo Domingo y lo

mantuvo por unos meses bajo su poder absoluto. El inglés Henry Morgan cometió las más increíbles acciones de piratería en la zona del Caribe. Otros "lobos heréticos del mar" (así como llamaban los españoles a los piratas) incluyeron al inglés Walter Raleigh, al holandés Pret Heyn y Edward Mansveldt, y uno de los más terribles piratas de los tiempos coloniales, el francés conocido por el nombre El Olonés (L'Ollonais).

El famoso historiador del Caribe, Sir Philip Sherlock de Jamaica, opina que fue L'Ollonais el pirata más monstruoso de todos durante la época. Según los datos históricos, L'Ollonais empezó sus actividades de piratería en 1650, conduciendo un reino de terror y brutalidad por más de veinte años a lo largo del Caribe. Tenía él el hábito de cortarle la lengua de sus prisioneros, descuartizándolos antes de asar los pedazos de carne humana en aceite hirviente. Sir Philip Sherlock, *A History of the West Indies* (London: Nelson Press Ltd., 1983), 52.

4. La islita de La Tortuga está situada a una distancia de sólo seis millas de la costa noroeste de La Española, frente al pueblo haitiano de Port-de-Paix. En cuanto al término "filibustero:" la expresión corriente inglesa se refiere al empleo de unas tácticas dilatorias por un legislador para impedir un roto acerca de un proyecto de ley; también se refiere en inglés a un discurso largo y divagador que se presenta a ese fin. Un "filibustier" fue un tipo de buque holandés usado por los bucaneros en sus viajes por las costas cercanas. Se distinguía a los filibusteros de otros piratas en el sentido que aquéllos a veces robaron sus propios buques mientras que empeñaban sus actividades.

5. *Los cincuentenas* eran grupos de lanceros coloniales, de la clase baja o obrera, compuestos por cincuenta hombres de a caballo, que mataban vacas, terneros y toros para aniquilar el negocio de los bucaneros según las campañas de las autoridades españolas. Estas cuadrillas gozaban de gran movilidad y su tamaño les permitía efectivos ataques por sorpresa; llegaron a ser muy temidos por los pobladores en el oeste.

6. La campaña de Cromwell, llamada *"The Western Design"* [El Diseño Occidental] fracasó en la tentativa de conquistar Santo Domingo. El aventurero inglés General William Penn encabezó la expedición para conquistar Jamaica en 1655. Los ingleses se habían establecido en Barbados en 1627.

7. La conservación de la carne de mamíferos, peces y aves, salándolos y después ahumándolos, es una tradición taína; inclusive la palabra 'Bucán,' así como la palabra 'Barbacoa' que es el método antiguo usado para ahumar la carne. El proceso (*boucán*) consistía en perforar cuatro palitos en la tierra, los puntos superiores bifurcados para soportar otros palitos colocados horizontalmente; así se formó un tablado abierto para poder aguantar las franjas de carne. Un fogón debajo servía para cocinar y ahumar la carne. En esta manera la carne se conservaba por tres semanas y en excelente condición para ser vendida.

8. Aquí nos referimos a Oexmelín. Para un testimonio contemporáneo acerca de las actividades de los piratas, corsarios, bucaneros y filibusteros durante el siglo 17 se puede consultar la obra del pirata-cirujano Alexandre Olivier Exquemelín (Oexmelín), "Los bucaneros del Caribe," en Manuel Arturo Peña Battle, *La Isla de La Tortuga* (Ciudad Trujillo: Casa Cultural, 1956), 125-136.

9. Bosch, 85.

10. Historiador Bosch también nos revela que los monteros dominicanos de los años del contrabando pasaron a ser los hateros (rancheros o hacendados) de los días de las despoblaciones debido a que ya habían sido hatero antes. Bosch, 92.

Capítulo VII

LOS CIMARRONES: UNA CULTURA SIN FRONTERAS

La historia de las colonias españolas demuestra claramente que no es cierta la afirmación de algunos historiadores de que "la aceptación de la idea de igualdad espiritual de todos los hombres contribuyó a crear un ambiente amistoso, elástico, dentro del cual el cambio social pudo realizarse en paz."[1] Es exagerado al extremo describir el ambiente de la esclavitud, en cualquier circunstancia que ella tuviera lugar, como "amistoso" y "elástico." Es cierto que hubo excepciones en razón, como se nota, de las circunstancias en que se desarrolló. Pero lo cierto fue que desde los primeros años de creado oficialmente el sistema se escenificaron rebeliones y resistencia de esclavos africanos. Esto sucedió no sólo en La Española, sino en todas las otras islas del Caribe.[2] No es cierto que en el Caribe el "cambio social pudo realizarse en paz," puesto que el rompimiento con la metrópoli fue un proceso sangriento y violento, en el que actuaron importantes rivalidades nacionales de muy diversa índole.

Es lógico que en el Santo Domingo del siglo XVI la explotación del africano no llegara a alcanzar la intensidad que tuvo en esas sociedades caribeñas en el siglo XIX más tarde. La esclavitud africana fue todo un proceso violento que corrió a la par con el desarrollo del mundo capitalista. Cuando más se maltrató y se prejuició al esclavo africano de La Española fue en los momentos en que la clase esclavista colonial pudo hacer ofertas de determinadas mercancías que vinieron a coincidir con la demanda que de ellas hacía el comercio burgués europeo. Además, la manumisión o liberación del esclavo en las colonias españolas del Caribe y en otros territorios americanos fue casi siempre un procedimiento de excepción. No se debe entonces confundir, como lo hacen Tannenbaum y muchos otros, el gesto misericordioso, pero excepcional, con una actitud que, aunque prevista por la ley, encontró una fuerte oposición en la realidad colonial.

Igual que a los bucaneros y piratas, el segundo grupo social importante también simboliza una alternativa más viable a la rigidez de la autoridad colonial española. Denominados 'cimarrones,' este grupo consolidó la formación social de lo que se puede definir como los grupos culturales transfronterizos en el sentido que también fueron los cimarrones unas gentes marginales o renegados. Para el africano en las Antillas fue enorme el desequilibrio que les creó su circunstancia de esclavo, ya que se encontró de repente sin su organización y estructuras tradicionales y totalmente desarraigado de su ámbito histórico y natural. Junto a esta realidad les obligaba a repensar el mundo; se vinieron a sumar una represión física y frente al racismo. Sin duda ninguna, el africano se sintió completamente aniquilado como ser humano y comprendió que la única salida para iniciar en nuevas tierras su dimensión y realidad propias era el rompimiento definitivo de las cadenas de la esclavitud: rebelión.

A principios de 1503, apenas un año después de su llegada a la colonia caribeña, el Gobernador Ovando pidió en una carta a los Reyes Católicos que no permitieran que se trajeran a La Española esclavos negros "...porque huían, juntábanse con los indios, enseñábanles malas costumbres, y nunca podían ser cogidos."[3] Señalaba Nelson Mella, joven sociólogo dominicano contemporáneo, que las palabras "esclavo negro" no se referían a todos los esclavos indistintamente, sino específicamente a aquellos que no eran nacidos en poder de cristianos.[4] Con dicha petición Ovando creaba en la colonias americanas el primer catálogo de características negativas del esclavo africano, referido al esclavo nacido en Africa y no cristianizado. Huidizo, rebelde, mal acostumbrado, eran calificativos llamados a alcanzar, más adelante, una significativa categoría en la definición del hombre africano.

Desde 1503, año en que varios esclavos ladinos huyeron a montes y parajes solitarios para liberarse del agotador trabajo de las minas, hubo cimarrones en la Isla.[5] Esas fugas, al principio llevadas a cabo individualmente o en reducidos grupos y de manera esporádica, fueron creciendo poco a poco en números e intensidad hasta que los cimarrones empezaron a concentrarse en lo que se llamaban palenques, cumbes, quilombos o manieles. Fueron éstas verdaderas comunidades pobladas, bastantes sofisticadas en su estructura y organización, y generalmente montañosas. Además de burlar el acoso de sus perseguidores, trataron de reconstruir con relativo éxito los valores y patrones de conducta propios de sus venerables antepasados.

Los Inicios de Resistencia

Para El Protector de los Indios, Padre Bartolomé de las Casas, la introducción del esclavo africano en América era alcanzar la libertad de los indígenas. Lo cierto y verdadero, sin embargo, es que la razón fundamental sería la falta de mano de obra indígena y las necesidades de la incipiente factoría azucarera.[6] Además, es necesario comprender, que la trata, negocio donde sí imperaban las relaciones de producción capitalista, fue una manifestación más de la amplitud mundial que iban adquiriendo con la expansión de los nuevos territorios las relaciones comerciales. Como se presentará en el siguiente capítulo sobre el elemento africano en la evolución cultural del país, la presencia africana se sintió en las primeras carabelas del Almirante cuando éste salió del puerto español de Palos (cerca de Cádiz) el 3 de agosto de 1492. Estos africanos no eran esclavos, sino navegantes y marineros al lado del resto del tripulante. La introducción de esclavos de origen africano en América tiene sus orígenes en la citada instrucción dada al nuevo Gobernador Ovando por Los Reyes Católicos en 1501. En los primeros años del siglo XVI en la colonia española la obra de mano esclava llevada al Caribe desde la península ibérica era la única solución contemplada por los colonos para continuar la explotación de las minas y para los trabajos domésticos.

Frente a la realidad colonial quedaban totalmente invalidados todos los argumentos que consideraban al landino como un esclavo incorporado a la orden institucional metropolitana y, por consiguiente, vocacionado para prolongar en las nuevas colonias americanas su obediencia a las normas y a las jerarquías que presidían la estructura social española. Es decir, si es indudable que la mayoría de los ladinos en las Antillas vivieron en situación diferente a la del bozal, el cual sufría los rigores de una explotación muy violenta, no puede negarse tampoco que su situación cambió radicalmente. Los dos, tanto ladino como bozal, se hacían sentir y vivir como parte integrantes de la brutal explotación que adquirió en América el trabajo forzado del africano. Su reacción fue, pues, un gesto de defensa auspiciado por el carácter de las estructuras económico-sociales en las que de repente se vio inmerso.

Un Cambio Demográfico Radical

Uno de los primeros aspectos que intervino en la formación del nuevo modelo social en la Isla fue un cambio radical en la demografía general. La población indígena desapareció y la población explotada pasó a ser la africana. Asimismo, la gran población de españoles de la colonia al temor del genocidio de la civilización indígena estaba emigrando hasta dejar la población española en una proporción bastante pequeña. Entretanto la población africana que en 1520 era todavía pequeña, crecería con tanta rapidez hasta llegar a alcanzar las 25,000 personas o más a mediados del siglo.[7] En ese sentido, empieza ya en el siglo XVI el proceso de mestizaje de españoles y africanos, aunque los grupos humanos todavía estaban diferenciados en el siglo.Es decir, había más africanos y europeos que mulatos.

La causa de esta separación de los grupos étnicos de africanos y europeos se debió a una estructura de dominación social muy severa: el africano en el papel de esclavo y europeo en el papel de amo. Demográficamente la colonia se caracterizó por la presencia de una gran población africana en condiciones de esclavitud y de una población blanca bastante pequeña identificada a la clase esclavista y a sectores medios de la población. El crecimiento del número de esclavos africanos, junto con la emigración de los europeos, provocó una estructura demográfica de gran desproporción entre ambos contingentes raciales. La corona española quiso remediar esta situación temiendo las insurrecciones de africanos y por el criterio de que las colonias debían tener predominantemente una población libre de origen español. Este último nunca se llevó a cabo.

A partir de 1520 el número de esclavos africanos creció con la actividad azucarera. Para fines del primer cuarto del siglo XVI la población africana de Santo Domingo era mayor que la europea. Esta situación inquietó grandemente a España. Tanto fue así que un despacho real fue mandado a la colonia caribeña para que las autoridades castigaran "...con rigor a los alzados; esto sería buen medio para evitar alzamientos, de los hombres que cada español tenían a sus servicios, solamente la tercera parte de cada negro." [8] El año 1522 señala para el colono la capacidad por parte del esclavo de una reacción que viene a ser el reflejo del nivel de conciencia adquirida en el marco legal que definía la esclavitud. Pero, no debería haber sido nada de sorpresa, puesto que esto fue una reacción indudablemente natural. Natural también, a partir del momento en que los landinos expresaron sus contradicciones con el sistema de manera tal que perturbaba el equilibrio deseado por los amos, que a su vez fueron considerados como peligrosos.

En el año de 1522 tuvo lugar la primera rebelión documentada de esclavos africanos en América. Veinte esclavos trabajadores en los ingenios de Diego Colón, hijo del Almirante, iniciaron el movimiento y fueron sumando algunas fuerzas más desde La Isabela, a orillas de la ciudad de Santo Domingo, hasta Nizao, a unos 100 kilómetros al sur de la isla. Los rebeldes, una mezcla de ladinos y bozales originales de la Senegambía (los gelofes, actuales wolofs) que hablaron una lengua común y así facilitaron la conspiración contra los colonos, que fueron perseguidos y derrotados. Sin embargo, la represión de esta insurrección no logró detener los alzamientos individuales o colectivos. Se sabe que cuando el cacique Enriquillo, por ejemplo, en 1533 convino con los españoles había muchos africanos viviendo en el Bahoruco. La Guerra del Bahoruco durante toda la década de 1520 constituyó una amenaza grave para la vida y el desenvolvimiento de los ingenios del sur de la Isla. Este levantamiento se caracterizó por ser un fenómeno social: el primero en la historia del país. Por primera vez también se formó una alianza entre indígenas y africanos para luchar contra el enemigo común, los españoles invasores.

Puede ser considerado el año de 1522 también como el punto de partida de todo un proceso de rebeliones cuyos efectos inmediatos fueron, por una parte, el cimarronaje, es decir, la libertad de hecho del esclavo. El otro lado fue la manumisión de derecho. El esclavo adquiría su libertad legalmente por merced de los amos (carta de libertad) o comprándolas ellos mismos (rescate). De todos modos, las facilidades para la manumisión dependieron siempre de las coyunturas que se presentaron en la colonia. Las insurreciones fueron ley en las economías esclavistas de plantación. Aquí la contradicción entre el amo y el esclavo encontraba sus razones para insubordinación no sólo en la crueldad de la explotación misma, sino también en el hecho de que la superioridad numérica del esclavo le creaba al colono difíciles problemas de control.

El cimarronaje entonces fue una rotunda actitud de reivindicación social de parte del hombre africano esclavizado. El esclavo pudo, de este modo, lograr su independencia, ya que las posibilidades del colono de controlar toda la isla no eran absolutas. Los centros de poder estaban básicamente limitados a las zonas azucareras y ganaderas, las cuales no abarcaban, ni mucho menos, toda la extensión geográfica de la colonia.

La concentración e importancia del sector económico sustentado en relaciones de producción esclavistas evolucionadas hizo de esta contradicción un aspecto esencial de la vida social en la colonia del siglo XVI. Su manifestación más convencedora fueron las múltiples insurreciones negras que se dieron a lo largo del siglo. Ya los primeros esclavos llegados en la época de las encomiendas tendían a rebelarse, por lo que Ovando pidió la suspensión del envío de éstas por el peligro serio de que dirigieran rebeliones indígenas. Además, es interesante destacar que uno de los objetivos principales de las insurreciones negras era la destrucción absoluta de los ingenios azucareros.

Primero, porque eran los ingenios los lugares más despreciados, los cuales inmediatamente simbolizaban todo el sistema de la esclavitud, pensandose que si se destrozaban los ingenios las posibilidades de liberación crecerían. Segundo, porque esperaban obtener recursos en bienes y dinero, desde el momento en que los ingenios fueran las unidades más importantes y visibles de riquezas. Tercero, porque buscaban la incorporación a sus bandas de los esclavos de esos ingenios, los cuales en gran medida y de buen grado se sumaban por los malos tratos recibidos. La formación de esas bandas móviles pero con determinadas bases en las altas montañas fue la táctica quizás más efectiva y utilizada por los esclavos rebeldes. Más que nada se dedicaban a hostigar los establecimientos de los colonos.

Las primeras experiencias que en este sentido tuvieron los cimarrones fueron con el cacique Enriquillo. Cuando éste fue aniquilado, muchos de los africanos que lo habían acompañado se mantuvieron en las montañas de Bahoruco. No fueron del todo exterminados; pues en 1537 se mencionaba la existencia de bandas exclusivamente formadas por africanos alzados, cimarrones, enormes grupos con cientos de ex-esclavos dedidacos a provocar el terror por toda la isla. Las insurreciones de los cimarrones continuaron sucediéndo durante los años posteriores a la fecha de 1537, que veía un aumento terrorífico de 2.000 a 3.000 negros rebeldes en la zona del sur en San Juán de la Maguana (la sierra de Bahoruco, su base), en Azua, en la zona del norte entre Río San Juan y Nagua, en la punta de Samaná, hasta la zona del este cerca de Higüey. Las grandes campañas cimarronas durante esta época provocaron un estado de inseguridad en toda la Isla comparado al que había causado la rebelión de Enriquillo.

Los nombres más famosos de los líderes de estas bandas cimarronas fueron africanos que respondían a los nombres castellanos de Diego Guzmán, Diego de Ocampo, Juan Vaquero y el más formidable de todos, Lembá (rechazando el nombre cristiano de

Sebastián). De nuevo la Isla se encontraba en estado de guerra contra otro grupo cultural transfronterizo, los cimarrones. Gran parte de las entradas de la Audiencia y del Cabildo de la colonia se tuvieron que destinar a la organización y mantenimiento de grandes cuadrillas anticimarronas. Permanentemente estaban recorriendo la Isla, persiguiendo a los africanos rebeldes o protegiendo los caminos y centros de concentración de los europeos. Empezaron a hacer edificaciones de protección contra el peligro doble de cimarrones y de los primeros piratas y bucaneros que muy violentamente empezaban a saquear las costas caribeñas. Se propuso la construcción de torres o casas fuertes en cada ingenio y precisamente en la misma época empezó a ser contruída la gran muralla de la ciudad de Santo Domingo, la fortaleza de Puerto Plata y se concibieron proyectos para edificar las fortalezas en otros puntos como Yaguana.

El jefe Lembá y su banda representaron la última amenaza para los españoles. Al comenzar en 1548 la persecución de Lembá desde hacía más de quince años en la región de Higüey habría perseguido a unos 150 soldados con una patrulla anticimarrona. La banda encabezada por Lembá consistía en los africanos todos montados a caballo con lanzas. Lembá murió a manos de un esclavo traicionero del Cabildo que, como muchos otros, había integrado una cuadrilla anticimarrona con la falsa promesa (de los españoles) de mejorar su suerte y hasta de obtener la libertad.[9]

Algunas Contradicciones

Finalmente, las insurrecciones y el cimarronaje fueron las dos principales vertientes para alcanzar el objetivo de contradecir la validez histórica del mundo colonial. Cimarrón o liberto se encontró obligado a aceptar y a adoptar ciertos patrones culturales que definían las estructuras coloniales, apenas preservando la memoria de sus rasgos culturales originales y tratando de adaptar algunos al nuevo ámbito geográfico. En el transcurso de su contradicción permanente con el amo, el africano iba paulatinamente reconociendo su enajenación y, sistemáticamente, oponiendo a esa enajenación las posibilidades de promoción social que le ofrecía su lucha. No todo estaba, pues, de parte del amo esclavista, ya que la situación de clase en que fue colocado el esclavo le creaba, consciente o inconscientemente, una determinada actitud de resistencia a la opresión.

La realidad de esa resistencia se manifestó en los manieles colocados en la sierra del Bahoruco, al sur del lago Enriquillo. En 1588, los cimarrones acantonados en dicha sierra sumaban más de 600 individuos. Según los informes del gobernador Lope de Vega Portocarrero, quien en dos ocasiones logró destruir parcialmente varios marieles, ningún hombre blanco había visitado el Bahoruco desde la conquista de la isla. Casi un siglo más tarde, en 1655, el también gobernador Pedro Carvajal y Cobos intentarían arrasar otro maniel localizado en el Bahoruco y de cuya existencia se había dado cuenta el arzobispo de Santo Domingo, Francisco Cuevas Maldonado.[10] El formidable maniel histórico de Neiba era reducido a un pueblo contemporáneo que lleva el nombre de Los Naranjos, hoy en día un pequeño paraje cercano a Cabral, una villa perteneciente a la provincia de Barahona. Se trata de una zona poblada mayormente por gente de color. Dicen todos que en los Naranjos los pobladores son casi todos descendientes de los originales cimarrones del maniel de Neiba, pese a los 187 años transcurridos desde que se establecieron en dicho paraje.

La destrucción definitiva del cimarronaje perseguía un fin eminentemente político y económico y al mismo tiempo halló en la religión cristiana su aparente justificación. La "necesidad de cristianizar" a los cimarrones fueron tachados de "bárbaros, salvajes, canibales, ladrones y asesinos." Tal racismo y prejuicio fueron siempre inherentes a toda sociedad esclavista, la cual creyó en una estructura social bipolar y contradictoria compuesta por una masa explotada y una pequeña élite dominante. En tal sociedad, la primera constituye, como es obvio, la capa social más miserable y marginada. Después de la destrucción del maniel, el objetivo de las autoridades fue obvio: se pretendían que los cimarrones, luego de 'civilizados,' fuesen dispersados por toda la colonia. De esta manera, se deseaba evitar que los antiguos esclavos desarrollasen una comunidad solidaria, socialmente coherente e identificada con sus raíces históricas. Mas para lograr ese propósito era imprescindible que los cimarrones fuesen nuevamente sometidos a un proceso culturativo.

El cimarronaje contribuyó de manera poderosa a la supervivencia de determinados aspectos de la cultura africana. Transplantada al Caribe y a otras regiones de las Américas, estos aspectos se transformarían en la medida en que su vida en la colonia fuese adquiriendo una significación que correspondía a su pasado. El marco de referencia era otro. De allí que si bien la tesis de que el africano tuvo que reaparecer en América las tradiciones culturales africanas y adaptadas puede ser válidas en alguna medida, lo cierto es que esas tradiciones enfrentadas a una nueva situación histórica tuvieron que transformarse a través de los nuevos patrones culturales que creaba el proceso colonial. Es indiscutible que en este mismo momento histórico en todas las Antillas existían cimarrones y se producían insurrecciones. Pero a decir verdad, en ningún sitio como en La Española la beligerancia del esclavo africano llegó a constituir un factor tan decisivo en el debilitamiento del sistema colonial. Las acciones atrevidas de los cimarrones fueron el inicio de la lucha de los esclavos que desembocó en la creación de la primera república negra que alcanzó su independencia a nivel de América Latina y el mundo, Haití.

NOTAS

Capítulo VII

1. Frank Tannenbaum, Introducción a *El Negro en las Américas: Esclavo y Ciudadano* (Buenos Aires: Biblioteca América Latina, 1968). Tannenbaum, uno de los historiadores norteamericanos pioneros en el estudio de la esclavitud en Las Américas y padre de muchas posiciones que a mi entender merecen ser debatidas, enfoca el problema de las diferentes características de la esclavitud africana en América a través de la formación cultural y, en particular, moral de las metrópolis. Para establecer las diferencias entre la esclavitud existente en las colonias españolas y en las anglosajonas, sobre todo la de los Estados Unidos de Norteamérica, Tannenbaum llega a la conclusión de que en España y la larga familiaridad de los ibéricos con los moros de Africa, fueron las razones que hicieron de la esclavitud impuesta por España en América algo sui generis.

2. Juan Bosch, *De Cristóbal Colón a Fidel Castro: El Caribe, Frontera Imperial* (Barcelona: Editora Alafaguara, 1970), 146-147.

3. Nelson Mella, *Escarbando las raíces de la explotación: período precolombino a 1804* (Santo Domingo: Colectiva CEDEE, 1990), 10, citando una carta del Gobernador Nicolás de Ovando en Carlos Larrazábal Blanco, *Los Negros y la Esclavitud en Santo Domingo*. Colección Pensamiento Dominicano (Santo Domingo: Julio D. Postigo e hijos Editores, 1968), 134.

4. Según las investigaciones, la mayoría de los esclavos que entrarían a la colonia en aquel entonces serían traídos de las islas de Cabo Verde, posesión portuguesa. Esos africanos procedían de las costas cercanas, es decir, de los llamados ríos de Guinea. Mella, 14.

5. *Ladinos*: éstos fueron los esclavos africanos de habla española o portuguesa, también cristianizados, procedentes de la península ibérica; se habían aculturados a la sociedad ibérica. Muchos ladinos, como sirvientes y marineros, acompañaron a los españoles en los primeros viajes al Caribe. Por otro lado, los africanos llegando directamente del continente africano, sin hacerse aculturado se llamaban *bozales* ("una falta de civilización cristiana").

6. Cuando se piensa en la explotación a que fue sometido el indígena, no deja de ser realmente asombroso comprobar la existencia de opiniones que, por desgracia, han logrado una enorme influencia en las ideas de algunos dominicanos acerca de

las "causas históricas" a las cuales se debe la desaparición de las culturas indígenas de Quisqueya: "...la débil constitución de éstos y a su ingénita indolencia."
¡Hasta hoy en día se puede encontrar tales explicaciones en libros de texto para las escuelas secundarias!

7. Roberto Cassá, 74.

8. Saco, 218.

9. Cassá, 89.

10. Carlos Esteban Deive, *Los cimarrones del maniel de Neiba: Historia y Etnografía* (Santo Domingo: Banco Central de la República Dominican, 1985), 17.

Capítulo VIII

LOS AFRICANOS: UNA TEMPRANA PRESENCIA

En Septiembre de 1501 Nicolás de Ovando fue designado por los Reyes Católicos el nuevo Gobernador de La Española, Indias y Tierra Firme, y entre las instrucciones generales que le dieron, "se les mandó a que no consintiesen ir ni estar en las Indias, judíos ni moros, ni nuevos convertidos; pero que dejasen introducir en ellas negros esclavos, con tal de que fueran nacidos en poder cristiano."[1] Es esta la primera información documental existente sobre los captivos africanos en Santo Domingo. Para esta fecha puede decirse, se inicia oficialmente el período de colonización de los nuevos territorios americanos.

Pero tenemos, por otra parte, cierta incertidumbre de que varios de los aventureros que acompañaron al Almirante Colón, tanto en su primer viaje como en su segundo viaje de carácter colonizador, traían captivos africanos entre su cargo. Es punto para anotar que cuando al Padre Las Casas se le preguntó en la Corte qué número de africanos debían ser llevados a la colonia caribeña respondió que no sabía.[2] Además, el clérigo no pensó nunca en que fueran traídos directamente de África sino que fueran negros ladinos, algunos de quienes nacieron en Lisboa, Coimbra, Madrid y Sevilla, tanto como en otras ciudades principales de Iberia. Africanos ladinos también abundaban en varios reinos italianos como Genova y Venezia. Más tarde numerosos ladinos les acompañarían a los exploradores y aventureros españoles en sus expediciones de exploración a los Nuevos Territorios.

Los ladinos, por ejemplo, fueron bien conocidos y utilizados en varias capacidades y tareas sofisticadas. Fueron apreciados por sus talentos múltiples a lo largo de la península Ibérica y Europa mucho antes de su llegada a las Antillas. No debe ser nada de sorpresa que un ladino, Pedro Alonso Niño, fue el piloto que navegaba una de las carabelas del Almirante, La Niña, en el viaje histórico de 1492. Otros ladinos eran Nuflo de Olano, quien viajaba a Panamá con Balboa; Estebánico exploraba con Coronado al territorio suroeste de lo que hoy es los Estados Unidos de Norte América. Juan Garrido acompañaba a Ponce de León a Puerto Rico y a la Florida. Pedro Mejía fue el sirviente culto de Ovando cuando éste llegó como Gobernador a la Española. Ladinos de habilidades excepcionales también se presentaron con Cortés en la conquista de México, con Diego de Velásquez en la fundación de la colonia en Cuba, con Juan de Esquivel en la colonización de Jamaica, con Pedro de Alvarado en América Central y con Pizarro en su conquista al Imperio Incáico. Desde una época muy temprana de la muy dramática evolución española de los Nuevos Territorios, la presencia africana se manifestó en una forma definitiva.

Introducción al Pasado Africano

Por un lado, hasta la mera definición de cultura nos inserta inexorablemente en un campo donde se debaten intereses políticos. La voluminosa *Historia de la cultura dominicana* del historiador dominicano Mariano Lebrón Saviñón, por ejemplo, sostiene que "...no hay ninguna raicilla" en la formación cultural dominicana que se pueda considerar "proveniente de nuestros aborígenes" debido a que "estos no tenían nada que ofrecer desde el punto de vista de savia enriquecedora."[3] Hay algo de inhumano en esa declaración que niega categóricamente a los taínos la condición de entes culturales. Para hablar así habría que tener una perspectiva política que le permita a uno identificarse con el dolor de los caídos en la bestialidad de la transacción colonial antes que deleitarse en el triunfo ensangrentado de los conquistadores.

Más todavía en su definición de cultura, Lebrón Saviñón no sólo deshumaniza a los indígenas, sino que a fín con la negrofobia de la vieja guardia nacional arremete contra los africanistas. El distinguido erudito dominicano, como muchas personas en la comunidad intelectual, tanto estudiantes como profesores en el mundo occidental, desdeña a quienes se empecinan en darle un origen africano a cualquier toque cultural occidental. En el caso de la evolución cultural de La República Dominicana, hay quienes afirman en cuanto a que: "la música folclórica dominicana es música española adaptada a los gustos nativos y sólo por accidente puede ser afectada por los salvajes ritmos africanos."[4] Vemos aquí muy claramente un eurocentrismo feroz, al que se añade el antihaitianismo y negrofobia en general.

Es verdad todavía hoy en día que hay muchos individuos quienes encuentran muy difícil aceptar y reconocer la existencia válida de una historia africana genuína para ser explorada y comentada. Quizás lo más arduo para estos individuos, además, es el hecho de reconocer la noción de que este pasado africano documentado fácilmente precede por millares de años la salida al horizonte de Europa. La definición cultural lebroniana, en su afán negrofóbico y su ardor eurocentrista, destierra tal conceptualización a todo lo africano de cualquier participación en la creación de una identidad auténtica nacional.

En cuanto a Europa, con mucha frecuencia se niega o se ignora por completo el hecho histórico que esa civilización de verdad empezó a extenderse hacia las esferas globales de Africa y Asia durante los siglos quince y dieciséis. Sin duda, el objetivo máximo fue la colonización de la mayor parte de la humanidad. Con el paso del tiempo, estos mismos colonizadores agresivos se colocarían para dominar la erudición mundial; es decir, la manera en que se documentaría la historia misma. Las distorsiones resultantes fueron, y a menudo todavía la son tan dañinas que se implican sencillamente que fueron los europeos los únicos creadores de lo que llamamos 'civilización.'

Sin embargo, el otro lado del asunto presenta una cara más positiva. Más y más, hay aquellos estudiantes que están explorando e intentando comprender la variedad de culturas mundiales. Ahora se conforman con el hecho que, de verdad, la civilización no se originó en Europa, con el resto de los llamados primitivos y salvajes debilmente poniéndose en cuclillas, esperando la llegada de los iluminosos europeos para levantar a aquéllos damnificados del corazon de las tinieblas. La mayoría de nosotros hoy en día aceptamos las predominantes y convincentes pruebas que por más de mil años había en las varias culturas africanos creando uno tras otro imperios gloriosos a lo largo del continente africano. Recientes descubrimientos e investigaciones nos presentan una abundancia de revelaciones arqueológicas y otros documentos acerca de los tempranos viajeros árabes al continente africano, probando la existencia verídica de magníficos reinos africanos. Estos reinos en muchos casos fueron extensos más de lo imaginado, existentes mientras toda Europa durante estas épocas dormía en las sombras del período de la Edad Media.[5]

La Controversia de "El Descubrimiento"

Lo que en 1444 se inició con sólo doce africanos capturados por los portugueses en las islas de Cabo Verde, vecina a la costa de Guinea, y luego vendidos como esclavos en el mercado central de Lisboa, se hizo un escándalo inhumano y vergonzoso por su volumen de brutalidad. En los territorios del Caribe, la explotación y esclavitud de los pobladores indígenas no duró mucho; su inevitable extinción obligaría a que los colonos españoles sustituyeran la mano de obra con los captivos africanos. Casi nunca se considera el fondo cultural e histórico de este importante grupo de cautivos hechos esclavos en el desarrollo socioeconómico de las colonias. Investigaciones científicas a nivel maravilloso de las últimas décadas nos revelan mucho para destruir siglos de mitos, falsedades, estereotipos y percepciones racistas acerca del inmenso continente africano con sus diversas etnicidades y culturas antiguas. Entre numerosos y asombrosos descubrimientos se incluyen, por ejemplo, un proceso de fundición de acero en Tanzanía hace dos mil años desarrollado por la cultura Haya.[6]

La cultura de los Dogon de Mali, también los Bambara de la misma región, hace algunos 700 años trazaron las órbitas de las estrellas encirculando Sirio. Fue descubierta en Kenya una torre de observaciones astronómicas con una fecha documentada de algunos 300 a. C.; esto plantea la idea del uso común en el sub-sahara de Africa de un calendario prehistórico basado en un detallado conocimiento astronómico. Otros ejemplos nos revelan el cultivo de cereales y otros productos agrícolas por africanos en el Valle del Nilo, uno siete mil años quizás antes de cualquier otra civilización; también la demostración de ganado en Kenya hace como quince años. Entre la más antigua evidencia incontrovertible del uso de números en el continente africano esta el descubrimiento particular en Zaire del famoso hueso Ishango. Las marcas en ese hueso de ocho mil años de edad parecen indicar sin ninguna duda la existencia de un sistema numismático, probablemente utilizado como un calendario lunar. Al contrario de las falsedades populares, pues, hay prueba válida de una etnicidad africana empleando con eficaz un sistema de números de su propia invención: tiene que ser entre aquéllos los primeros del mundo.[7]

Es de notarse que la antigua sofisticación africana está convirtiendose en destacables beneficios contemporáneos. En estos días se está desenterrando un asombroso fondo africano en el campo de las ciencias médicas. Ya tenemos evidencias amplias que los curanderos tradicionales desarrollan varias modalidades medicinales diagnósticas y terapéuticas. Por ejemplo, la medicina herbaria fue mucho más avanzada en su desarrollo que cualquier otra del mundo antes del momento histórico de la ruptura de culturas tradicionales africanas. Aún en los días de hoy, los Zulu de Sur África conocen la aplicación medicinal de más de 700 hierbas. Los Dogon de Mali siguen usando hoy, después de haberla descubierto hace miles de años, cierta hierba para curar la diarrea. Esa hierba se llama *Kaolin*, lo que es hoy el ingrediente activo en el producto comercial con el nombre Kaopectate.[8]

Además, hay pruebas sustanciales que los Banyoro del país de Uganda al igual que los Likunda de África Central ejecutaron autopsias. Los Mano de Liberia desarrollaron una vacuna para la viruela unos siglos antes del famoso descubrimiento de los principales de la vacuna del Doctor Jenner. No sólo demostraron los cirujanos africanos bastante conocimiento de los conceptos sofisticados de anestesia y antisepsia, sino también esos africanos expusieron impresionantes técnicas avanzadas en la cirugía. En 1879 cierto médico, un tal Dr. Felkin de Edinburgh, Medical College en Escocia, fue testigo y aún hizo un dibujo de una operación cesárea ejecutada por un equipo de cirujanos Banyuoro en Africa Oriental. Por millares de años los Mende de Sierra Leone utilizaban la corteza de cierto árbol local para el trato de dolores musculoesqueléticos.[9] Así, pues, se presentan sólo algunos ejemplos asombrosos de una circunstancia histórica y cultural de donde procedían los diversos grupos de africanos quienes más tarde y de manera involuntaria poblarían la colonia de La Española y la región entera del Caribe.

Los Africanos en La América Precolombina

Quizás una de las teorías más controversiales relacionadas a la sofisticación tecnológica de las culturas antiguas africanas se trata de la cuestión de navegación. Sin embargo, al investigar con mucha agudeza y honestidad las circunstancia históricas del

África Occidental en particular, se nota que le queda para el investigador muy poca duda acerca de la capacidad y potencial de los africanos para que intentaran viajes extensivos en alta mar. Se sabe, al mismo tiempo, que varios grupos de las regiones occidentales y centrales del continente africano construyeron una variedad de naves fuertes para tales viajes. Esa región muy única durante las épocas remotas formaba parte de una masiva ruta comercial que se extendía desde el mar mediterráneo hasta el Golfo de Guinea, y desde la costa occidente hasta el Lago Chad. La sencilla verdad es que la zona entera de Africa Occidental fue entrelazada de una red muy íntrica de vías de comercio que se conducían hacia las zonas interiores del continente. Estos enlaces comerciales entre el litoral y el Río Niger, una distancia de unas 2.600 millas, de los aventureros europeos a los litorales africanos.

Los chinos, tanto en sus imágenes literarias como en su pinturas, de manera muy gráfica indican la llegada de africanos con elefantes en buques enormes a la Corte Imperial de la China. Eso fue en el siglo trece, 200 años antes de la aventura del Almirante Colón en el Caribe.[10] Hay que considerar que las antiguas caravanas de camello atravesando el Sahara con tanta certeza empleaban una ciencia marítima bien sofisticada para poder navegar tales expediciones traicioneras de arena y vientos. Un viaje Trans-Sahara es dos veces más largo y mucho más traicionero que uno semejante por alta mar desde la costa occidental de África hasta las islas del Caribe— una distancia total de unas 1.500 millas. Un célebre antropólogo nos presenta convincente evidencia, aunque todavía rechazada por ciertos individuos, de que algunos navegantes africanos en verdad hicieron tal viaje.

El antropólogo e historiador de fama mundial, Ivan Van Sertima de Surinam, nos revela considerable evidencia de fuerte erudición e investigaciones de índole lingüística, cultural, botánica, social y científica que los africanos estuvieron presentes en la región cultural de Meso-América en el siglo doce. Otro investigador inglés de renombre, Harold G. Lawrence, también nos informa que el grupo étnico de los Mandigo de los imperios de Malí y Songhai atravesaba con otros grupos el Océano Atlántico para comerciar con diversos grupos indígenas de Meso-América; aún establecieron pequeñas comunidades a lo largo de las Américas.[11]

Es ahora un hecho de verdad que los primeros españoles y portugueses tropezaban con algunas comunidades de negros inconfundibles en las costas orientales de Sur América, América Central, Yucatán y Nicaragua. En las tempranas crónicas de La Española hay mención de "...una comunidad de hombres negros procedentes del sur y armados con dardos de guanin."[12] Estos individuos recibieron la denominación *guanines negros*. Además, hay evidencia en forma espectacular de aquellas cabezas colosales de piedra, cada una pesando unas toneladas y exhibiendo una indiscutible fisonomía Africana. A través de algunos años en la zona sureña de México diferentes equipos arqueológicos han excavado varios sitios: Tres Zapotes, La Venta, las afueras de Veracruz. Los científicos han descifrado la pictografía en la base de una cabeza (con una circunferencia de 22 pies y una altura de seis pies; un estimado peso de unas 30 toneladas) que traduce la fecha de construcción al equivalente del calendario contemporáneo al 4 de noviembre del año 291 a. C. Esta civilización precolombina, los antiguos Olmecas, cuya cultura fue aún más temprana que el de los Tolteca, se supone que procedía del Oriente en naves para establecerse en nuevos territorios. El misterio, claro está, es la pregunta: ¿Viajaron estos inmigrantes del continente africano?

Los Africanos que Llegaron

La pregunta en sí es una que indudablemente provoca mucha especulación intrigante: ¿Quiénes fueron aquellos africanos que llegaron tan temprano al Caribe y poblaron la isla de La Española en tales cantidades? ¿Qué clase de tierra lejana habían abandonado ellos? Para empezar, la región ancestral de donde procedían la mayoría de los africanos destinados a las Antillas, el litoral de África Occidental, posee una rica historia alcanzando hacia una remota antigüedad. Florecientes en las orillas del Río Niger fueron centros importantes de comercio agresivo e intelectuales avanzados tales como Gao, Jenne y Timbucta.

Una verdadera Edad de Oro en términos de las culturas del Africa Occidental se extendía por un período bastante largo, empezando desde los principios del siglo ocho hasta finales del siglo dieciocho. Cuatro grandes imperios comerciales durante este período fueron Ghana (d.C.700-1200); Mali (d.C.1200-1500); Songhay (d.C. 1350-1600); y Kanen-Bornu, d.C. 1600- 1800) desarrollándose al mismo tiempo, pero separado y hacia la dirección del oriente en el Sudán. Pero aún más temprano en la vecindad de la meseta de Bauchi (dentro de lo que hoy es el norte de Nigeria) los arqueólogos han descubierto la existencia de una antigua cultura de belleza muy exquisita en cuanto a su artesanía de escultura en terra cotta: la cultura Nok. Es esta cultura el ancestro de varios reinos y etnicidades en la región; hay evidencias conclusivas para probar el empleo de hierro por estos grupos empezando esto 800 a.C., indicando claramente el nivel de sofisticación de los varios grupos africanos quienes llegaron al Caribe.

Se Despierta Europa

Razones muy poderosas movieron la aventura africana décadas antes de que el hombre negro cruzase el Atlántico sepultado en cadenas. La necesidad de especies—canela, pimienta, clavo–, el márfil, las ricas telas repletas de filigranas y, sobre todo, el oro—ese oro que solía adquirirse en las factorías de Sudán—constituyeron el acicate que llevó a los europeos hacia las milenarias costas occidentales del África. La otra ruta, la que establecía desde tiempos atrás las clásicas relaciones comerciales entre los europeos y el Oriente a través del Mediterráneo, había quedado bloqueada a consecuencia de las conquistas islámicas, rompiéndose de ese modo todo contacto con el continente africano. Ese tráfico permaneció desde entonces en manos exclusivas de los árabes. Las cruzadas emprendidas a bordo de navíos venecianos y genovéses principalemente y de otras ciudades—estados de Italia lograron mantener precariamente los restos de una actitud comercial que incluía muy particularmente el oro africano. En estos momentos Europa está despertándose del dormir de su Edad Media, ahora levantándose con rápidez a las demandas de un mundo más extensivo.

En la campaña feroz de la Reconquista de tierras peninsulares en manos islámicas, el último objetivo cristiano fue de introducir una cuña en el mismo corazón del imperio musulmán mediante la ocupación definitiva de Marruecos. Valiosas informaciones concernientes a las tierras que se extendían al sur del Sahara fueron las que impulsaron al príncipe portugués Enrique el Navegante; éste dedicó todas sus energías a la exploración sistemática de la costa occidental africana.[13] La penetración portuguesa en África sucedió en forma lenta pero gradual y persistente. La primera isla conquistada, Madeira, fue puesta bajo bandera lusitana en 1418; el paso de Cabo Bojador ocurrió en 1434; hacia 1444 las más intrépidas expediciones penetraron en el Senegal y Cabo Verde; pasaron ellos de las áridas arenas saharianas a las verdes y túpidas tierras de Guinea por el año 1453. Poco después, por los años 1480, los portugueses establecieron su factoría para el comercio esclavista en las islas de São Tomé y Fernando Po.

Las aventuras del príncipe Enrique, en capturar a unos pocos africanos y llevarlos a Portugal, se informó muy pronto que fue una actividad comercial muy lucrativa. Los captivos fueron vendidos como mano de obra en el cultivo de productos agrícolas en las zonas sureñas de Iberia. Trabajaban también como domésticos en las casas portuguesas; se les veía más como objeto de prestigio que por lo que podrian aportar al trabajo servil. La intrepidez de los portugueses culminó en 1488, cuando Bartolomé Díaz dobló el cabo que llamará de las 'Tormentas,' a causa de la tempestad desatada durante la travesía, y que el rey de Portugal iba a rebautizar con el nombre más venturoso: Cabo de la Buena Esperanza. Por el año 1492 los portugueses tuvieron una base permanente en tierra firme africana, El Mina, un lugar de la costa de Ghana. La Fortaleza Elmina llegó a simbolizar la colocación definitiva de los europeos en el continente africano.

Las Actitudes Raciales Heredadas

De ninguna manera tenía escrúpulo la conciencia cristiana en aceptar como cosa natural la esclavitud, sobre todo cuando esta afectaba a los africanos "paganos y salvajes." Los mercaderes de las grandes ciudades-estados de Italia habían participado alegremente por muchos años en el trato esclavista. Este tráfico adquirió tales proporciones que el papa Clemente V se vio en la necesidad de excomulgar a los venecianos que interviniesen en él.[14] Los esclavos existentes en Ibéria en los momentos del Gran Encuentro eran africanos (inclusive moros), judíos y hasta otro europeos blancos. Y, precisamente, podían ser sometidos a esclavitud porque se les aplicaba la ley española y la soberanía estatal que garantizaba la ejecución de la ley. Cuando se tomó la decisión de llevar al Caribe esclavos negros ya la esclavitud, en su nueva versión americana, contaba con el visto bueno de la conciencia cristiana y con una serie de normas que determinaban sus características.[15] No era, pues, nada extraordinario prolongar en el africano lo que ya estaba establecido frente al indígena en los nuevos territorios americanos. El que hubiese pocas protestas frente a la sujeción del hombre africano encuentra su verdadera y más que en cualquier otra causa, en la necesidad que tenían los colonizadores de una obra de mano imprescindible para el tipo de explotación económica que se creaba en el Caribe.

La Pureza de Sangre

En el proceso de afirmar y reinforzar su control absoluto en La Española, los españoles intentaron imponer sobre la nueva sociedad evolucionándose toda ideología y política ya predominante en la Península. Aunque la convivencia de diversas culturas (e.g., hispanoindígena, por ejemplo) en La Española se estableció sobre base legales y sobre una rígida estructura socio-económica de evidente inspiración peninsular, la realidad antillana caracterizada por unas formas inéditas, imprimió a la sociedad caribeña características culturales distintas a las de la comunidad metropolitana. No otra cosa explica que el criterio de la 'pureza de sangre' adquiriera en el Caribe y en toda América una nueva formulación ideológica, determinada por el papel que desempeñaría el mestizo en las circunstancias coloniales.[16]

La tal llamada *"sangre limpia"* reconocía a quienes tenían antepasados cristianos; quienes tuvieron un antepasado judío o musulmán, por lejano que fuese, quedaban motejados de conversos, confesos, marranos o cristianos nuevos, nombres todos que se aplicaban a los que tenían *"sangre infectada."* De estos conceptos de *"pureza"* dependían muchas posibilidades de movilidad social y de integración en el seno de la vida española. Frente a tantas razas existentes y tanto mestizaje, la clase social y económicamente dominante en la península ibérica esgrimió la limpieza de sangre como una fórmula para subrayar el carácter estrictamente nacional de su predominio económico y político. En las colonias de América, el concepto se prolongaría hasta los indígenas, los africanos y todos los descendientes de éstos con una nueva elaboración completamente de carácter racial.

En el nuevo ambiente del Caribe, el concepto de limpieza de sangre se transformó en una manera muy significante. El color de la piel ya no sólo se hizo pertinente, sino también se convirtió en un determinante esencial. Ahora se veía el mestizaje como evidencia conclusiva de lo que se describía como un defecto moral e inferioridad intelectual. Así con todo y las otras debilidades del sistema colonial, ahora se estableció una estructura racista existente que hacía de negros y blancos dos grupos humanos antagónicos en el marco de la explotación esclavista. La ideología esclavista se expresaría muy claramente discriminando al negro con sistemático rigor. El africano (es decir, el negro) se hacía progresivamente sinónimo de esclavo, y se convertía poco a poco en un todo, en una mas compacta, sin diferencias por su etnicidad.[17] Sería identificado, menospreciado y segregado por una misma e idéntica razón: sus características raciales, evidenciadas fundamentalmente por el color de su piel.

Frente a la aspiración del esclavo del que a través de su matrimonio pudieran sus hijos ser libres, como lo establecía el Código de Alfonso el Sabio, la Corona, respondiendo al reclamo de los esclavistas, modificó la tradición metropolitana. Pues, legisló en función de las necesidades locales según el sistema creado en el Caribe, estableciendo que no eran libres los hijos que los negros casados tuviesen, "…para que así pueda prosperar la colonia," a pesar de ser contra las leyes del Reino. Ahora bien, al negro de la colonia española esclavo o libre, no le sería cosa fácil salir de la alienación en que lo sumía el sistema colonial. Frente a él y a sus descendientes continuaron actuando la ideología, las creencias y los valores que las clases dominantes imponían desde lo alto de su poder económico y político.

La Cuestión del Mestizaje

En las Antillas, como se ha visto, la explicación y la justificación ideológicas de las divisiones o categorías entre indígenas, africanos y europeos precisaron de todo un nuevo esfuerzo. La España colonizadora ya creó un tipo de explotación de la riqueza basada exclusivamente en el trabajo esclavo, cosa ésta que creaba una diferencia absoluta con lo que en este sentido habría conocido el mundo occidental. Las relaciones interraciales se fundamentaron desde la conquista española de América en una base estructural que creó relaciones sociales antes ignoradas. La mezcla entre blancos y negros eran un peligroso atentado a la sociedad colonial y a sus instituciones; ya que podía provocar el relajamiento de las relaciones sociales y de clase entre unos y otros. Al esclavista no le convenía la estabilidad familiar del negro, sobre todo porque podían pretender que consagrados por la igualdad ante Dios, eran libres. Fernández de Oviedo exponía con claridad este temor del esclavista y la forma en que se expresaba el prejuicio contra la unión de africanos y europeos:

> No se debe sospechar que la negra no quiere tener marido.
> El que tal sospeche no las conoce vengase a vuestra cibdad
> de Santo Domingo, donde ay más negras esclavas de las que

> sería menester, e tienen más jayones e adúlteros que los amos
> de los tales pueden mantener, porque de blancos e prietos ellas
> son amancebadas. [18]

No por otras razones el Cabildo de Santo Domingo dio sus quejas a la corte por el hecho de que algunos oficiales españoles habían contraído matrimonio con mujeres negras y solicitó que a esos militares les fuera vedado cualquier avance en su carrera militar. Frente a la aspiración del esclavo de que a través de su matrimonio pudieran su hijos ser libres, como lo establecía el Código de Alfonso el Sabio, la Corona, respondiendo al reclamo de los esclavistas, modificó la tradición metropolitana. Pues, legisló en función de las necesidades locales según el sistema creado en el Caribe, estableciendo que no eran libres los hijos que los negros casados tuviesen, "...para que así pueda prosperar la colonia," a pesar de ser contra las leyes del Reino. Ahora bien, al negro de la colonia española esclavo o libre, no le servía cosa fácil salir de la alienación en que lo sumía el sistema colonial. Frente a él y a sus descendientes continuaron actuando la ideología, las creencias y los valores que las clases dominantes imponían desde lo alto de su poder económico y politico.

NOTAS

Capítulo VIII

1. José Antonio Saco, 164.

2. Las Casas, 149.

3. Mariano Lebrón Saviñón, *Historia de la cultura dominicana. Vol.4* (Santo Domingo: Universidad Nacional Pedro Henriquez Ureña, 1982), 28-29

4. Ibid., 57.

5. Chekh Anta Diop, *The African Origins of Civilization* (Westport, Ct: Lawrence Hill publisher, 1984), 31-32..

6. Ivan Van Sertima, *Blacks in Science: Ancient and Modern, 11th edition* (New Brunswick, NJ: Transaction Books, 1991), 12.

7. Ibid.

8. Ibid. 14.

9. Ibid. 15.

10. Ivan Van Sertima, *They Came Before Columbus: The African Presence in Ancient America* (New York: Random House, 1991), 34.

11. Harold G. Lawrence, "African Explorers of the New World, " *The Crisis 18* (June-July 1962): 83-9, citado en Van Sertima, *They Came Before Columbus*, 41.

12. Van Sertima, *They Came Before Columbus*, 43.

13. El intento original fracasó de conquistar Marruecos, pero la captura de Ceuta en 1415 permitió a los portugueses colocarse en una situación privilegiada en cuanto a las tierras africanas. El príncipe Enrique fue nombrado gobernador en 1415 de dicha ciudad en Africa del norte.

14. Mella, 17.

15. España tenía un cuerpo de reglamentaciones frente a la esclavitud. *Las Siete Partidas* de Alfonso el Sabio (1221-1284) contenían las más importantes. Pues, en la península la esclavitud estuvo enmarcada dentro de un sistema legal que establecía las causas y características para ser reducido a ella y los derechos del amo.

16. El historiador Juan Beneyto afirma que la ideología que en España creaba la tesis de la limpieza de sangre se fundamentó en razones socio-económicas y religiosas, pero no raciales. Lo racial, cuando se asomaba, sólo se mostraba como punto de referencia para señalar la imposibilidad, y no por razones de incapacidad cultural o humana. Juan Beneyto, *Historia social de España y de Hispanoamérica* (Madrid: Casa Aguilar, 1961), 224.

17. Tolentino Dipp, 261.

18. Fernández de Oviedo, 55.

Capítulo IX

LA INDUSTRIA AZUCARERA DEL SIGLO XVI

En términos de los principales factores sociopolíticos y económicos que compartían un papel mayor en la evolución cultural de La Española, fue el azúcar el protagonista incuestionable. Hay muy poca duda de que el azúcar y sus productos derivados hicieron la base económica de la Isla; y con el tiempo fue el azúcar una medida precisa del éxito o fracaso de la colonia. Ninguna discusión de azúcar sería posible y completa sin el tópico entretejido de la esclavitud; el ingenio de esa época, como vamos a ver, no se basaba en relaciones capitalistas, como la manufactura de taller en Europa, por ejemplo, porque no predominaba el trabajo libre. Se sustentaba en relaciones esclavistas evolucionadas. Además, la producción capitalista tuvo tendencia a la reproducción simple con poca o ninguna reiversión. Lo que resultó fue una relación simbiótica, así formándose una sociedad distinta cuyos rasgos son visibles hoy día en los patrones culturales de La República Dominicana.

La industria azucarera, a pesar de su alta tecnología y productividad, no acarreó desarrollo económico pues el crecimiento que conllevaba era frágil y circunstancial, su función era, como la de toda la economía colonial, llenar los requerimientos del incipiente mercado capitalista europeo. El renglón tuvo una dependencia muy directa de factores externos. El debilitamiento de esos factores favorables produjo su ruina porque no estaba sustentado sobre base internas, sino sobre una estructura ajena al desarrollo: un momento especial de grandeza del Imperio Español y la situación hegemónica del punto de Santo Domingo en la navegación caribeña en general.[1] La génesis de la industria azucarera en la Isla está vinculada también al agotamiento del oro, primera base económica de la colonia y a la extinción de la raza aborigen, mano de obra del coto minero a través de las encomiendas.

El azúcar y la esclavitud han compartido una historia común en el largo proceso de conquista territorial europea, extendiéndose ésta siempre hacia el occidente. Con toda probabilidad, la caña de azúcar se cultivó por primera vez en los valles lujuriantes del noreste de la India. Para probar estos orígenes indios se han presentado evidencias convincentes de varios factores botánicos y antiguas referencias literarias y etimológicas. Desde la India, entre 1800 y 1700 a.C. el cultivo de la caña llegó a China. Una vez se estableció allí, indudablemente los navegantes isleños la llevaron a la región de las Filipinas, Java y Hawaii. Entonces cuando los aventureros españoles arrivaron al Pacífico centenares de años más tarde, ya estaban creciendo la caña en estado salvaje en muchas islas de la región del Pacífico. La conquista árabe, soplando desde el cercano Oriente a través de África del Norte y entonces penetrando a Iberia, empezando en el siglo siete hasta el noveno, introdujo el cultivo de la caña a lo largo de la zona del mediterráneo.[2]

La Llegada de Azúcar

Por el siglo quince la industria azucarera había llegado a ser extremadamente lucrativa en el sector oriental del Mediterráneo. Utilizando los métodos árabes y el trabajo forzado de esclavos, los hombres de las Cruzadas habían iniciado el cultivo de la caña en los territorios conquistados de Siria y Palestina. Al ser expulsados de estos territorios después del siglo doce, los cruzados mudaron sus operaciones azucareras a tales islas como Creta, Chipre y Sicilia. Con crecientes amenazas turcas en la región, esas operaciones siguieron su huída al occidente, primero a la península ibérica, donde el cultivo ya se había introducido por la ocupación musulmana. Más tarde las mismas operaciones se establecieron en las islas de Madeira, las Canarias y Cabo Verde. Llegaron finalmente a Fernando Po y São Tomé.

El azúcar llegó al Caribe con el segundo viaje de Cristóbal Colón, quien ordenó plantar raíces y vio con regocijo que "...las cañas de azúcar según unas poquitas que se plantaron, se han prendido."[3] Con la recomendación de la Casa de Contratación de Sevilla comenzó verdaderamente la introducción masiva de esclavos africanos en América y, particularmente, en las Antillas. Esta nueva política se relacionaba, sobre todo, con el cultivo intensivo de la caña de azúcar. Escribe el historiador dominicano Tolentino Dipp:

> La agricultura de la caña haría del esclavo negro un medio
> de producción indispensable y definiría un nuevo tipo de
> esclavitud creadora de prejuicios sociales cuya intensidad en
> términos raciales sólo puede ser explicable mediante
> el estudio de las características propias del sistema
> en cada país de la región de las Antillas.[4]

El Azúcar y Los Jerónimos

Las noticias más antiguas acerca del adelanto de esta industria se las debemos a Fernández de Oviedo: "pues aquesto del azúcar es una de las más ricas granjerías que en alguna provincia o reino de este mundo puede haber, y en aquesta isla hay tanta en tan buena."[5] Se sabe que el primer español que hizo azúcar fue Aguilon, de La Vega, en 1506: en términos industriales, la producción efectiva se inició en 1515. Durante su administración colonial, los Padres Jerónimos habían recomendado una serie de medidas concernientes a impedir la ruina de La Española dado el decaimiento de la economía aurífera.

Los padres Jerónimos llegaron a efectuar préstamos especialmente para la siembra y procesamiento de la caña de azúcar. La producción azucarera se mantuvo con cierta tendencia inestable de crecimiento hasta los años 70. Fue entonces cuando empezó a decrecer por la reducción de la navegación española, el contrabando, la transferencia de inversiones a la ganadería, la competencia en términos de rentabilidad del gengibre y por la muerte de gran cantidad de esclavos en los años 80. Pero con todo, la reorientación de la economía colonial, gracias a los Jerónimos, apoyada en la caña de azúcar produjo una serie de consecuencias. Éstas se fueron dando a medida que se multiplicaron los ingenios, principalmente en las riberas de los ríos para aprovechar sus recursos hidráulicos.

Desde el punto de vista económico, los miembros de la élite colonial fueron quienes más invirtieron en el desarrollo de la industria, y así prolongando por más tiempo su poder y control definitivo de la vida isleña. El desarrollo de la economía azucarera fue adquiriendo un ritmo acelerado, pues para 1527 existían 19 ingenios y 6 trapiches en la Isla. La mayor parte de estas operaciones se concentraban en la región Sur, con su puerto en Santo Domingo, haciéndose el centro industrial más importante todavía de la Isla.[6] Fueron tan grandes las ganancias del azúcar de la región sureña que se fundó la primera universidad de América, la Universidad Autónoma de Santo Domingo (que se inició como el Colegio de Santo Tomás de Aquino) con las inversiones del licenciado Hernando Gorjón del pueblo de Azua.

El Azúcar y Los Esclavos

Había dos tipos de ingenios: los movidos por tracción animal, llamados trapiches, y los movidos por energía hidráulica, es decir por molinos de agua, que eran llamados ingenios poderosos. La inversión normal de un ingenio de la época era de alrededor de 10 a 15 mil pesos. Dentro de la inversión el renglón más importante era el de la mano de obra esclava: un número normalmente entre 80 y 150 individuos. Aunque hubo casos de ingenios (especialmente en Cuba, y más tarde en Barbados) con cerca de 500 durante las épocas más productivas. Si tomamos este promedio de unos 100 y el precio normal en el siglo de 120 pesos por esclavo, cada ingenio requería una inversión de 12.000 pesos en esclavos. Fácilmente esto nos muestra que la parte de la inversión dedicada al capital fijo era considerablemente inferior a la requerida por la compra de la mano de obra, llegando esta última a absorver unas tres cuartas partes de la inversión total del ingenio.

Los ingenios también comportaban inversiones en edificaciones que servían para las salas de máquinas y de purga, así como para viviendas para esclavos y amos, almacenes y todo lo demás necesario para el completo funcionamiento de esta industria. La poca cuantía de inversión capital fijo corrobora el carácter no capitalista de la industria.

El régimen de la economía azucarera descansó fundamentalmente en la utilización de masas de esclavos africanos, quienes se consideraban mercancia, maquinaria y fuerza básica de producción. Al mismo tiempo que se les explotaba brutalmente en un sistema esclavista, se les ofrecía un tipo de mejor trato quizás que a los indígenas porque la adquisición de un esclavo negro conllevaba una inversión concreta, ya que el propietario debía pagar su costo en pesos duros. La presencia del negro amplió tremendamente la configuración étnico-cultural de La Española, especialmente a partir del año 1520 cuando se intensificó el tráfico esclavista.

A finales de siglo, la industria azucarera entró en una fase de decadencia y con ella todo el conjunto de la esclavitud intensiva. El debilitamiento del azúcar no fue un hecho aislado, sino que estuvo enmarcado en una tendencia, al principio muy débil pero cada vez más definida y continua, de una decadencia económica total en la Isla. Esta decadencia hacía poco favorables las explotaciones agrarias. Como las de los ingenios, exigían grandes inversiones de capital, ya que la posibilidad de ganancias sin límites que correspondieran a esa enorme inversión se hacía cada vez más díficil. Finalmente, al disminuir la demanda de productos agrícolas en la economía peninsular, las tasas de beneficios capitales en el comercio de estos productos también disminuían.

El Desplazamiento y La Decadencia

Hasta avanzada la segunda mitad del siglo, la base económica principal de la colonia fue la industria azucarera. Sin embargo, conjuntamente con el azúcar se desarrolló un nivel inferior de explotación esclavista constituído por estancias y 'hatos' (ranchos de ganado). Las estancias lograron su máximo desarrollo en los momentos cuando empezó el azúcar a decaer. Al igual que los hatos, sólo que la continuidad de éstos se mantuvo hasta los últimos años de la época colonial en la Isla. Lo interesante que hay que notar es la importancia ligada a los procesos de decadencia económica y de las relaciones simbióticas de producción esclavistas más típicas. En las estancias se producían básicamente bienes para la exportación, siendo las mayores los productos alimenticios (maíz, yuca) que como se sabe se destinaban a otras colonias. Lo que ocasionó el desplazamiento de sus propietarios a otras actividades fueron la cría de ganado en hatos y el cultivo de jengibre en las estancias.

Hacia los años 1540 la población de la Isla tendía a organizarse alrededor de la industria azucarera; sesenta años después se había marcado alrededor de los dueños de los hatos, los hateros. Como se observa a lo largo del desarrollo socioeconómico mundial, cuando se dejan abandonadas a sus impulsos naturales, "las sociedades se congregan en torno a fuerzas económicas; allí donde hay metales se forman las sociedades mineras, rindiendo beneficios en la agricultura y formando sociedades agrícolas," según las teorías de Juan Bosch.[7] En Santo Domingo, una vez extinguida las riquezas del azúcar, lo que quedó como fuente de negocios fue el ganado.

Es verdad que algunos ganaderos tenían parte en los ingenios de azúcar y los dueños de ingenios tenían ganado. Pero eso no significa que unos y otros pertenecieran al mismo grupo socio-político. Los azucareros eran miembros de una élite oligarquica. Por otro lado, los ganaderos pertenecían a una capa de esa oligarquía que estaba llamada a convertirse en una oligarquía patriarcal. Los primeros producían riqueza con la explotación del trabajo de los esclavos; los segundos recogían el producto de unas reses que se habían multiplicado de manera natural en unas tierras que les habían donado graciosamente el rey de España a ellos y a sus padres.

Sucedió, sin embargo, que la decadencia del mercado exterior para el azúcar, y ningún crecimiento, o se puede decir de otra manera, la disminución del mercado interior. Esto fue causado por la realidad que los colonos españoles se iban a otras partes de América, así paralizando el desarrollo de la industria azucarera. Iba provocando luego su extinción (a lo menos por el momento). Al mismo tiempo que esa circunstancia iba produciéndose, empezó a aumentar en Europa la demanda de pieles de reses. Entonces el mercado que le faltaba al azúcar comenzaba a sobrarles a las pieles.

El paso de la colonia desde una sociedad básicamente concentrada alrededor de la industria azucarera a una organizada alrededor de los hateros significó algo muy notable en la evolución cultural de la Isla. Esta transformación significó un enorme retroceso en términos de organización social. Pasó de las puertas del nivel más alto de desarrollo social que fue posible tener en la época (no sólo en La Española, sino en cualquier otro territorio de América) al nivel más bajo a que podía llegar cualquier sociedad. La isla descendió al punto en que comenzaba a organizarse como sociedad industrial al estado de los pueblos pastores. La relación hombre-tierra tuvo mucho que ver con el fenómeno sociopolítico y económico que se produjo. Probablemente si la relación de esos dos factores hubiera sido diferente, entonces el paso de una sociedad que se iniciaba en el proceso industrial habría sido a otra etapa, quizás no a la de los hateros.[8] Del nivel industrial la Isla descendió al nivel de los hateros, sin dejar por eso de ser una sociedad esclavista. Y en lo sucesivo toda la historia nacional iba a estar condicionada por ese descenso, que sufrían en su infancia como pueblo.

NOTAS

Capítulo IX

1. Cassá, 65.

2. Manuel Moreno Fraginals, *El Ingenio: El Complejo Económico Social Cubano del Azúcar* (La Habana: Comisión Nacional Cubana de la UNESCO. Empresa Consolidada de Artes Gráficas, 1964), 81.

3. Cristóbal Colón, Los cuatro viajes del Almirante y su testamento, su edición, (Madrid: Gredos, 1971), 158, citado en Emilio Cordero Michel, *Historia Económica, Social y Política de Santo Domingo* (Santo Domingo: UASD, Facultad de Ciencia Económicas y Sociales, 1970), 56.

4. Tolentino Dipp, 153.

5. Fernández de Oviedo, 106.

6. Las operaciones azucareras durante esta época se concentraban en las márgenes de los ríos Ozama, Haina, Nizao, Nigua y Yaque del Sur; de esta manera la zona del sur adquirió un mayor predominio productivo frente a la zona norte donde solamente funcionaban dos ingenios que exportaban sus azúcareras por Puerto Plata.

7. Bosch, , 47. *Composición social dominicana*

8. Marx había llamado a los esclavistas de América capitalistas, que existían "como anomalías en el seno de un mercado mundial fundado en el trabajo libre; antes de la trata libre; antes de la trata de negros, la colonia no daban al mundo antiguo más que unos pocos productos y no cambiaron visiblemente la faz de la tierra. La esclavitud es por tanto una categoría económica de la más alta importancia." Carlos Marx, *Sobre las sociedades precapitalistas* (La Habana: Fondo Cultural Cubano, 1970), 224.

Capítulo X

UNA ISLA DIVIDIDA: LOS DOS SANTO DOMINGO

En términos de evolución social a lo largo del siglo XVII, una muy respetable interpretación se refiere al período como "el siglo de la miseria."[1] A través de la sociedad durante esa época se produjo un abismo histórico para La Española; había un ambiente impregnado de desesperación espiritual en casi todo segmento de la vida cotidiana. Abandono, pobreza y militarización podrían describir este ambiente. La crisis social y económica en la Isla también corría pareja con la situación política. La causa tenía correspondencia no sólo con el hecho de que fueron desarrollándose en el continente una serie de colonias de mucho más importancia para España, sino que ésta como metrópoli imperial no produjo cambios en sus estructuras institucionales.

Una Parálisis Absoluta

Lo característico de ese estado de cosas debió ser la inmovilidad social. Si en una economía sin dinero, pues, la actividad económica se paraliza, y con ella como consecuencia la movilidad social. Así, él que era individuo importante siguió sin serlo porque no podía cambiar la circunstancia. Seguramente un esclavo siguió siendo esclavo, y sus hijos también. Sin embargo, lo muy significante de este período fue que ese esclavo "de algún modo debía ir cambiando su relación con los amos si éstos tenían que andar descalzos como andaba él y si ambos tenían que comer el mismo tipo de comida."[2] Parece que la época verdaderamente fue funesta: además de las epidemias que acabaron con negros e indígenas en su mayoría de víctimas, se preguntó con ciclones y terremotos que "no dejaron manos que cultivasen la tierra; las arboledas de cacao, que de quince a diez años a esta parte se sembraron, están perdidas por no haber esclavos que lo beneficien."[3] La miseria era total. Era una miseria en la Isla que había igualado a todo el mundo; de manera que aquél a quien las despoblaciones sorprendieron siendo hatero, siguió siendo hatero aún a través de sus descendientes (como ya se ha mencionado). En toda la colonia no hubo actividad o movilidad alguna que diera pie a que los pobladores pasaran de un grupo social a otro más alto.

Las Devastaciones

Cuando en 1606 España decidió despoblar totalmente la zona llamada la Banda Norte (donde se llevaban a cabo los contrabandos) y trasladar sus habitantes a zonas interiores más cercanas a la capital, el anuncio provocó protestas de todos en la Isla. Este traslado forzado de las poblaciones, efectivamente abandonando por completo una parte del territorio español, tuvo consecuencias muy severas y una de la cual sería una decisión bastante arrepentida. Antes de efectuarse las Devastaciones parece que no se estuvo consciente de la posibilidad de que los enemigos de España se instalaron duraderamente en las zonas despobladas.

Las causas de las Devastaciones fueron de diversas órdenes. En primer término estaba el problema comercial: el intento de mantener el esquema monopólico en el comercio con las colonias españolas resultó un fracaso muy costoso. Esto produjo la actividad del contrabando, convertiéndose en una verdadera amenaza para los intereses reales en la colonia. En segundo lugar, España interpretaba el comercio ilegal como fuente de enriquecimiento de los países enemigos, por lo que las motivaciones económicas se unían a las de índole política y militar. Un efecto inmediato y quizás el más importante de las Devastaciones fue provocar un agudizamiento de la decadencia económica que desde hacía un tiempo era palpable en la Isla. Las mayores riquezas ganaderas fueron prácticamente liquidadas. La mitad de la isla dejó de ser aprovechada en todo aspecto, quedándose completamente deshabitada.

Entre los daños causados por las Devastaciones se encontró la destrucción de los ingenios más importantes de la Isla en ese momento, los cuales estaban en Puerto Plata, Yaguana y San Juan de la Maguana. Se observa que "después de las despoblaciones sólo quedaron 12 ingenios con un total de 688 esclavos, incluyendo los del servicio doméstico."[4] El Estado español trató de revivir la actividad comercial de la colonia después de las despoblaciones. Para eso proveyó protección a los comerciantes e instituyó cuotas obligatorias de participación comercial con la colonia al comercio español con América. Estos paliativos y más, sin embargo, no pudieron ser duraderos ni consistentes pues las Devastaciones agudizaron extremadamente las tendencias decadentes de la colonia. Por otro lado, al propiciar el establecimiento de extranjeros en las zonas occidentales, unido al aumento de la piratería, el contrabando y los cimarrones, la seguridad en la Isla se hizo bastante precaria.

El Vecino Occidental

De ninguna manera sorprendente, la colonia francesa en la zona occidental de La Española tomó un papel central en formular la política comercial de Europa Occidental. El desarrollo y crecimiento del vecino occidental de Santo Domingo, denominado Saint-Domingue, naturalmente se encontró íntimamente vinculado a tales políticas, especialmente en términos de expansión territorial y relacionadas a la búsqueda frenética de mercados sin explotar. La región entera de las Antillas estuvo bien en rumbo para transformarse en una multitud de factorías provechosas de productos para exportación. El paulatino ascenso económico del territorio francés se levantó sobre la base de la trata de cautivos africanos: la esclavitud. De esta manera el proceso de la colonización francesa se impulsó a base de la penetración rápida de esclavos; ya que tan pronto se vio que la esclavitud era importante para el desarrollo colonial se produjo una inversión de capitales provenientes de la burguesía metropolitana. La acelerada concentración esclavista en Saint-Domingue produjo la promulgación de lo que se llamaba un "*Código Negro*" que en 1685 mandó a publicar Luis XIV. El establecimiento de grandes plantaciones de azúcar, café, algodón y añil descansó sobre una mano de obra trasplantada que para 1759 alcanzaba el número de 172.000 africanos esclavizados en contraste dramático con una población de 14.000 blancos y 4.000 mulatos libres. [5]

El incremento de la economía de plantaciones esclavistas en Saint-Domingue absorbió todos los espacios cosechables, cada plantación dominada por un solo cultivo, lo cual la imposibilitó para la crianza de ganado, originando una carencia de carne, cueros y animales de transporte. Fue esta carencia la que permitió que Santo Domingo al oriente se recuperara económicamente como abastecedora de ganado a la colonia francesa durante el siglo XVIII. Fue de tal manera que se produjo un equilibrio intercolonial en el que fue decisiva la política abierta de los gobernadores españoles. Sin embargo, dicho equilibrio no significó una integración genuina de ambas sociedades, ya que aún compartiendo una misma isla y estando bajo una misma circunstancia colonialista, las diferencias resaltaban. El enriquecimiento de la burguesía francesa obtuvo un impresionante proceso de desarrollo alcanzando altos niveles de productividad a costa de la explotación humana y agrícola. Por el fin del siglo XVIII, la colonia caribeña de Saint-Domingue se había convertido en la primera colonia de Francia. No sólo la más rica de la región, sino la colonia más rica del mundo.

Un Vecino Muy Diferente

La producción de ambas colonias antillanas se apoyó en un sistema esclavista, sin embargo, la economía del Santo Domingo de habla española no alcanzó la prosperidad de su vecino. Mientras Francia impulsó su colonia a la manera capitalista, es decir, invirtiendo para obtener máximos beneficios, España impulsó su colonia a la manera feudal: "...su objetivo había sido ocupar las tierras, reducir los hombres a la servidumbre y llevarse las riquezas encontradas sin reinvertir."[6] Aún con la recuperación del siglo XVIII, no se operó ningún cambio en el modo económico tradicional apoyado en la auto-suficiencia del hato y la ganadería. La situación de las dos colonias de la misma isla era totalmente diferente, tanto desde la perspectiva económica, social, demográfica y cultural.

La colonia francesa tenía una típica economía de plantación antillana.. Desde mediados de siglo se consolidó una estructura social y demográfica en que el 90 % de la población era de esclavos, en su inmensa mayoría provenientes directamente de Africa, o sea bozales; el 4 % de libertos, en su mayoría mulatos; y el 6 % restante de blancos. [7]

Desde el punto de vista social, los blancos y mulatos ocupaban dos posiciones: apróximadamente la mitad de los blancos eran los denominados *'grands blanc'* (ricos propietarios de plantaciones con esclavos, comercios, altos funcionarios, propiedades inmuebles, etc.), el resto estaba constituido por los *'petits blancs'* que tenían su sustento en labores de servicios (como comercio a mediana y pequeña escala, transporte, trabajos artesanales, producción agrícola a pequeña escala con muy pocos esclavos, puestos burocráticos inferiores, etc.).

Había dentro de la población de Saint-Domingue un segmento de considerables números, prosperidad e influencia: *'les gens de couleur'* (la gente de color, es decir, mulatos libertos). Poseían grandes riquezas, a veces propietarios esclavistas, que les fueron reconocidos y marginados socialmente; pero al fin y al cabo no eran blancos. Sus padres sí habían sido blancos que, al haber establecido relaciones conyugales con negras esclavas y no dejar otros herederos (con frecuencia), no sólo los hacían libres sino que les dejaban en herencia todas sus propiedades materiales. Así, se presentó otro aspecto raro en cuanto a las colonias tradicionales azucareras del Caribe.[8] Por la mayor parte en la región, los libertos eran un sector bastante mínimo de la población total, y muy pocas veces en influencia y privilegio fuera de ser cómodo independientemente o artesanos prósperos dentro de la comunidad.

Sin embargo, en Saint-Domingue esta circunstancia cambió de manera dramática por haber originado una pirámide social y racial estratificada en la colonia. En Santo Domingo de habla española existía también un tipo de estratificación socio-racial, pero ésta no creó la división y oposición tan tajantes como ocurrió al vecino de occidente. La causa de una rigidez social visiblemente amortiguada se debía especialmente a la miseria del siglo XVIII que en cierto sentido igualó en las necesidades y sobrevivencia a toda la población, aunque no legalmente. En la sociedad de Saint-Domingue, sin importancia a un individuo con un antepasado africano, sin tener en cuenta la lejanía, sufría enormemente las indignidades humillantes.

Más que nada, estas humillaciones se levantaban del segmento de los envidiosos *petits blancs*, con sus crecientes inseguridades, tanto económicas como sicológicas. Además, dentro de la población general de la colonia de habla francesa, fueron los *gens de couleur* el sector más ambicioso en todo sentido. En los años anteriores a la revoluición haitiana el poder económico de este grupo de mulatos se extendió considerablemente, llegando a la situación de ser "propietarios de la cuarta parte de las propiedades totales de la colonia y de la quinta parte del total de los negros esclavos."[9]

Explotados Hasta Lo Máximo

Incuestionable los africanos esclavos formaban el grupo mayoritario de la población en Saint-Domingue y sometido a las peores condiciones de vida. Esta condición a que estaba sometido el esclavo lo convertía en un peligro eminente para los otros grupos de la población. Las riquezas que se obtenían en la colonia a partir de los esclavos eran inmensas. El 70 por ciento del tonelaje de los buques comerciales de Francia, por ejemplo, estaba dedicado al comercio con Saint-Domingue. Las estimaciones en mayor parte indican que durante el período entre 1785 y 1790, mucho más de 40.000 africanos cautivos encadenados entraron anualmente en la colonia francesa para garantizar la prosperidad económica sin disrupción de la metropolis.[10] En esta última década de desarrollo vertiginoso de Saint-Domingue, el número de esclavos aumentó a un índice aproximado de setenta por ciento.[11] Esto significa que en este período la producción aumentaba no sólo por el acrecentamiento del número de esclavos, sino también por inversiones intensivas de capital que efectuaba la burguesía comercial francesa de los puertos del Atlántico. Estas inversiones hacían aumentar notablemente la productividad de las plantaciones a través del aumento del capital fijo, en lo que entraban los recursos tecnológicos comunes más desarrollados de entonces. La cantidad fabulosa de riquezas que proporcionaba a Saint-Domingue ocultaba el real subdesarrollo y desigualdad internos, la dependencia colonial y la miseria atroz de las masas esclavas quienes fueron explotados hasta lo máximo. Diversas fuentes estiman por los valores producidos al de 10 asalariados europeos en las manufacturas francesas del período.[12]

Dos Agendas Distintas

En vista de la situación predominante, era imposible pensar en cualquier forma de cohesión dentro de la complejidad de la sociedad colonial en este lado occidental de la Isla. La inhumana explotación a que eran sometidos los esclavos, la extrema polarización social entre esclavos y esclavistas y el inmenso número de africanos que para 1789 se acercaba al medio millón frente a unos 50.000 blancos, eran todos elementos dinámicos que presagiaban un virulento estallido revolucionario de los esclavos dentro de muy poco. Como se notaba en la colonia francesa con su sistema de castas, sólo disfrutaban de derechos políticos y civiles plenos, los individuos de raza blanca. Los mulatos propietarios eran igualmente defensores del orden esclavista, pero ellos sufrían la opresión jurídica y la discriminación racial del conjunto de los blancos.

En 1789 existía un espíritu de genuína desafección por parte de los grands blancs hacía el sistema colonial francés; su meta determinada era alcanzar su independencia a pesar de la suntuosa prosperidad de la colonia (o quizás a causa del nivel del esplendor). Un segmento muy importante de este grupo se había organizado en el célebre *Club Massiac* en París, conspirando para obtener su autonomía política y formar un gobierno propio que acabara con el monopolio metropolitano. Al mismo tiempo, con el rápido crecimiento del poder económico de los mulatos, la reacción de los blancos se tradujo en la promulgación de una serie de leyes discriminatorias.

Estas nuevas leyes tenían el propósito bastante obvio de retardar y por último detener el proceso de ascensión económica y social de los mulatos, obligándolos a reconocer que eran ciudadanos de segunda categoría. La humillación llegó a puntos extremos para los mulatos, sin duda nunca perdonados (por los blancos) por haber sido descendiente de africanos esclavos, aún alcanzando un lugar prominente en la pirámide socioeconómica de la colonia francesa. Por ejemplo, ahora era ilegal para los libertos ponerse ropa del estilo europeo, o montar en carrozas, o asistir a la iglesia con blancos. También les fueron prohibidos a estudiar ciertas profesiones (como derecho o medicina) u ocupar ciertas posiciones en la burocracía colonial. Para defender sus derechos y proteger sus intereses, los mulatos ricos que vivían en París establecieron una sociedad que alcanzó un notable prestigio entre los grupos liberales de Francia, *La Societé des Amis de Noirs* [Sociedad de los Amigos Negros].[13] De manera que en los momentos en que la burguesía dirigía al pueblo francés a la Revolución Francesa, ya existía una estrecha amistad entre algunos importantes dirigentes revolucionarios y los representantes de los mulatos en París y en las Antillas. Entonces, con todo esto, existía en la colonia de Saint-Domingue, el vecino occidental, mucha discordia y disgusto frente a la situación predominante. Era imposible cualquier alianza entre los diferentes segmentos coloniales; además, no podía ser debido a las profundas diferencias sicológicas y de propósitos tradicionales que les dividían. Se acercaba con rápidez imprevista la tremenda tormenta tropical.

NOTAS

Capítulo X

1. Juan Bosch, 109.

2. Ibid., 123.

3. Ibid., 119.

4. Cassá, 95.

5. Juan Bosch, *De Cristóbal Colón a Fidel Castro: El Caribe, frontera imperial* (Madrid: Ediciones Alfaguara, 1975), 114.

6. Ibid., 117.

7. Cassá, 122.

8. Robert and Nancy Heinl, *Written in Blood: The Story of the Haitian People, 1492-1971* (Boston: Houghton Mifflin, 1978), 36.

9. Cassá, 122.

10. Heinl, 51.

11. Ibid.

12.. Cassá, 130.

13. Esta sociedad también mantenía importantes contactos con las sociedades abolicionistas británicas y sus agentes en Francia, que con sus compañas en favor de la igualdad humana general buscaban suspender el aprovisionamiento de esclavos negros a las colonias francesas, especialmente a Saint-Domingue. Aunque los mulatos libres eran en su mayoría esclavistas, este aspecto de las sociedades abolicionistas inglesas aparentemente no les importaba mucho por el momento. Su agenda fue en 1789, tartar de arrancar de la Asamblea Nacional Francesa un decreto que reconociera la plenitud de sus derechos ciudadanos de primera clase.

Capítulo XI

LA REVOLUCIÓN HAITIANA

Llegó al fin la tormenta en toda su furia desenmascarada de la triunfante Revolución Haitiana. Sin embargo, no se pudo ignorar el hecho de que casi tan pronto de establecerse la esclavitud en la colonia francesa de Saint-Domingue, las turbulentas convulsiones de los esclavos y otros actos de rebelión sirvieron constantemente como antecedentes de la definitiva explosión en la colonia. Con la poderosa Revolución Haitiana, que fue la más dinámica de las insurrecciones de los esclavos en la historia mundial, llegó al mismo tiempo una vinculación de la realización del concepto de igualdad racial, la abolición incondicional de la esclavitud, la descolonización y el establecimiento de un estado soberano: la primera nación independiente no sólo en las Antillas, sino en toda América Latina.

Fraternité, Egalité, Liberté fue el grito monumental no sólo vociferado por las calles de París, sino también oído en el lejano territorio caribeño de Saint-Domingue. El estallido rápido y después la prolongada sucesión de guerras sangrientas en la colonia francesa entre 1791 y 1803 fue a la vez aplaudida y condenada por esclavos y esclavistas respectivamente a lo largo del hemisferio. Los ex-esclavos llevaban a cabo la derrota de un golpe decisivo de la colonia más rica del mundo; destruyeron un sistema económico muy próspero, eliminando por completo la clase de individuos que había dominado este sistema. Sin duda, desde la perspectiva de la historia mundial, fue muy especial la Revolución Haitiana: en mayor parte se involucraron en la guerra participantes negros, mulatos, franceses, españoles e ingleses, con el intrépido ex-esclavo Toussaint L'Ouverture convirtiéndose en el brillante héroe nacional de la primera nación negra de las Américas.

La Caída de La Monarquía Divina

Hay muy poca duda en términos de implicaciones históricas, conjuntamente entretejidos factores de índole sociopolítico, de que la Revolución Francesa de 1789, marcó el inicio de un largo y agónico proceso revolucionario. En Francia la crisis económica se había agudizado enormemente, reflejándose en una crisis en las finanzas del Estado. El Rey Luis XVI intentó solucionarla mediante una serie de reformas, pero todas fracasaron. La Revolución Francesa entonces fue el resultado de la confluencia, en una conyuntura de crisis del Estado feudal, de las aspiraciones de la burguesía con las del campesinado. Para dar justificación ideológica a las aspiraciones burguesas surgió un brillante conjunto de pensadores opuestos al absolutismo. Su núcleo más importante fue el de los *"enciclopedista"* (llamados así por haber redactado una obra conjunta en varios tomos llamada *La Enciclopedia*). Estos filósofos franceses iluministas desataron una gran campaña intelectual contra *L'Ancien Régime*, creando las bases intelectuales para una gran revolución más tarde. Las convulsiones que trajo la Revolución Francesa en las relaciones de producción y en el poder político del Estado tuvieron una gran repercusión en la política colonial del Estado francés. Casi todos los intereses coloniales de Francia se encontraban en Saint-Domingue. Así, la coyuntura dada por la Revolución Francesa, junto a la agudización de las contradicciones internas del régimen esclavista en las Antillas, generaron un proceso revolucionario en la lejana colonia.

La Revolución francesa despejó todos los obstáculos para el desarrollo del capitalismo en Francia, siendo el factor fundamental del predominio de este modo de producción en ese país en lo adelante. Francia sería transformado para siempre; los revolucionarios decapitaron al rey y a su reina, así destruyendo el mito lejendario de la Divinidad de la monarquía. La Revolución Haitiana en cambio, no posibilitó el tránsito al modo de producción capitalista. La abolición por vía revolucionaria del modo de producción esclavista tuvo por resultado fundamental su sustitución por relaciones feudales y de pequeña propiedad mercantil. La Proclamación de los Derechos del Hombre como los hechos de la Revolución Francesa repercutieron y fueron acogidos en Saint-Domingue. Allí en las Antillas se daban condiciones sociales que hacían propicia la búsqueda y el reclamo de derechos, como también el enfrentamiento violento entre dominados y dominadores. La repercusión metropolitana de la Revolución Francesa fue la revolución colonial en el Caribe.

Para el vecino de habla española en la zona oriental de la isla, tales acontecimientos no sólo significaron el rompimiento del equilibrio intercolonial y la caída de su recuperación económica, sino también la ruptura con el predominio español establecido desde la llegada del Almirante y sus aventureros en 1492. En la colonia francesa todo segmento de la población tuvo su agenda particular: los *grands blancs* gritaban por autonomía, los *gens de couleur* campeonaban igualdad, mientras las masas de los explotados vociferaban liberación inmediata. La RevoluciónHaitiana fue un acontecimiento sumamente complejo. Fue una de las revoluciones más complejas que se han producido en América en los tiempos modernos, al producirse en ella diferentes enfrentamientos. Bosch la define señalando que:

> Fue simultáneamente una guerra social, de esclavos
> contra amos; racial de negros contra blancos;
> civil, entre las fuerzas de Toussaint y las de Rigaud;
> internacional, de franceses y haitianos, y haitianos
> contra españoles e ingleses; y por fin una guerra de
> liberación nacional, que culminó en la creación de
> la primera república negra del mundo.[1]

El Activismo de Los Mulatos

La posibilidad para el levantamiento de los esclavos vino dada por las consecuencias que tuvo en la colonia la Revolución Francesa. Esto se manifestó en un agravamiento de las contradicciones sociales inicialmente de los varios grupos dominantes.[2] La oligarquía mulata, llamada los '*affranchís*,' pedía que se le reconociera el derecho de participar en las asambleas coloniales. Los *grands blancs*, igual que los *petits blancs* se negaban a aceptar que los affranchís participaran de ninguna forma; se oponían a la oligarquía mulata con una fuerza casi diabólica. Algunos sectores de los blancos querían eliminar para siempre a todos los mulatos, así fácilmente expropiando las propiedades de éstos. Los esclavos negros, desde luego, se mantenían al margen de esas luchas, y no por su voluntad sino porque ninguno de los dos partidarios los tomaba en cuenta.

En este concepto, era esencial el inicio del activismo de los mulatos ricos por sus reinvindicaciones sociales. La abolición de la esclavitud significaría necesariamente la ruina de la colonia francesa y con ella la destrucción de la burguesía marítima francesa cuyo poder se derivaba precisamente de la dominación colonial. Entonces las vacilaciones de la Asamblea Nacional revolucionaria permitieron a los blancos esclavistas de la colonia iniciar una campaña de represión contra las aspiraciones de los mulatos. La *Societé des Amis de Noirs*, al ver que una Asamblea Colonial dominada por los blancos no permitiría que la situación de los mulatos cambiara, envió uno de sus más agresivos miembros a Inglaterra en busca de ayuda, de donde se trasladó a Saint-Domingue con el ánimo de alcanzar por un decreto que se le negaba. Vicente Ogé, el enviado de la Sociedad, llegó a la colonia francesa en 1790 con el intento de organizar un movimiento revolucionario armado en compañía de su hermano y de otro mulato llamado Jean Baptiste Chavannes. Fracasó su empresa y ambos perdieron la vida debido a su empeño de luchar solamente con el apoyo del sector de mulatos, ignorando por completo a las masas de negros que eran la mayoría de toda la población en la colonia.[3]

La Ceremonia de Boïs Caïman

Quizás una de las contradiciones principales de las luchas políticas entre las diversas facciones pasó a fines de 1790 al tener como punto fundamental los intereses de los mulatos esclavistas contra el exclusivismo de los blancos. Es importante la actitud de los *petits blancs*, por ejemplo, quienes veían todas sus aspiraciones de movilidad socioeconómica frustradas si se les concedían privilegios a los affranchís. Pero lo que ninguno pensaba ni decía era que los negros también tenían derechos o los merecían. Poco a poco este segmento finalmente pasó a un evento en la zona Norte de la colonia, una zona que era la más poblada, la más rica y donde las relaciones de la esclavitud tenían un caracter más cruel y violento.[4]

Después de oficiar en una ceremonia de vodou en el bosque de Boïs Caïman, en las afueras de la ciudad de Cap-Français el 14 de agosto de 1791, el líder cimarrón Boukman organizó una insurrección de verdaderas dimensiones asombrosas en términos de terror. Boukman dirigió a miles de esclavos (casi 6 mil al momento de su captura) que azotaron y destrozaron plantaciones, ingenios, residencias y familias blancas. La insurrección de Boukman "tuvo un carácter devastador, procediendo a incendiar y destruir propiedades de los esclavistas para liquidar físicamente a muchos de ellos."[5] En vista de que sus propiedades también fueron afectadas, los mulatos buscaron unirse con los blancos, quienes los rechazaron. La alianza ente blancos y mulatos no podía realizarse de manera duradera debido a las profundas diferencias sicológicas y de propósitos que les dividían. A Boukman lo ejecutaron por decapitarlo en la plaza central de Cap-Français; su cabeza se exhibió en la plaza por casi dos meses.

La Política de Toussaint L'Ouverture

En apoyo a la política metropolitana quedaron dos grandes fuerzas en la colonia francesa: una la de los mulatos revolucionarios de todos los niveles sociales, mandada por Andrés Rigaud; y la otra, la de los ex-esclavos, mandada por Toussaint, quien había sido anteriormente uno de los jefes del ejército de negros al servicio de España.[6] Estos dos sectores desde muy pronto se revelaron antagónicamente por tener aspiraciones sociales divergentes. Los mulatos querían ocupar, bajo nuevas relaciones sociales, el punto dejado por los esclavistas blancos, que ya en su mayoría habían huído o le habían dado muerte y a su vez sus propiedades habían sido destruidas. En torno a los negros, se fue formando una élite de jefes militares que más bien eran partidarios de mantener el trabajo forzado de las grandes masas de ex-esclavos.

Para Toussaint lo más importante era restablecer la economía que había sido seriamente afectada por las guerras civiles. Para eso creía necesario que los antiguos esclavos siguieran trabajando en las propiedades de sus antiguos amos; y que esos antiguos esclavos siguieran jugando un papel fundamental en la vida social de Saint-Domingue a través de un sistema de partición de las ganancias de las plantaciones. De esta forma Toussaint quería estructurar un Estado poderoso capaz de afrontar agresiones externas, de funcionar en forma autónoma y, eventualmente, de acceder a la independencia total.[7] Toussaint, pues, veía el futuro del bienestar de los ex-esclavos a través de una política social conciliadora y a través del engrandecimiento nacional. O sea, el problema nacional adquirió mayor importancia que el problema social en la práctica de este dinámico líder revolucionario del pueblo haitiano.

La Convención Nacional de París ratificó (1794) una medida ofreciéndoles la liberación a los esclavos negros a cambio de que lucharan a favor de Francia. De repente los negros, comandados por Toussaint y aliados a fuerzas francesas lucharon contra los blancos de Saint-Domingue, contra los ingleses y contra sus vecinos los españoles de Santo Domingo. En 1795, la monarquía española de Carlos IV firmó con Francia la Paz de Basilea, la cual tuvo un resultado trágico para Santo Domingo. Con este Tratado España logró recuperar sus posiciones perdidas en manos de los franceses, a cambio de entregarles a éstos la parte oriental de la isla de Santo Domingo.[8] Por 1797 Toussaint fue nombrado General en jefe de los ejércitos franceses de las isla, así también consolidando las varias tropas de ex-esclavos, estimadas en unos 20 o 30 mil hombres. En 1798 los ingleses capitularon ante la superioridad numérica de los negros unida al brillante liderazgo militar de Toussaint. Este ahora gobernó omnímodamente tratando de devolverle a la colonia el mismo esplendor económico de antaño.

La Unificación de La Isla: 1801

La guerra entre el partido de los negros de Toussaint y el partido de los mulatos de Rigaud se saldó con la plena victoria del primero, quien por ende se erigió en factor hegemónico de la vida colonial, poniendo en práctica todo su programa socioeconómico. La colonia se encontró en virtual estado de autonomía respecto a la metrópoli ya que Toussaint había logrado expulsar a todas las autoridades francesas y retener en sus manos todo el poder de la colonia. Para consolidar sus propósitos el líder revolucionario se planteó un objetivo ulterior: la ocupación de la parte oriental de la isla (cedida a Francia en virtud del Tratado de Basilea 5 años antes). A inicios de 1801 Toussaint llegó a Santo Domingo donde procedió a unificar ambas partes de la Isla bajo su gobierno revolucionario, introduciendo en él toda una serie de cambios socioeconómicos. [9]

Hay que imaginar lo que produjeron estas noticias en una población que tenía más de un siglo en constante lucha por su supervivencia contra la penetración y la usurpación de sus tierras por extranjeros. Se estaba construyendo una nueva sociedad y una nueva realidad por completo y esta vez, al horror expresado por los colonos blancos por todas partes, esa nueva realidad fue construida por hombres quienes habían sido esclavos y descendientes de éstos. Muchos blancos tomaron la decisión entonces de emigrar, dirigiéndose a Cuba, Puerto Rico y Venezuela, también a Lousiana en la zona sureña de los Estados Unidos. Fueron estos algunos lugares donde había una cierta comodidad y compasión hacia los esclavistas.

La Llegada de Las Tropas de Napoleón

La promulgación de las medidas radicales de Toussaint dio motivo a que los perjudicados y también la propaganda de mulatos y blancos propietarios, ahora refugiados en Cuba y otros territorios Antillanos, acusaran a Toussaint en todos los tonos. Sin embargo, el ataque más formidable le vendría a Toussaint de Napoleón

Bonaparte y los intereses de la burguesía francesa. Como Francia rivalizaba con Inglaterra por el predominio económico, Napoleón necesitaba restablecer *L'Ancien Régime* en Saint Domingue para obtener los lucrativos beneficios que ésta rendía para el año de 1789. Por consiguiente, restablecer el antiguo régimen significaba restaurar la esclavitud y de poner a Toussaint, quien se consideraba el primero de los negros de la colonia y quien había conducido la primera lucha anti-esclavista triunfante de la historia. Para lograr una y otra cosa, Napoleón envió tropas francesas a la isla en 1802, bajo el mando de su cuñado General Víctor Charles Le Clerc.[10]

Lo que hubo a partir de entonces fue una guerra sumamente sangrienta, lo cual le obligó a pactar con Le Clerc, creyendo que los franceses mantendrían la libertad de los negros. Sin embargo, Toussaint fue sorprendido en su buena fe al ser arrestado y trasladado a Francia, donde murió prisionero en 1803. Pero el arresto, la deportación y la muerte de Toussaint no significaron jamás el fin de la rebeldía de los negros. Por el contrario, la revolución tomó un nuevo y más vigoroso impulso hasta el 1804 cuando finalizó con la derrota francesa. En el lugar de Toussaint fue elegido para dirigir el ejército negro su lugarteniente Jean Jacques Dessalines, secundado por el General Henrí Christophe.

Durante veintiún meses estuvieron los franceses tratando de someter a los negros rebeldes. Cincuenta y ocho mil hombres de las fuerzas más expertas francesas que había triunfado en Europa no pudieron ganar esta vez: los negros se lanzaron a la lucha bajo la consigna de libertad o muerte. Para los franceses la guerra asumió un carácter de exterminio (genocidio), ya que los soldados franceses miraban a los negros como 'salvajes.' Este criterio partía del mismo Napoleón, quien en las instrucciones dadas al General Le Clerc señalaba: "los esclavos han sido declarados libres y esa es una falta grave, volvedlos a poner bajo el yugo; si resisten; ¡La muerte!"[11] Según las cifras militares de Francia, unos 50.270 soldados franceses perdieron la vida en esta campaña que terminó con la rendición y la huida de los sobrevivientes a finales de diciembre de 1803.[12] Dessalines y los demás generales negros triunfadores, proclamaron con gran orgullo la Independencia de *La République d'Haïti* el día primero del año 1804. Éste se convirtió en el segundo territorio independiente de América y en la primera república negra del mundo moderno.

La república surgió con un violento resentimiento contra Francia y los habitantes blancos. Durante la guerra, Dessalines pasó por cuchillo a todo blanco encontrado y confiscó las propiedades que seguían perteneciendo a familias francesas. La constitución en que se amparó La República de Haití prohibió que los blancos tuvieran propiedades en el país. Entretanto, Dessalines se preparaba para terminar de expulsar a todos los franceses (el pequeño reducto de militares) que quedaban en la isla.

NOTAS

Capítulo XI

1. Bosch, *Composición social dominicana*, 182. Para un tratamieno más amplio de la Revolución Haitiana desde la perspectiva marxista, ver Juan Bosch, *De Cristóbal Colón a Fidel Castro*, 373-453.

2. Por ejemplo una vez estalló la revolución en Francia, los mulatos ricos de Paris ofrecieron a los revolucionarios millones de libras tornesas para ayudar al Gobierno a pagar la deuda pública que había sido uno de los detonadores de la Revolución. Pero a pesar de esta ayuda, la burguesía francesa vaciló mucho en sus deliberaciones antes de conceder algún tipo de reconocimiento a los mulatos.

3. Moya Pons, 166.

4. Leslie G. Desmangles, *The Faces of the Gods: Vodu and Roman Catholicism in Haiti* (Chapel Hill, NC: The University of North Carolina Press, 1992), 34.

5. Cassá, 142.

6. En las primeras décadas del siglo XVIII en Santo Domingo, las autoridades españolas revocaron la tradición y práctica previas en cuanto al servicio de los negros en el Ejército colonial; ahora les ofrecieron a los libertos varias posiciones en el Ejército. Toussaint había ganado una ascendencia por sus amplios dotes militares y por su habilidad política y que, por ello, dirigía un destacamento muy importante de este ejército. A los dos meses de la liberación de los esclavos, Toussaint pasó con sus tropas al servicio de la República Francesa, destacándose como el dirigente máximo en lo adelante de las masas que acababan de salir de la esclavitud.

7. Cassá, 144.

8. Esta cesión a Francia de la parte oriental de la Isla, mientras los ingleses ocupaban importantes Territorios en las costa occidental, preocupó al Gobierno inglés que protestó que no la reconocía pues violaba viejas estipulaciones en otros tratados.

9. Fue una forma "curiosa de socialismo" la que estableció Toussaint a juicio de Moya Pons en su *La Española en el siglo XVI* (Santiago: Publicaciones UCMM, 1974), 331. Ya como gobernador promulgó estas medidas: *1ero.* La integración administrativa de Santo Domingo con Saint Domingue. *2do.* La abolición de la esclavitud. *3ero.* Estableció el trabajo obligatorio. *4to.* Unificó la moneda para que las operaciones comerciales entre las dos zonas se realizaran sin dificultades. *5to.* Estableció la municipalidad compuesta por un negro, un blanco y un mulato.

10. Napoleón lanzó una importante inversión con una flota de más de 80 navíos y unos 58. 000 hombres a arrancar la colonia de Saint Domingue de manos de negros.

11. Instrucciones de Napoleón a LeClerc, referidos por J.B. Lemonier Dela Fosse en *Segunda Campaña de Santo Domingo* (Santo Domingo: Editora de Santo Domingo, S.A., 1975), 22.

12. Hay que anotar también que a los negros se les unió un aliado: la fiebre amarilla, que facilitó el triunfo de los negros. Gran cantidad de franceses murieron atacados por la fiebre, incluyendo a LeClerc en 1802.

Capítulo XII

LAS CONSECUENCIAS DE LA REVOLUCIÓN HAITIANA

Cuando se proclamó la independencia del territorio de Saint-Domingue, las ondas de choque producidas por este traumático levantamiento social provocaron consecuencias locales tanto como lejanas de medida gigantesca. La primera consecuencia fue económica: los conflictos sociales y las inserrucciones de los esclavos rompieron el comercio intercolonial y destruyeron las perspectivas que se presentaron en Santo Domingo durante el siglo XVIII. Una segunda consecuencia fue de carácter político: la sustitución del régimen colonial español y la ocupación de Toussaint, su punto de partida socio-histórico de otras invasiones haitianas más tarde. En tercer término hay que señalar las consecuencias socio-culturales, que fueron varias sus manifestaciones: la abolición de la esclavitud, las grandes emigraciones, el extrañamiento de las instituciones hispánicas. También hay que anotar la consecuencia militar que se explica con la sustitución de las autoridades españolas, la penetración de las tropas francesas y el control francés en el sector español hacia el oriente..

Cuando la colonia francesa entró en crisis también se encontró en crisis la vecina oriental y su futuro destino socio-histórico estuvo marcado por el impacto de estos cambios chocantes. La Revolución Haitiana, por ejemplo, impidió la materialización de un proyecto esclavista que hubiese dado mayor vigencia a la dominación colonial española, como sucedió en Cuba y Puerto Rico. La influencia de los cambios en Haití fue más profunda porque hubo un intento de extensión del proceso revolucionario a la parte española. Allí se acentuó más todavía la decadencia del orden colonial del período y más especialmente de la relación social que le servía de base: la esclavitud.[1] Esta extensión de la Revolución Haitiana al territorio español, en mayor parte, provocó la emigración de segmentos fundamentales de la clase esclavista en sus dos componentes de la aristocracia burocrática colonial y de los hateros, pero básicamente del primero. Con esto el sistema colonial sufrió un golpe fuerte. Lo más importante fue que los centros productivos se desmontaron, se produjo una disminución demográfica bastante significante. Otro golpe sufrido fue un proceso de nivelación social por ausencia notable de muchos de los esclavistas y por la liberación de los esclavos efectuada primero por Toussaint y luego por Boyer.

El ejemplo de Haiti, pues, sin duda contribuyó inmensurablemente a la causa de liberación y a la quiebra del orden colonial tradicional por todas partes del hemisferio. *Fraternié, Egalité, Liberté* en voz muy alta se oía el eco del grito a través de la región colonializada del hemisfero. Fue un general haitiano, Alexandre Pétion, por ejemplo, quien apoyó al gran héroe Simón Bolívar (1815) a remontar su debilitante campaña militar para la determinada liberación del continente sudamericano. La única condición de pago al haitiano fue que Bolívar aboliera la esclavitud en Venezuela, una promesa solemne que fue honrada una vez abandonado el colonialismo español de la América del Sur. Con todo el caso de Haití representó una amenaza sicológica mayor a la existente orden colonial en la región entera. Las autoridades de las colonias por todas partes tomaron medidas para evitar que el espíritu revolucionario se extendiera a su territorio. Los esclavistas dondequiera temblaban ante "la negra pesadilla" de la creación de otro Haití.

Claro está, en el territorio español de Santo Domingo la esclavitud fue abolida por Toussaint de inmediato a su llegada a la zona oriental. La gigantesca expedición francesa echó por el suelo la dominación de los ex-esclavos en el territorio de Santo Domingo. Nuevamente la esclavitud fue instituida por los generales franceses que ocuparon la Capital en 1802. No se necesita mucha imaginación para darse cuenta de que los propietarios de Santo Domingo nunca habían estado en favor de una revolución social que había dado la libertad a los esclavos; y por eso apoyaron a las tropas francesas.

Pero al mismo tiempo y de mucha importancia socio-histórica, había un hecho de orden cultural que contribuía a que los criollos de Santo Domingo simpatizaran en este momento con unos extranjeros, como eran los franceses, y con sus vecinos los ex-esclavos de Saint-Domingue. Según el análisis de Tolentino Dipp, ese hecho tenía mucho que ver con la "autopercepción racial de los habitantes de la parte española quienes, a pesar de ser en su mayoría gente de color, esto es, mulatos descendientes de los antiguos esclavos, siempre se consideraron a sí mismos como españoles."[2]

Entonces, el problema racial en Santo Domingo fue dejado a un lado mientras la población francesa crecía al otro lado de la frontera y junto con ella también crecía por millares anualmente la población de esclavos negros. En Santo Domingo, para aquella sociedad ahora empobrecida, lo más urgente y significante era no ser negro. Con esta única salvedad se adquiría una categoría social muy peculiar: bastante cercana a la de la gente blanca, aunque nunca del todo igual. Así surgió la denominación 'blanco de la tierra' que significaba "dominicano o español criollo de Santo Domingo." De igual manera en esta época también surgió en el psique nacional el concepto de una abnegación de la africanidad en la cultura dominicana, que sigue manifestándose hasta hoy día en la Isla. Es otra consecuencia que resultó de la Revolución Haitiana. Dentro de muy poco, el esclavo fue identificado casi exclusivamente con el negro. El mulato no quería nunca ser considerado como negro; el mulato quería ser blanco, o por lo menos ser percibido como tal. Sin estas observaciones es algo difícil comprender el razonamiento de los dominicanos, en su mayoría gente de color, por nunca querer apoyar la lucha abolicionista de sus vecinos en la colonia francesa al lado occidente de la Isla.

Los Franceses y Los Hateros

En cuanto a los ocupantes franceses en la parte española de la isla, el General Louis Ferrand, comandando las tropas francesas, se negó a rendirse y decidió establecer un nuevo gobierno en Santo Domingo en 1804. Su acción atrevida coincidió con la proclamación de la nueva República de Haití. Ferrand empezó de inmediato a reorganizar la colonia española, amparado el General en un decreto de Napoleón del año por medio del cual ordenaba "respetar los usos y costumbres españolas, especialmente en lo que a la organización jurídica tocaba."[3] Pero sin duda, la medida más importante que adoptaron los franceses en Santo Domingo fue el restablecimiento de la esclavitud. La clase dominante de los esclavistas estimó que había que apoyar a los nuevos ocupantes ya que detenían el mayor peligro representado por los insurgentes haitianos.

La proclama de Ferrand (1805) en que se anunciaba "la cacería de los haitianos para ser hechos esclavos" aceleró los preparativos de invasión del líder haitiano Dessalines. Se dispuso que todas las fuerzas militares más importantes del Estado participaron en la campaña cuyo fin era lograr la expulsión total de las tropas francesas de la isla. La campaña fue enormemente sangrienta, especialmente en las zonas del norte, en el Cibao. Las ciudades de Santiago, La Vega y Cotuí fueron atacadas, saqueadas e incendiadas. Los haitianos llegaron a Moca, "donde pasaron a cuchillo durante la mañana del día 3 de abril a todos sus pobladores y luego prendieron fuego a las casas; únicamente dos personas salvaron sus vidas gracias a haberse quedado atrapados bajo los cadáveres de las víctimas."[4] Es de suma importancia señalar de nuevo que mucho antagonismo contemporáneo existente en las relaciones haitiano-dominicanas se debe a las interpretaciones socio-históricas de muchos historiadores anti-haitianos. Es decir, estos historiadores han elevado las matanzas de Santiago y Moca al punto máximo del antagonismo nacional entre los dos pueblos, dominicanos y haitianos. Historiadores de ésta indole pretenden ver en cada haitiano como un ser criminal fuera de las circunstancias históricas que ocasionaron las matanzas, por ejemplo, y del hecho de que tal tipo de actos tenía una connotación diferente en la época a la de la actualidad.

La resistencia a los franceses en aquel entonces tendría que ser de nuevo una guerra a muerte y por eso se pensó que asesinando dominicanos y destruyendo sus bienes ya se iban desprendiendo de un futuro enemigo. Esta acción sin duda es reprensible por encima de las circunstancias en que se encontraba la lucha del pueblo haitiano. Sin embargo, hay que tener en cuenta que todas las guerras en esa época se caracterizaban por matanzas de este tipo en que quedaba incluída la población civil. El problema de las matanzas en las invasiones haitianas, entonces, ha sido uno de los varios temas que se ha prestado más a falsificación en la histografía racista anti-haitiana, agradando en forma hábil y falsificadora de la verdad histórica la magnitud de éstas.

Por último sobre esta observación, durante la invasión de Toussaint (1801) en realidad los únicos dominicanos asesinados fueron aquéllos que pertenecían al batallón fijo de Santo Domingo que fue internado en Haití al producirse la invasión de LeClerc. En la invasión de Dessalines de 1805 fueron asesinados a la ida y a la vuelta los referidos cientos de personas. Se nota que esta acción se considera la más negativa porque incluyó a la población pacífica y a mujeres, niños y ancianos, y estuvo fuera de todo contexto de combates, en el caso de la masacre cometida al retorno de Santo Domingo. Más tarde todavía vamos a ver en la invasión de 1822 no habrá ningún género de matanzas ni individuales ni colectivas por parte de los invasores haitianos, como tendremos ocasión de verlo mucho más adelante. Muchos historiadores dominicanos han generalizado los acontecimientos de los pueblos del Cibao, representando a las tropas revolucionarias haitianas como unas bandas incontrolables de criminales irresponsables, y nada más.

Al mismo tiempo, algunas contradicciones entre franceses y dominicanos fueron desarróllandose ya que el sector básico de los esclavistas, los hateros, temían que el fomento económico de la agricultura condujera a un predominio social de los franceses. Los hateros se preocupaban de la desaparición de la ganadería y, por ende, de su base de sustentación socioeconómica. Al poco tiempo, Juan Sánchez Ramírez, un hatero de Cotuí, organizó una amplia conspiración para poner fin al dominio francés. Como todos los grandes propietarios de hatos en Santo Domingo, Sánchez Ramírez se sintió indignado por la prohibición de vender ganados a Haití, y al mismo tiempo humillado en su sentimiento hispánico al conocer la noticia de los acontecimientos peninsulares.[5] El líder hatero viajó intensamente por todo el territorio colonial, buscando levantar el sentimiento pro-hispánico de los pobladores y organizarlos para cumplir la expulsión francesa.

En otra vuelta contradictoria de la historia, el movimiento de los hateros en su lucha contra la dominación francesa fue cobrando fuerza a medida que la ayuda se iba haciendo efectiva, pero de una fuentes extrañas. Esa ayuda vino en la forma del gobernador de Puerto Rico, pero no de los administradores de Cuba; de los colonos nacidos en Santo Domingo y allí ubicados como exiliados. Ayuda vino también del General Alexandre Petión, quien había surgido como uno de los dos gobernantes de Haití (el otro era Henri Christophe) luego de la muerte de Dessalines. Apoyando a los hateros además fueron los ingleses que rivalizaban como enemigos de la Francia Napoleónica. La batalla decisiva se celebró en la Sabana de Palo Hincado. En 1808, unos 600 soldados dirigidos personalmente por Ferrand se enfrentaron a unos 2.000 hombres bajo el mando del dirigente de los hateros Sánchez Ramírez. Los franceses fueron aniquilados casi en su totalidad y la derrota llevó a que Ferrand se suicidara. La campaña de reconquista dejó a toda la zona Sur devastada como consecuencia de las batallas que terminaron con lo poco que quedaba de la riqueza agrícola y ganadera. Al buscar los reconquistadores la vuelta del predominio hispánico se produce un período llamado la "España Boba."

La España Boba

La entrada activa de los haitianos y los ingleses en la guerra antifrancesa aceleró la rendición final de las tropas francesas guarnecidas en Santo Domingo. Quiere decir que además de la intervención haitiano y española, la intervención inglesa obró a favor del giro retrógrado en que desembocó la lucha liberadora de los dominicanos contra el yugo francés. Los ingleses, por su parte, impusieron algunas condiciones que gravitaron bastante en la evolución socio-histórica de los años posteriores. Más que nada, los ingleses exigían la libre entrada de los buques ingleses a los puertos coloniales con concesiones arancelarias especiales. Estos privilegios comerciales concedidos a Inglaterra iban a servir de base para el establecimiento de comerciantes ingleses o de representantes suyos dentro de un esquema de comercio importador-exportador.

Cuando finalmente los criollos encabezados por el hatero Juan Sánchez Ramírez asumieron el control colonial proclamaron una extraña reincorporación a España, no dejaba de ser contradictoria. Tal reincorporación respondía a una mentalidad claramente colonialista y fue cargada de sentimiento "hispánico". Santo Domingo, al fin y al cabo, se había liberado del dominio francés para anexarse a un territorio que como España estaba bajo el dominio de Francia. Esta contradicción, pues, dio origen al término 'España Boba' en la evolución cultural dominicana. Para el año 1821, la situación general de América y Europa había variado notablemente. Napoleón Bonaparte perdió su predominio y Fernando VII retornó al trono español. Paralelos a los hechos de Europa, se producían las campañas de independencia en varias regiones de América, las cuales desconocían el poder que pudiera tener la monarquía española sobre que habían colonias ultramarinas de España.

Hasta 1821 Santo Domingo había estado fuera de riesgo de otra invasión de su vecino al occidente. El peligro había desaparecido a causa de las guerras civiles que estallaron en Haití cuando Dessalines fue depuesto y asesinado en 1806 mediante un golpe de estado. Como resultado, Haití se dividió en dos territorios rivales: uno lo constituyó el Reino de Christophe y el otro de la República comandada por Petión. La muerte de Petión en 1818 convirtió a Jean-Pierre Boyer en el sucesor republicano; la muerte de Christophe (1820) lo colocó frente de un Haití nuevamente unificado. Ahora al lado oriental, la noticia y rumores sobre su posible invasión francesa le llevaron a establecer una política de dos puntos. Uno fue prepararse militarmente para repelar cualquiera agresión. El otro fue crear un ambiente de opinión en Santo Domingo, para lograr la incorporación de su territorio o unificarlo a Haití. El presidente haitiano empleó diversos medios para llevar a cabo la unificación.

Por la muerte de Sánchez Ramírez en 1811 ocuparon el gobierno interinamente el Capitán Manuel Carvajal, veterano de la Guerra de Reconquista, por un lado. Por otro, José Núñez de Cáceres, quien de teniente gobernador, auditor de guerra y asesor general de la colonia, pasó a ser el primer Gobernador del Estado que se definió con el nombre de Haití Español. Para los finales de 1821 la situación de Santo Domingo estaba bastante agitada. Desde su posición de funcionario importante de la colonia, Nuñez de Cáceres hacía planes para conseguir las condiciones necesarias para la liberación de Santo Domingo. Por consiguiente, tres fuerzas pugnaban por el momento: la pro-haitiana, entre los que se encontraban el Coronel Pablo Alí, jefe del 'Batallón de Morenos' (mulatos) y de origen haitiano; la colonial encabezada por el gobernador que asumía el mando español; y el pro-colombia, representado por Núñez de Cáceres y otros colonos más.

El Haití-Español

Conjuntamente con Pablo Alí y sus tropas de mulatos, Núñez de Cáceres dirigió un golpe de gobierno que depuso al representante español en la colonia (el 1º de diciembre de 1821), y se anunciaba el cambio político de Santo Domingo. La independencia llevada a cabo por la campaña agresiva que encabezó Núñez de Cáceres fue la consecuencia de las frustraciones experimentadas por algunos colonos frente a la inutilidad de "La Boba España." También fue el resultado de las ideas liberales que habían penetrado a Santo Domingo y del asombroso modelo que constituía la independencia del territorio fronterizo de Haití. Representa esta independencia el fin del dominio español y la búsqueda de un orden républicano. El Haití-Español nació con una Declaración de Independencia redactada por Núñez de Cáceres.

Entre tanto, el movimiento popular por la independencia se desarrolló extraordinariamente en las regiones occidentales de la colonia por la razón obvia de que gozaba del apoyo de la República de Haití y de los corsarios sudamericanos. [6] Basta destacar el punto histórico que varios movimientos en las zonas fronterizas tuvieron un contenido popular y hasta cierto punto revolucionario; expresaron el grado más alto de desarrollo en esos momentos de la conciencia nacional. A la larga estos movimientos condujeron a la idea de la incorporación de la parte española de Haití. Iniciándose en la frontera Norte y extendiéndose por el Sur hasta Azua y por el Cibao hasta Cotuí, los movimientos de incorporación del país con su vecino occidental tuvieron la participación de personas de todas las clases sociales. Aparentemente el movimiento en general estuvo dirigido por elementos de la pequeña burguesía, pero también tomaron parte destacada en él prominentes miembros de la clase dominante de los hateros.

Era muy obvio que para los sectores explotados de la población, la incorporación a Haití podía representar un incentivo. Así se pensaba desde el momento en que se esperase la aplicación de la política social haitiana a la parte española. De tal forma se aboliría la esclavitud y se procedería a la repartición de tierras ente las capas bajas de la población. Pues, había que abolir las cargas feudales de rentas, censos y capellanías que sufría gran parte del campesinado: tanto los libertos como los esclavos. Otros aspectos favorables para el régimen haitiano entre las masas era la liquidación del exclusivismo racial en beneficios de la minoría de blancos, la participación en un Estado Soberano y una organización política democrática.

Con todo esto, la Declaración de Independencia entrañó en sí misma una serie de inconsistencias o debilidades que comenzó por la denominación que se adoptó como Estado ('El Haití Español') y por el protectorado que buscaba (la Gran Colombia). Además, no fue una independencia universal. Es decir, no fue una independencia dirigida a toda la población de la colonia en el sentido de que excluía al sector de los esclavos. Finalmente, el régimen que buscó instaurar, al no contar con la fuerza y el apoyo suficiente, hizo posible que el régimen de Haití aproveche la oportunidad para llevar a efecto el plan de incorporación. Dicho plan comenzó a hacerse visible el mismo día que se instalaba el gobierno de Núñez de Cáceres. El mismo Núñez de Cáceres recibió del presidente haitiano Jean-Pierre Boyer una comunicación expresando los planes de "hacer la visita a toda la parte del Este con fuerzas imponentes, no como conquistador (. . .) sino como pacificador y conciliador. . . ".[7] El presidente haitiano proclamó la República de Haití en la ciudad de Santo Domingo desmantelando por sí mismo el llamado Estado Independiente de Haití Español, con apenas unas cinco semanas de existencia. Fue así que el primer movimiento de independencia dominicana se convirtió en una historia efímera y se llevó a la dominación, ocupación y unificación de los haitianos en el territorio de habla española al oriente.

La Ocupación Haitiana: 1822-1844

El período de La España Boba, entre muchas otras cosas, logró en producir un espíritu de conciencia nacional y a la vez inspirar el desarrollo de una agresiva clase mercantil. Este sector dinámico planteaba nuevas teorías económicas bastante progresivas. Sin embargo, la sociedad de los hateros había fracasado y en el país no había ninguna clase social que pudiera sustituir a los hateros. Les faltaba un sector de propósito singular efectivamente capacitado para servir como la vanguardia nacional de resistencia contra la amenaza siempre presente de invasión extranjera. Así, Núñez de Cáceres actuó con un grupito de amigos en un vacío social. Sin ignorar las anteriores acciones heroicas de Sánchez Ramírez y sus guerrillas hateras en las luchas de Reconquista, todavía existía una notable falta de cohesión comunal tanto como una falta de liderazgo sociopolítico.

Lo resultante fue una profunda debilidad en la sociedad dominicana al momento preciso de la nueva invasión haitiana de 1822.[8] Esta circunstancia era un defecto firmemente debilitador que tendría imborrables consecuencias sociosicológicas para el futuro pueblo soberano de dominicanos por muchos años más allá de aquella fecha histórica. [9] La ocupación de Santo Domingo por una parte de los haitianos obedecía a una combinación de conflictos de orden político y social dentro de Haití y a la debilidad sociopolítica del pueblo dominicano.[10] Al tomar posesión de Santo Domingo, la primera medida del presidente haitiano, Jean Pierre Boyer, fue abolir la esclavitud, con lo cual quedó liquidada la oligarquía esclavista patriarcal del país. La ocupación de Boyer correspondió a la tercera invasión que procedía del vecino occidental. La misma se produjo sin ningún derramamiento de sangre, y fue aceptada pasivamente por la población que se definía como dominicana.

Claro está, según algunos historiadores esta aceptación se debió quizás al terror que habían infundido las invasiones haitianas anteriores, y al mismo tiempo a la superioridad del Ejército haitiano de Boyer.[11] La pasividad puso de manifiesto la debilidad general de los dominicanos en todos los aspectos: económico, político e ideológico. Jean Price-Mars explica este hecho señalando lo siguiente:

> A la vez empobrecido el comercio, muerta la industria
> y aniquilada la riquezaa pública, habría sido necesario
> de mucha abnegación y patriotismo de parte de la masa
> común del pueblo, para que atendiendo a la vez del deber,
> respondiera a su llamamiento en el sentido de sostener
> el orden de cosas creado...[12]

Con muchas de las medidas políticas el nuevo régimen en la zona oriental buscó el establecimiento de un Estado unificado y de una sociedad integrada. Por ejemplo, concomitantemente a la abolición de la esclavitud, se determinaron repartos de Tierras a los ex-esclavos y a aquellos que carecieran de ellas entre las tierras del dominio del Estado. Igualmente, Boyer procedió a la confiscación de las Tierras y otras propiedades de la iglesia, así como de los ausentes que no regresaran en determinados plazos. Las medidas de Boyer no fueron extremadamente revolucionarias en la parte española en la medida en que gran parte de la población tenía acceso a la tierra. Pero sí fueron suficientemente revolucionarias en que implicaban la plena propiedad del campesino y la errudición de los lazos de dependencia personal y económica frente a la clase dominante de parte de los esclavos, los libertos y los campesinos en general. Boyer se interesó en realizar cuanto antes la unificación de la Isla y hacer de todos sus pobladores "verdaderos haitianos, fueran éstos blancos o libertos, negros o mulatos."[13]

Las Consecuencias del Predominio Haitiano

Son numerosas y muy controversiales las opiniones que dan varios historiadores y comentaristas dominicanos acerca de lo que representó el predominio haitiano para la sociedad de Santo Domingo. En la República Dominicana de hoy no tienen los dominicanos ninguna idea de cómo se vivió en el gobierno de Boyer. La verdad es que no se publicaban periódicos o revistas en aquél entonces, y porque los historiadores dominicanos, casi todos sometidos al clima de pasión que ha prevalecido en todo lo que se refiere a la ocupación haitiana, no se han ocupado a ir a Port-au-Prince a buscar información sobre esos años. De esta parte muy controversial de la historia nacional, los dominicanos contemporáneos muestran una actitud que se asemeja a los grandes complejos de culpabilidad: no quieren recordarla.

De los pocos datos que se conoce se deduce que en el país tuvieron algunos años de cierta animación económica, cosa que se vio en el período de La España Boba. Con todo esto se ha de suponer que hubo cierto nivel de prosperidad y que esa prosperidad formó un ambiente favorable al nacimiento de una pequeña burguesía lo suficientemente numerosa para sentirse capaz de tomar la dirección política del país.En cuanto a las controversias de la ocupación haitiana, han sido vastas diferencias de opiniones.

Mientras autores como Manuel Peña Batlle juzgan de "opresora y ennegrecedora" a la dominación, señalando que originó un "serio retraso para el país a lo largo de un siglo,"[14] otros autores como Luciano Franco opinan que la ocupación produjo "un gran avance tanto en lo político como en lo social."[15] De todas maneras, la estimación o desestimación de lo que representó el predominio haitiano es una valoración que se hace a propósito del hecho mismo, que durante los 22 años produce un gran número de consecuencias e interpretaciones. El deterioro del poder económico y político en Haití, así como el reflejo de las crisis económica en la parte oriental trajeron por resultado una oposición bien organizada. Por un lado fue el reactivamiento de los propósitos de los hateros; sentían el peso de la amenaza del Estado haitiano capaz de llevar a cabo en cualquier momento las reformas socio-económicas que conllevasen a la destrucción del poder social de esta clase.

Además esta oposición hatera pesaba el elemento superestructural del hispanismo y del racismo.[16] Por otro lado la oposición tenía por finalidad no a la proclamación de un Estado independiente, sino el regreso al dominio colonial de España. Para el señalado año de 1842 la caída de Boyer era inevitable, como también la desintegración de un territorio republicano unificado a pesar de las notables diferencias que se daban entre las dos zonas de la Isla.

NOTAS

Capítulo XII

1. Cassá, 153.

2. Tolentino Dipp, 196.

3. Moya Pons, 205.

4. Ibid, 203.

5. Un evento que turbó bastante la armonía entre franceses y dominicanos fue la invasión de España por Napoleón a principios de1808. Napoleón aprovechó la crisis política que sacudía a la monarquía española, y como quería neutralizar las negociaciones que realizaba Portugal con Inglaterra, invadió la península provocando movimientos civiles de rebeldía por toda España.

6. Cassá, 168-169.

7. Mensaje de Boyer a Núñez de Cáceres, referido por Casimiro de Moya, *Bosquejo Histórico del Descubrimiento y Conquista de la Isla de Santo Domingo, vol. II* (Barcelona: Gráficas Manuel Pareja, 1976), 94.

8. El propio Boyer, con dos columnas de un ejército formado por 13.000 ex-esclavos y descendientes de ésos, ahora llamado haitianos, llegó el 9 de febrero de 1822 a la ciudad y puerto de Santo Domingo. En la puerta del Conde esperaron las autoridades criollas a Boyer, quién recibió los honores de Presidente y la llave de la ciudad como símbolo de entrega a la nueva dominación.

9. Inmediatamente al proclamar la independencia haitiana (1804), los dirigentes haitianos se cautelaban de ejecutar planes para intervenir en otras colonias esclavistas de la región antillana. Después del ejemplo anterior de Toussaint, estos líderes revolucionarios no querían provocar ningun embargo marítimo ni tampoco una invasión de los poderes esclavistas de la región. Fue una excepción Dessalines cuando éste intentó una anexión en 1805 de su vecino de oriente. Sin embargo se cumplió por el año 1822.

10. Era necesario repartir tierras entre oficiales y soldados del ejército haitiano, una promesa hecha sino cumplida del difunto Christophe y probablemente también entre el ejército de Boyer. En Haití no había tierras para esos repartos y en Santo Domingo sobraban. Fue, pues, el régimen hatero de propiedad de las tierras en el que abundaban los latifundios hateros y las grandes extensiones sin utilización, y hasta sin dueños, los que determinó que Boyer invadiera.

11. Peguero y de los Santos, 158.

12. Jean Price-Mars, *La República de Haití y la República Dominicana*. (Port-au-Prince: Colección del tercer Cincuentenario de Haití, 1953), 175.

13. Moya Pons, 226.

14. Manuel A. Peña Batlle, *La República Dominicana, tomo I*. (Ciudad Trujillo: Editora del Caribe, 1957), 269, cito en Juan Bosch, *Composición social dominicana*, 227.

15. José Luciano Franco, *Revoluciones y conflictos internacionales en el Caribe, 1789-1854*. 3rd edición (La Habana, Editorial de Ciencias, 1989), 246.

16. Los hateros estaban afectivamente ligados a la dominación colonial española. Creían que sólo mediante el régimen colonial podían garantizarse sus prerrogativas de clase y además estimaban a la nación haitiana inferior por motivos claramente raciales.

Capítulo XIII

LA CAMPAÑA DE INDEPENDENCIA

La Fundación de La Trinitaria

La oposición al predominio haitiano y al régimen de Boyer se agudizó más intensiva y radical de lo que se anticipaba. Boyer, antes que nada, estaba determinado en llevar a cabo una verdadera unificación de la isla, sin tomar en cuenta las diferencias que existían entre el pueblo dominicano y el haitiano. Sin embargo, esas diferencias constituyeron un gran inconveniente, no sólo para la unificación que en lo político fue tarea fácil, sino también para la integración sociocultural. Estas diferencias originaron problemas que empezaron a plantearse desde el inicio mismo del dominio vecino. Lo que muchos individuos consideraban cada vez más abusivo e insoportable a las reformas de Boyer, el régimen lo consideraba progresivo y necesario para que se hiciera una restructuración significante en la nueva sociedad planeada. Había una oposición pequeña-burguesa, por ejemplo, que era nacionalista en el sentido de que se proponía la creación de un Estado Nacional.

Además, este pequeño-burgués era liberal. En mayor parte, pretendía esta oposición querer construir un estado basado en la democracia liberal existente en los países capitalistas avanzados de la época. La propaganda subversia contra el régimen haitiano en el país comenzó a organizarse desde la década de 1830; se iba expresándose en importantes hechos. Primero, existía la propagación del movimiento de la Reforma Haitiana entre dominicanos y haitianos residentes en Santo Domingo y otros pueblos como San Cristóbal, Baní y Azua. El otro hecho contó con la presencia en el país de un joven liberal pequeño-burgués dominicano, **Juan Pablo Duarte**. El joven intelectual había regresado a la Isla después de sus estudios universitarios en Europa. Allí el joven Duarte asimiló no sólo las ideas liberales que producían enfrentamientos en numerosos países europeos, sino los métodos revolucionarios y clandestinos empleados por varias sociedades secretas en Francia, España, Italia e Inglaterra.

Se reunieron Duarte y un grupito de sus jóvenes amigos liberales el 16 de julio de 1838 para fundar una sociedad secreta con el propósito singular de organizar la resistencia dominicana y separar la parte Oriental de la República de Haití. Tomó el nombre de 'La Trinitaria,' que con el lema de "*Dios, Patria, Libertad, República Dominicana*", atrajo a un buen número de jóvenes bajo el liderazgo del ideólogo Duarte.[1] Este movimiento, aunque se extendió en general por las principales localidades del país, tuvo siempre por

131

centro organizado a la ciudad de Santo Domingo. Por razones sociales y culturales el grupo no llegó a tener una influencia determinante hasta que desde el lado haitiano no se presentó la perspectiva real para la población de la independencia dominicana. En la parte occidental los haitianos continuaban librando su vieja campaña parlamentaria y política para obligar a Boyer a liberalizar el régimen y a mejorar las condiciones de la economía haitiana. La impopularidad de Boyer llegó a tal punto que por los años de 1840 entre sus más importantes funcionarios civiles y militares, no aparecía una sola persona dispuesta a denunciarlo. En el 1840 los Trinitarios aprobaron fomentar más abiertamente la causa independizadora entre la comunidad de Santo Domingo. En 1843 se movilizaban las fuerzas militares bajo el mandato de **Ramón Matías Mella**, otro muy prominente trinitario y partidario activo de la independencia nacional absoluta, en la conspiración contra Boyer.

Se Acaba El Predominio Haitiano

Después de algunos combates importantes en la zona sur de Haití a inicios de 1843, la oposición aplastó toda la resistencia de las fuerzas del régimen de Boyer. Se estableció en Port-au-Prince un gobierno provisional bajo la dirección del jefe militar Charles Hérald. El nuevo gobierno representaba a los diversos sectores que se opusieron en los últimos tiempos al régimen de Boyer. Las fuerzas enemigas del nuevo régimen eran muy poderosas, las principales de las cuales residían en la oposición del grupo de raza africana de la clase dominante haitiana al predominio del grupo de los mulatos.[2] El derrocamiento de Boyer ocurriría precisamente en los momentos en que en la parte oriental, había varios grupos que se hicieron partidarios de una posición separatista. Junto con un espíritu generalizado en favor de la separación con el apoyo de alguna potencia extranjera. Un grupo en particular, el Grupo español, pidió al gobierno español que enviara tropas para desalojar a los haitianos de la parte del Este y ofrecieran sus servicios para ayudar a realizar con éxito esta empresa.

En ninguno de los casos el gobierno español se mostró interesado. La movilidad de los separatistas y en especial la de los Trinitarios le fue denunciada a Herard, quien decidió supervisar la zona dominicana. Se creó un ambiente de tensiones, de denuncias y de sospechas. La posición de los separatistas provocó serios debates entre dominicanos y haitianos. Una vez instalado en Santo Domingo, Herald constató con más certeza el sentimiento y rebeldía antihaitianos. En Santiago se inició la persecución de los separatista con el arresto de numerosos patriotas. Después continuó en Macorís y Cotuí donde Ramón Mella fue puesto prisionero. A consecuencia de la nueva situación varios otros de los principales líderes trinitarios tuvieron que abandonar el país, entre ellos Juan Pablo Duarte. En medio de estas circunstancias, los Trinitarios se vieron desorganizados. Sin embargo, pudieron recuperarse al quedar su movimiento de independencia bajo el liderazgo del abogado **Francisco del Rosario Sánchez**.

La reorganización de los Trinitarios ahora encabezada por Sánchez y su convergencia con diversos sectores conservadores se plasmaron en el manifiesto de enero de 1844 en el cual se llamaba a la proclamación de un Estado Soberano. Mientras un grupo entre los separatistas, el sector de los afrancesados (principalmente en Azua) justificaban la necesidad de separarse de Haití pero acogerse a la protección de Francia, los Trinitarios procedieron con el manifiesto que hicieron circular profusamente, estableciendo "el deber de los pueblos de sacudir el yugo...que había engendrado la ocupación haitiana."[3] La noche del 26 al 27 de febrero de 1844 se produjo el movimiento que llevó al control militar de la ciudad de Santo Domingo por parte de coalición de los Trinitarios y los conservadores.

La única resistencia significativa que se tuvo que afrontar fue de parte del batallón de negros, integrado mayoritariamente por antiguos esclavos que temían que el final del gobierno haitiano en la zona oriental significara el retorno al régimen de la esclavitud. Mensajes directamente del liderazgo trinitario lograron convencer a los negros que la esclavitud no sería restablecida.[4] Con el 27 de febrero de 1844 se abre un nueva etapa política de la evolución dominicana. La misma no sólo constituía el fin del predominio haitiano, sino el nacimiento de La República Dominicana. Sin duda es ésta la única nación que se enorgullece en honrar no sólamente uno, sino Tres Padres de la Patria: Juan Pablo Duarte, Franciso del Rosario Sánchez y Matías Ramón Mella, cada uno jugando un papel prominente en ésta máxima proclamación del 27 de febrero.

Viene El Caos

Se denomina Primera República al período que abarca desde la proclamación de independencia de 1844 hasta la pérdida de la soberanía nacional cuando se produce la anexión a España en 1861. La nueva República nació según los conceptos inspiradores de Duarte y los planes elaborados por sus seguidores trinitarios. Pero muy pronto a lo largo de la primera República el sistema político estuvo ampliamente caracterizado por el liderazgo del déspota anexionista Pedro Santana. El caos entonces se debía a las implicaciones particulares de Santana en materia de concepción del Estado y de los intereses de clase que en él se manejaban. Santana fue "una necesidad imperiosa para los intereses de los grupos dominantes que, a través de su personalidad, impusiera las característica específicas de las formas de dominación política."[5] Con el predominio político de Santana y su elección como primer presidente constitucional aparece el fenómeno del caudillo dominicano.[6] El caos surgió por todos lados: por las deficiencias políticas, por la pérdida de la constitucionalidad del Estado frente a las fuerzas y las prisiones militares que operaron como golpista, por el arraigo del caudillismo. Todo en conjunto engendró el mayor de los problemas que hasta entonces había enfrentado un gobierno dominicano: la guerra civil, conocida como la Revolución de Julio de 1857, que produjo el retorno de más caos.

Otra consecuencia de importantes implicaciones fue el planteamiento definitivo de la anexión. Con el predominio de los haitianos, el anexionismo se fortaleció cuando numerosos habitantes de la zona española se habituaban a algunos mecanismos de la ocupación. También se manifestó a través del movimiento separatista cuando varios grupos no confiaban en la separación desligada del nexo de Inglaterra, Francia y España. Una vez consumada la independencia, uno de los primeros síntomas fue la búsqueda del protectorado. Casi todos los gobernantes durante la Primera República buscaron o la anexión o el protectorado. Pedro Santana fue le primer presidente dominicano que campeonó la anexión. En marzo de 1861 Santana consumó la entrega, proclamando que: "La España nos protégé, su pabellón nos cubre, sus armas impondrán a los extraños, reconoce nuestras libertades; y juntos las defenderemos, formando un sólo pueblo, una sola familia, como siempre lo fuimos... ."[7] El hecho consumado de la anexión constituyó una acción histórica regresionista. En primer término, la acción de Santana destruyó el Estado independiente dominicano; y en segundo término provocó la vuelta del antiguo colonialismo español.

La Anexión y Restauración

Ya por los años de 1860 varios aventureros y mercenarios calculadores inventaban sus propios proyectos de anexión, especialmente en los momentos en que se rumoreaba el expansionismo norteamericano en la región del Caribe. No fue secreto ninguno que los Estados Unidos deseaban apoderarse de la República Dominicana para, desde la península de Samaná y Santo Domingo, ejercer su influencia allí. Como ejemplo clásico hay que señalar el caso del notorio William Walker y sus hazañas infames en Nicaragua.[8] Tan pronto se proclamó la anexión, explotaron los manifiestos masivos de oposición. Intentaron algunos sectores de la población sumamente incómoda: al tener como vecino ahora a una potencia esclavista como España cuyos demás territorios antillanos presentaban un ambiente hostil a la soberanía haitiana. Fue en virtud de esta circunstancia que los dominicanos recibieron el apoyo paradógico de sus vecinos haitianos en la lucha contra la anexión. Cuando el 16 de agosto de 1863 un grupo de catorce dominicanos, bajo el mando de Santiago Rodríguez, cruzó la frontera y en el Cerro de Capotillo enarboló la bandera dominicana, ellos señalaron el comienzo de la Guerra de la Restauración de la República (1863-65). A lo largo del Cibao uno tras otro los pueblos proclamaban su apoyo y lealtad a la campaña restauradora.

La batalla que siguió fue violenta y sangrienta; la ciudad cibaeña principal, Santiago, sufrió un enorme incendio que destruyó la mayor parte de la ciudad. Fue una guerra de casi dos años que "le costó a España más de 10.000 vidas y unos 33 millones de pesos, y a los dominicanos centenares de almas y la ruina de su economía."[9] Todo el país se había levantado en armas contra la anexión. Esta Guerra de Restauración, que comenzó como una rebelión de campesinos, muy pronto se convirtió en una plena guerra de razas, por el temor genuino de los afrodominicanos (que eran la mayoría) a ser convertidos nuevamente en esclavos. De ahí pasó a ser una verdadera guerra popular que puso en movimiento todas las energías de la nueva nación para restaurar su soberanía. El día 10 de julio de 1865 los españoles comenzaron a embarcarse de regreso a sus colonias en el Caribe, Cuba y Puerto Rico, unos pocos días después, los últimos militares salieron para España; la guerra había terminado. El personaje gigantesco que surgió como líder máximo durante el período de la Restauración fue el mulato Gregorio Luperón del Cibao. Por su talento político e inteligencia, su ideología nacionalista y su indudable valor militar, Luperón unos pocos años más tarde se dispondría a reorganizar el país conforme a los principios liberales.

NOTAS

Capítulo XIII

1. La organización logró reunir la mayor parte de la juventud burguesa de la ciudad de Santo Domingo cuyas familias habían sido lesionadas en una o en otra forma por las diversas disposiciones legales o militares del régimen de Boyer. Existen muchos testimonios de que la Trinitaria tuvo gran impacto entre los jóvenes de Santo Domingo. Una fuente importante que debe ser consultada es José María Serra, "Apuntes para la Historia de los Trinitarios, Fundadores de La República Dominicana," *Boletín del Archivo General de la Nación* 32-33 (enero-abril, 1944): 49-89. La única monografía disponible hasta la fecha acerca de la dominación haitiana es Frank Moya Pons, *La Dominación Haitiana, 1822-1844* (Santiago, 1975).

2. Éstos se habían incluso fortalecidos con la caída de Boyer; también las aspiraciones autonomistas, o sea los partidarios del antiguo Rey Christophe en el Norte, se hicieron ahora más fuertes.

3. Peguero y de los Santos, 187.

4. Hay que señalar que este acto es otro indicio del predominio del grupo trinitario en esta etapa del proceso, así como de la sedimentación de los procesos sociales estimulados por la ocupación haitiana.

5. Cassá, 277.

6. En toda la América Latina el caudillo es el hombre que desde lo regional se eleva nacionalmente cuando obtienen la dominación socio-política apoyado en cualquier medio, pero principalmente militarismo, violencia, carisma. Su actuación la justifica al poner a su servicio los mecanismos legales y administrativos, y suele ser considerado como indispensable en situaciones de emergencia o peligro nacional.

7. Pedro Santana, *Manifiesto a los dominicanos*. Citado por Gregorio Luperón, *Notas Autobiográficas y Apuntes Históricos, tomo I* (Santo Domingo: Editora de Santo Domingo, 1974), 50.

8. William Walker, un fanático ex-esclavista de Tennessee (EEUU), llegó a Nicaragua (1855) y tomó a la fuerza la ciudad de Granada. Se proclamó Jefe Supremo del Ejército nacional, y más tarde presidente del país. Toda la región de América Central anunció su adhesión a la campaña contra a Walker fue capturado y ejecutado por las fuerzas regionales.

9. Moya Pons, 352.

Capítulo XIV

LA INVASIÓN DEL COLOSO DEL NORTE

Hoy en día en La República Dominicana una de las cuestiones nacionales más discutidas y a la vez más controversiales es la de la ocupación militar norteamericana (1916-1924). De hecho que, como se mencionó anteriormente, la mayoría de los datos de referencia en inglés acerca de La República Dominicana casi exclusivamente se trata de varios aspectos bastantes aislados del país tales como las ocasiones de intervención militar norteamericana. Los dominicanos sí mismos, que sean ellos comentaristas y analistas serios de la historia o ciudadanos humildes jugando fervorosamente al dominó, todavía debaten con ardor los motivos tras la acción norteamericana de invadir su islita. A los 72 años de haberse proclamado la Independencia concebida por Duarte, y a los 51 años del triunfo de la Restauración, se produce la agresión militar e imperialista del Coloso del Norte a la soberanía dominicana. Dicha agresión ocasionó la ocupación del territorio nacional, precedida por una serie de manifestaciones intervencionistas.

La República Dominicana sin la extensión de su vecino occidental de Haití es de verdad un país pequeño. Con meramente 18.000 millas cuadradas, muy fácilmente Quisqueya puede caber dentro del territorio de los estados norteamericanos de Nebraska o Kansas, con espacio aun de sobra. Se nota, por ejemplo, que hay más residentes en la región metropolitana de Philadelphia (PA), con algunos nueve millónes y medio de habitantes, que la población total de la Isla. Entonces lo que les interesa a los individuos por los motivos de la ocupación es responder a las siguientes preguntas: ¿Cuál fue la verdadera amenaza por parte de este chiquito país caribeño al colosal Estados Unidos para que justificara una intervención militar? Y una ocupación de los marinos estadounidenses que duró ocho años, ¿por qué?

El Expansionismo de Los EEUU

Con aún una ojeada precipitada echada al embrollo estadounidense en los asuntos internos de varios países latinoamericanos después de los hechos de Guerra Hispanoamericana de 1898 nos revela la evolución de una política intervencionista poco a poco agresiva. Por eso el caso de La República Dominicana en 1916 por cierto no era un incidente sin precedente en la totalidad de la trayectoria del Coloso del Norte. La presencia estadounidense en la Cuenca Caribeña de inmediato se hizo notable a la adquisición oficial norteamericana de los paraísos isleños tropicales de Cuba y Puerto Rico. Mediante la terminación de la muy breve pero amarga Guerra Hispanoamericana, la vencida Corona Española le rindió a los Estados Unidos no sólo los territorios caribeños, sino también las Islas Filipinas y Guam en el Océano Pacífico. La ascensión de los Estados Unidos a la órbita de la grandes naciones capitalistas se convirtió en una causa importante para que algunos de sus gobernantes no sólo formularan principios imperialistas que revitalizaron la Doctrina Monroe, sino que entraron en competencia y riñas con naciones y potencias europeas. Esos territorios adquiridos posteriormente se transformaron a dependencias coloniales de Washington, D.C. Así como el Coloso norteño penetraba aun más hondamente dentro de los asuntos internos de cada isla de las Antillas, lo que más fue percibido, por lo menos por Washington, que la ruta de intervención militar era necesaria para mantener el orden social y una determinada estabilidad.

El predominio al que tendió Estados Unidos con respecto a los otros territorios de América tuvo un carácter económico-político. Económico, porque la nación norteña buscaba el mercado donde invertir sus capitales y obtener las mayores ganancias. Político, porque a través del dominio directo e indirecto aseguraba tales mercados. En este sentido, surgió la política estadounidense fundamentada por el corolario Roosevelt de "hablar suavemente pero con un gran garrote," a lo que se añadió la "diplomacia del dólar," o sea la época en que la fuerzas armadas seguían a los inversionistas, enviados para proteger los intereses materiales en países donde la situación política podía acarrear trastornos y pérdidas. Era el caso de La República Dominicana, donde los intereses económicos de los inversionistas estadounidenses se habían acrecentado desde que se inició el proceso de la "modernización" de la República.[1]

Entonces, la invasión militar de los Estados Unidos y la acompañante ocupación de Quisqueya era simplemente un elemento vital del patrón. Se surgió éste muy rápido de la hegemonía expansionista en términos político-económico de los Estados Unidos en el Caribe y América Latina en general. Según los defensores preeminentes de un rol mucho más amplio del capitalismo norteamericano durante la época siguiente a la Guerra Hispanoamericana, se consideraba la estabilidad económica el singular principio básico sobre lo cual una totalmente moderna nación sofisticada podría ser construída con éxito. A lo largo de la región, los Estados Unidos de manera muy rápida había ido colocándose como amo y mentor en términos del modelo ideal para lograr "la madurez política y económica." La intervención directa de los Estados Unidos así era inevitable una vez que los políticos en Washington se convencieran que sólamente por medio de dirigir ellos mismos los asuntos financieros de estos países podrían facilitar la restructuración doméstica y conducta política existente en el Caribe y la zona centroamericana. Esta conducta fue considerada "inmadura" por los norteamericanos.

Las Relaciones Interamericanas: Una Vergüenza

Al examinar las relaciones interamericanas desde una perspectiva histórica, se encontrará de inmediato y sin exagerar que tales relaciones han sido manchadas por grandes equivocaciones y mucha información errónea, constantes y renacientes antagonismos e hostilidades, sospechas peligrosas y recelos a lo largo de mucho tiempo. En gran medida y en forma muy vergonzosa, en cuanto a su trato histórico con los países del Caribe y América Latina, los Estados Unidos se propusieron un doble objetivo: (a)impedir la entrada al hemisferio de otros rivales económicos en la competición para mercados e inversiones, y (b) garantizar y asegurar la hegemonía político-económica estadounidense en la región. En su mayor parte pues, al relacionarse con los países regionales, los Estados Unidos ha sido motivado por este doble deseo de desarrollar sus intereses económicos y asegurar su seguridad nacional. Para lograr esto fue de suma importancia establecer su control político en el hemisferio. Desafortunadamente, muchas acciones del Coloso han tenido como resultado una serie de experiencias dañinas y humillantes para los países regionales. Al principio era cuestión simplemente de desarrollar inversiones financieras y comerciales, pero dentro de muy poco estos esfuerzos fueron obstaculos por severas limitaciones construídas por varias naciones agresivas con semejantes motivos.

Desde los principios del siglo XIX, cuando las colonias latinas empezaron a independizarse de España, los Estados Unidos ha considerado su relación con los países del Sur como algo muy especial. En 1823, después de reconocer la independencia de las nuevas naciones latinoamericanas, y en parte para evitar cualquier esfuerzo por parte de España o de sus aliados para reconquistarlas, el presidente norteamericano James Monroe pronunció los principios de lo que más tarde se llamaría "la Doctrina Monroe."[2] Este documento controversial, que ha influido profundamente en la política de no intervención de los gobiernos europeos en los países americanos. Mientras que algunos norteamericanos consideraron la Doctrina Monroe como un generoso intento de proteger a "sus hermanos del sur," muchos latinos la vieron desde otra perspectiva. Desde esa perspectiva latina, la doctrina parecía impedir que otros países intervinieran en los asuntos interiores latinoamericanos mientras dejaba campo abierto para acciones semejantes por parte de los Estados Unidos.

Es decir, aunque el gobierno estadounidense se opuso a los intentos franceses y españoles (y con menos consistencia, a los de los ingleses) de entrometerse política y económicamente en Latinoamérica, otras acciones muy semejantes por parte del gobierno y del comercio norteamericanos no se limitaron. Por ejemplo, no se llamó "intervención" a las acciones norteamericanas que provocaron una guerra entre los Estados Unidos y México en 1846, la cual terminó con la pérdida, por parte del gobierno mexicano, de la mitad de su territorio total.[3] Tampoco se consideró intervención la anexión de Puerto Rico en 1898, ni el control de Cuba entre 1901 y 1934.[4]

La Época del "Palo Grande"

El norteamericano que más se asocia con la política expansionista de los Estados Unidos a costa de la soberanía regional en el Caribe y América Latina es Theodore Roosevelt, el original "Domador de Caballos" [*Rough Rider*]. Bajo Roosevelt, el gobierno de los Estados Unidos empezó a patrocinar la idea que él solo tenía derecho absoluto a controlar las regiones del Caribe y Centroamérica; por medio de agresivas inversiones económicas o presiones políticas o militares se podría lograr esta hegemonía. En 1904 Roosevelt expuso su propia versión de la Doctrina Monroe, en la cual declaró que era "el deber de los Estados Unidos intervenir en los países latinoamericanos miserables para proteger y asegurar los intereses e inversiones económicas de las naciones civilizadas."[5] Esta política se conoció como "El Corolario Roosevelt" a la Doctrina Monroe y marcó el comienzo de un período de frecuentes y violentas intervenciones militares que se ha llamado *La Época del Palo Grande*.

Después de Roosevelt, los presidentes William Howard Taft y Woodrow Wilson continuaron la política de intervención en la región. Muy rápidamente el Mar Caribe se estaba convirtiendo en el "Mar Norteamericano." Taft se interesó mucho en la expansión de los intereses económicos de los Estados Unidos. Su interpretación del Corolario Roosevelt, que vio la conversión de la economía centroamericana en un verdadero monopolio de unas cuantas empresas norteamericanas, llegó a denominarse "La Diplomacia del Dólar." A diferencia de Roosevelt, que se interesó en el poder, y de Taft, que se preocupó de la promoción comercial, Wilson llegó a la presidencia con opiniones idealistas sobre cómo debían de ser los gobiernos de los países latinoamericanos. La República Dominicana, entre varios otros países, fue un ejemplo clásico de cómo iniciales inversiones capitalistas privadas en la región pusieron los norteamericanos en una posición para fácilmente monopolizar las economías nacionales de estos países endeudados.

Algunos norteamericanos reconocen ahora que el período entre 1895 y 1933 fue uno de los más vergonsozos de la evolución diplomática de los Estados Unidos. La política intervencionista de Roosevelt, Taft y Wilson (y, quizás con menos energía, la de Harding, Coolidge y Hoover) engendró, como se puede comprender, una imagen muy negativa de los Estados Unidos en la mente de muchos latinos y una amarga desconfianza en cuanto a los motivos del liderazgo estadounidense. Bajo una gran variedad de pretextos, las fuerzas militares estadounidenses intervinieron violentamente en América Latina: Panamá (1906-1914 y también en 1918-1920), Cuba (1898-1908 y de nuevo en 1917-1922), Nicaragua (1912-1925 y 1926-1933), México (1914 y 1918), Haití (1915-1934), y República Dominicana (1916-1924). En cuanto a los tiempos más recientes, se notan, además, los repetidos casos de intervención directa (Guatemala en 1954 y en

República Dominicana en 1965) e indirecta (en Chile en 1973 y en Nicaragua durante 1985-1986) que se han justificado principalmente por el temor al comunismo, o sea para asegurarse de los resultados deseados. La invasión militar de la islita antillana de Grenada en 1983 fue el primer uso de fuerza militar directa en la región desde la invasión citada de Quisqueya.

Finalmente, en cuanto a la relaciones interamericanas y al nacionalismo expansionista de los Estados Unidos, el primo de Theodore Roosevelt, Franklin, empezó una campaña fuerte para recuperar la confianza y la cooperación de la región al Sur. En 1933 Roosevelt anunció su política de "Buena Voluntad" y sus intenciones de mejorar las relaciones interamericanas. El nuevo presidente buscaba establecer un nuevo espíritu de cooperación y solidaridad entre las naciones del hemisferio. Aunque la expansión económica de los Estados Unidos en América Latina y el Caribe aumentó, y muchos se quejaron de que la aplicación del sistema capitalista de la libre empresa en la región agudizaría los problemas sociales allí, los esfuerzos de Roosevelt sí lograron disminuir la sospecha y desconfianza históricas que se había creado anteriormente.

La penetración imperialista impuso a los países una estructura socio-económica más dependiente todavía. Las bases de las nuevas relaciones fueron creadas por el capital extranjero mediante el dominio de la producción, el transporte y la comercialización de los artículos latinoamericanos. De esta manera se liquidó toda posibilidad de desarrollo propio. Con ello la economía de América Latina experimentó un crecimiento notable pero deforme, y se hizo más vulnerable a las crisis periódicas capitalistas. Todo lo anteriormente expuesto se puede señalar a lo que dió el carácter socio-económico y político a la cuestión de la ocupación norteamericana en Quisqueya.

La Llegada de Los Marinos Norteamericanos

La ocupación mílitar estadounidense de La República Dominicana se inició oficialmente el día 29 de noviembre de 1916. Proclamó el Capitán H.S. Knaap la creación de un Gobierno Militar norteamericano en el país, así derrumbándose la soberanía dominicana. El establecimiento del gobierno militar norteamericano tenía por finalidad modificar las modalidades de existencia del Estado dominicano. Se trataba de erradicar las prácticas que impedían la normalización definitiva de la vida del país. También la ocupación implementó por consecuencia las medidas políticas necesarias para posibilitar la expansión del poderío económico norteamericano en la Isla. Al mismo tiempo, la reforma en los mecanismos de existencia del Estado tenía por objeto garantizar a toda costa la continuidad indefinida de dicho esquema de dominación extranjera. Bajo el nuevo gobernador militar designado, la administración intervencionista intentó restructurar la sociedad dominicana en todo aspecto imaginable. Para robustecer el intervencionismo, por ejemplo, el gobierno militar utilizó una política demagógica y se emplearon métodos represivos para limitar la oposición: persecuciones, estado de sitio, censura a la opinión y a toda manifestación hostil. [6]

El Gobierno militar norteamericano tomó varias medidas para asegurar su control absoluto: prohibió a los dominicanos el porte de armas de fuego; se dispuso la censura a la prensa; declaró la extinción del Gobierno Dominicano, nombrando a varios oficiales de la marina norteamericana para desempeñar las distintas secretarías administrativas. Sin duda, el control se consiguió con el desarme forzoso de la población entera de la Isla. Surgió al instante una determinada y constante oposición que durante los ocho años de ocupación estadounidense mantuvieron muchos dominicanos.

Los Gavilleros

Dependiendo de los intereses sociales envueltos, era patente que la ocupación militar norteamericana suscitó dos tipos de oposición claramente delimitados. Por una parte, había una resistencia pacífica que asumieron grupos de ciudadanos como expresión de repudio: la generada entre la clase media urbana y sectores de la burguesía, por ejemplo, en torno a un nacionalismo tradicional. [7] Por otra parte, había una resistencia rural de origen mayoritariamente campesino en las zonas de expansión de la producción azucarera (en el Este del país), el movimiento se conocía con el nombre de "gavilleros."[8] Todavía, a pesar de que se ha avanzado ya mucho, hay varios puntos oscuros acerca del movimiento de los gavilleros. Indudablemente que fue producto de muchas influencias, tanto de carácter general como de tipo coyuntural, por parte de los efectos inmediatos de la ocupación militar.

En la región del Este, especialmente en la provincia de El Seibo, los campesinos hicieron frente a la ocupación norteamericana por medio de una guerra de guerrillas. Fue una campaña sangrienta que duró más de cuatro años y obligó al Gobierno Militar a mantener en operación sus tropas librando un tipo de guerra hasta entonces desconocido por los soldados norteamericanos. La magnitud de la resistencia y las campañas de activismo se vio en el hecho de que zonas muy amplias del Este del país por largos períodos quedaban bajo control virtual de los gavilleros. También hay que señalar que por primera vez en América Latina se usaron aviones para labores de apoyo a la lucha de infantería norteamericana contra un grupo de rebeldes nacionalistas. De acuerdo al historiador dominicano Cordero Michel, es probable que fuese en la campaña contra estos gavilleros la primera vez también que se usara la aviación en tareas de ametrallamiento y bombardeo aéreo. [9]

Ahora bien, independientemente de los orígenes oscuros, está bastante claro que los primeros alzamientos rurales del Este del país se produjeron en el momento preciso en que las tropas norteamericanas ocuparon el país. Sobre la composición del movimiento de gavilleros, lo característico era su heterogeneidad; el movimiento unía a personas con motivaciones quizás diferentes pero todos luchando contra un enemigo común. Se encontraban entre los números campesinos desposeídos, desempleados, obreros azucareros explotados y aún terratenientes pequeños, todos formando el elemento unificador en una intensiva campaña de resistencia a la presencia del predominio armado de extranjeros. Con mucha frecuencia, se notaba la animosidad surgiendo entre algunos sectores sociales de la zona del Este: las actitudes y acciones de los ocupantes militares en cuanto a su expresada superioridad racial frente a la población, la cual la mayoría era negra. El sentimieno anti-negro por parte de los militares provocó mucha tensión, así que los gavilleros fueron ofendidos por esta conducta inaceptable y abusiva.

Entre los líderes principales de las bandas de guerrilleros campesinos que luchaban contra la ocupación militar imperialista había muchos de renombre. Eustacio Bullito Reyes en la zona de San Pedro de Macorís se destacó. Pero el jefe más mencionado y reconocido por todo el movimiento fue el campesino Ramón Natera. Otros nombres legendarios de resistencia heroica son los de Martín Peguero, Vicentico, Chacha y Tolete, que hasta en estos días de hoy se oyen mencionar en la poesía y en canciones populares.

Las Consecuencias de La Ocupación Militar

Durante los ocho años de la presencia de los ocupantes norteamericanos se produjeron cambios sustanciales, aunque no definitivamente esenciales. La ocupación, según Juan Bosch, introdujo en el país cambios en la infraestructura que iban a tener más tarde influencia en el orden social. Como afirma Bosch:

> La contrucción de carreteras que comunicaron los puntos principales
> de la República iba a facilitar el control de toda la población por parte
> de los poderes públicos, lo que haría más fácil la cobranza de impuestos,
> la aplicación de las leyes, el mantenimiento del orden...
> y desde luego la distribución de la producción nacional e importada.[10]

Se puede considerar a la ocupación militar como un mecanismo histórico que condujo a la culminación de diversas tendencias que venían operando en la sociedad dominicana desde tiempos anteriores. La pequeña burguesía, por ejemplo, siguió actuando como antes, si bien en el campo político no pudo comportarse en la forma caótica a que estaba habituada. La ocupación duró ocho largos años llenos de amargura, odio y tensión. El gobierno militar extranjero tomó numerosas medidas de orden económico, social y político. Duró la ocupación un total de ocho años penosos, con las fuerzas ocupantes, sin haber aprendido muy poco de los dominicanos, su historia y cultura, ni tampoco nada de su psique. Entonces al fin de todo, ¿qué cumplió este diseño expedicionario de tan larga y costosa ocupación militar en suelo extranjero? Lo que puede ser cuestionable por parte de algunos analistas contemporáneos en cuanto al episodio histórico es la dimensión de modernización y crecimiento económico.

Por un lado, lo que no se puede discutir es la aplicación brutal de una política obsesiva para la estabilidad favorable a los intereses inversionistas norteamericanos en la Isla. Se garantizó tal estabilidad y orden social por medio de métodos represivos y violentos.

Como anota Bosch, cambios en la infraestructura resultaron en cierto crecimiento del sector comercial y cambios cuya influencia en el orden social serían evidente más tarde. Ahora el país estaba cruzado por tres carreteras que comunicaban la Capital con las tres regiones estratégicas del país. Ahora existían sistemas de contabilidad y de contraloría que hacían anticipar un sofisticado manejo de las rentas públicas. Programas de obras públicas, viviendas, escuelas, clínicas del Gobierno Militar se convirtieron ahora en un modelo para los gobiernos siguientes: gobernar casi vino a significar un sinónimo de construir.

Más tarde los regímenes de Trujillo y Balaguer después utilizarían al máximo tal estrategia para dominar el país. Ahora también la población estaba desarmada y no se preveía en un futuro próximo la posibilidad de nuevas rebeliones ya que la nueva reconstruída Policía Nacional parecía adecuadamente entrenada y preparada para hacer frente a cualquier intento de revolución. Por otro lado, en el campo sociosicológico, se puede afirmar que la ocupación militar extranjero dejó en la psique dominicana varias cicatrices imborrables. Una marcada americanización del idioma tuvo lugar durante aquellos años de ocupación norteamericana. Por primera vez, por ejemplo, aparecieron palabras inglesas transformadas al español local: "béisbol" es el ejemplo común a todos los estudios lingüísticos acerca de lo que ocurrió al lenguaje. También se difundieron entre los dominicanos varias formas de entretenimiento norteamericano: el juego de béisbol vino a sustituir a los gallos y al fútbol como los deportes nacionales. Con las élites urbanas la música norteamericana se convirtió en signo de buen gusto: los bailes locales como el merengue, la bachata y el bombolao ahora se consideran vulgares y asociados con las gentes (de descendencia africana) despreciadas.

Generalmente, como lo que resulta con mucha frecuencia en una sociedad por fuerzas extranjeras, todo lo autóctono en cuanto a la cultura se coloca en un estado de desprecio y rechazo. El 7 de julio de 1924 y después celebrarse las elecciones fueron proclamados los nuevos administradores del gobierno dominicano. Estaba ahora el país otra vez en manos de dominicanos que durante los últimos ocho años se vieron privado del ejercicio democrático del gobierno a la manera en que los ocupantes habían dicho que querían entrenarlos. Por tanto, las tropas de infantería estadounidense debían abandonar la Isla. El proceso de la desocupación también había provocado controversias. Después de mucha discusión, un plan de evacuación de las tropas y la administración norteamericanas se encontraron conciliatorio. Lo aceptaron todos los participantes dominicanos, ya que se habían recibidos amenazas de círculos políticos de los Estados Unidos en el sentido de que la no aceptación de dicho plan podía acarrear la prolongación indefinida de la ocupación militar.[11] De manera que a su salida, los ocupantes extranjeros dejaron el país en una situación mucho más precaria que antes. Pero por lo menos, había terminado la pesadilla de ocupación militar en La República Dominicana.

NOTAS

Capítulo XIV

1. Desde entonces los Estados Unidos no sólo monopolizó el comercio marítimo sino que regentó las principales plantaciones de caña de azúcar, café, cacao y otros productos. Además, poseía las principales empresas privadas del país. Bosch, 301.

2. En 1804 se proclamó la independencia de la colonia esclavista francesa, así estableciendo La República de Haití. Sin embargo, la nueva nación libre no recibió reconocimiento oficial diplomático de EEUU hasta 1861.

3. Este territorio se extendía de lo que es hoy Texas hasta California.

4. La Enmienda Platt de 1902 (nombrada por el Senador estadounidense Oliver H. Platt de Connecticut) puso severas limitaciones en las actividades oficiales de Cuba para asegurar un ambiente favorable en la isla para la inversión capitalista extranjera. Entre otras disposiciones, el gobierno cubano se limitó en su capacidad de efectuar tratados con otros países. Pero el aspecto más horrendo de la medida fue el de clasificar a Cuba como protectorado de EEUU. La abolición de la enmienda no vendría hasta 1934.

5. Mella, 34.

6. Cassá, 413.

7. Por ejemplo, los parroquianos abandonaban un sitio público cuando se presentaban grupos de marinos o las mujeres cerraban sus puertas frente a ellos, o utilizaban el recurso de colocar la bandera dominicana. Peguero y de los Santos, 310.

8. Existe una leyenda en El Seibo que dice así: el fenómeno de las guerras civiles había ocasionado la persistencia de ciertas bandas de merodeadores, que recibieron el nombre de gavilleros; estos delincuentes operan desde antes de la ocupación militar y gran parte de ellos se incorporaron al movimiento de resistencia contra los ocupantes norteamericanos. Igualmente, existen relatos de que algunos ingenios azucareros en la zona sostenían bandas de matones a sueldo cuyo fin era aterrorizar a los campesinos para obligarlos a vender a bajos precios las Tierras próximas a los campos de caña del ingenio, a fin de facilitar su expansión ulterior. Doña Teodosia Núñez de la Rosa del pueblo de la Higüera, provincia de El Seibo, R.D., una entrevista por el autor, 15 de junio de 1993.

9. Emilio Cordero Michel, *Análisis de la intevención norteamericana 1916-1924*, 5a. ed. (Santo Domingo: Editora Universitaria, 1987), 95.

10. Bosch, 368-69.11. Históricamente se denomina Plan Hughes-Peynado, desempeñado por el líder político dominicano y el Secretario de Estado (EEUU) Charles E. Hughes. Dicho plan tenía como puntos esenciales: a) El nombramiento de un Presidente Provisional y la celebración de elecciones generales; b) El reconocimiento de todas las disposiciones del gobierno militar; c) La permanencia de tropas estadounidenses hasta que se instalara el gobierno definitivo; d) La permanencia de una Policia Nacional encargada de mantener el orden en todo el país.

Capítulo XV

LA ERA DE TRUJILLO

Al terminar en 1924 la ocupación militar, la sociedad dominicana seguía siendo una sociedad en cuyo centro de autoridad se hallaba la pequeña burguesía, pero ahora aliada ésta al grupo influencial de latifundistas. Bosch, en sus estudios agudos de la composición social durante esta época, sospechaba que este núcleo de autoridad se concentró "unas quince o veinte familias en cada una de las doce provincias" que tenía entonces el país.[1] Así, quien lograra someter o conquistar a esas familias conquistaría el país entero. Esa sería la labor de Rafael Leónidas Trujillo, que en el momento de la desocupación de las tropas estadounidenses era un teniente coronel de la guardia constabularia organizada por el gobierno de la ocupación militar estadounidense.

Como se ha mencionado, al evacuar el país las tropas norteamericanas, la Policía Nacional ahora eran los responsables por mantener la paz y el orden social en la Isla. El nuevo comandante de estas fuerzas armadas fue Trujillo, quien muy pronto cambiaría de manera significante el nombre de la Policía Nacional al Ejército Nacional Dominicano. Trujillo había nacido en el ambiente de la mediana pequeña burguesía urbana. Su carrera militar (por medio de la guardia constabularia) le sirvió como camino de ascenso en la escala social, pero la casta de "primera" de abolengo del país nunca lo aceptaba. Hay que considerar muy cuidadosamente estos datos en cuanto a los motivos y ambiciones obsesivos de Trujillo. Es el caso que Trujillo fue el primer dominicano que llegó al poder dispuesto a usar el grupo del pequeño burgués para convertirse en un burgués auténtico. La clave, creen muchos observadores y analistas, para explicar su larga tiranía, la más larga que conoció el país y una de las más largas que ha producido América, está en el hecho de que con él llegaron al poder, por primera vez en la evolución cultural de la Isla, los apetitos y los métodos de la burguesía en su forma más cruda y violenta.

La Ascensión al Poder

En describir La Era de Trujillo, refiriéndose al período histórico cuando vivía el país bajo el puño de hierro bien apretado de Rafael Leónidas Trujillo, el Generalísimo, un comentarista contemporáneo de cuestiones socio-políticas lo afirma así:

> Para ser dominicano auténtico e integral es necesario conservar
> una memoria permanente e inmodificable de las vicisitudes y
> las declinaciones sufridas por la personalidad nacional
> en todos los sentidos, durante la Era de Trujillo.[2]

Son éstas las palabras del erudito Dr. José Francisco Peña Gómez, líder del Partido Revolucionario Dominicano (PRD). Ha sido Peña Gómez el polemista muy elocuente promoviendo de manera árdua el caso por la conmemoración. Es ahora generalmente una aceptada verdad de que La Era de Trujillo transformó la sociedad dominicana en un tipo de cámara de torturas sicológicas, tanto como de horror espiritual y físico. Según la polémica del Dr. Peña Gómez, las generaciones de hoy en La República Dominicana constantemente se están haciendo recordar de la locura del absolutismo singular y sadístico de la tiranía.

Antes que nada, Trujillo acudió a consolidar su poder político absoluto, y lo hizo mediante el desnudo terror. Para hacer una acumulación de capitales, había que proceder a monopolizar varios productos que el pueblo tuviera que consumir por necesidad o había que organizar algún tipo de monopolio de ambos tipos. El enriquecimiento exorbitante personal de Trujillo se inició desde los primeros momentos en que asumió el poder. Desde las casas de prostitución hasta la pintura para la casa, Trujillo se hizo la personificación de la acumulación de capital. Las industrias alimenticias, fábricas de camisas, de calzados, de ron, de fósforos, jabón, cigarrillos, sal y arroz, leche y cerveza: Trujillo llegó a tener control total. El proceso de acumulación de capitales "fue uno de los rasgos sociales de mayor importancia en el funcionamiento de la dictadura, así dándole una unidad indisoluble a la interacción del poder económico con el poder político absoluto."[3]

Desde un principio el régimen de Trujillo fue intento de rapiña. Los actos de violación y pillaje de la economía nacional comenzaron al momento de obtener un contracto exclusivo para dar servicio de lavandería al ejército dominicano a cuyos soldados se les descontaba mensualmente una parte de su salario para el lavado de la ropa. En los primeros años de su gobierno, Trujillo trabajó en el establecimiento rápido de la mayor cantidad de monopolios posibles para enriquecerse a sí mismo y a su familia entera. El banquito fue un tipo de institución de usura (de cambio de cheques del Gobierno), que manejaba su esposa María Martínez, por medio del cual los empleados públicos pagaban un porcentaje de sus sueldos para poder cobrar sus cheques por adelantado.
Como el dinero acumulado con estos primeros negocios, el General compró más tarde cantidades de acciones de varias empresas ya operando en la Isla, y terminó quitándoselas de sus propietarios. Con todo, se ha dicho que durante la Era de Trujillo, los dominicanos no podían ni alimentarse, dormir, calzarse o ponerse ropa sin que el General o algún familiar se beneficiara en una u otra forma.

No cabe duda, Trujillo era sumamente astuto en utilizar el poder político y mílitar para enriquecerse. El Gobierno fue para él un medio de engradecimiento personal y no un instrumento de servicio público, a pesar de los esfuerzos que hicieron sus seguidores por crear una ideología basada en una supuesta reconstrucción nacional inspirada en el más puro patriotismo. En términos económicos, el reinado dictatorial de Trujillo por 32 años en forma macabra duplicaba el modelo somozeano en Nicaragua, igual que el patrón duvaliano un poco más tarde en Haití. Las actividades económicas del General tuvieron por base tanto un proceso de acumulación originaria de capitales, como la reproducción normal de la acumulación capitalista. Es decir, en el fondo, la efectividad del proceso de acumulación, medida en relación a la sociedad pobre y pequeña en que se produjo, se debió a esta interacción entre las dos formas de acumulación. El crecimiento del imperio político-económico de Rafael Leonidas Trujillo alcanzó tal magnitud, que al final de su vida el General y su familia "controlaban cerca del 80 % de la producción industrial nacional; tenían ellos en sus manos más que la mitad de los bienes económicos de la nación; sus empresas (de la familia Trujillo) daban empleo al 45 % de la mano de obra en el país; hacía que un 60 % de las familias dominicanas dependieran de una manera u otra de su voluntad."[4]

El Padre de La Patria Nueva

En un momento histórico de plena ironía, precisamente un año antes del asesinato del Dictador, Trujillo había aumentado sus ataques contra la Iglesia. Esto se había provocado cuando la Iglesia se negó a otorgarle el muy deseado título de Benefactor de la Iglesia. Quería añadirlo a los ya recibidos de *El Jefe, Generalísimo, Benefactor de la Patria, Conductor de la Juventud, Líder de la Democracia, Padre de la Patria Nueva*, sólo unos pocos entre una cantidad de otros títulos posibles. Su obsesión sin límites lo llevó a buscar el control de todas las instituciones que había en la Isla en el momento de su llegada al Poder y, claro está, lo consiguió. En un acto singular de rendirse auto-homenaje, con todo atrevimiento cambió el nombre de la ciudad capitalista, que se denominaba Santo Domingo por siglos, a Ciudad Trujillo. El Jefe, casi al punto de sacralización, por sí solo se convirtió en una característica predominante que cubría toda su era.

La falta de una perfecta y clásica armonía del régimen Trujillista, dado el hecho de que no contaba con el apoyo organizado de la burguesía, determinó que sólo podrían afianzarse como proyecto histórico mediante el empleo crudo e indiscriminado del terror. Sólo con tal ejercicio violento se logró un equilibrio político, así imponiendo una nueva hegemonía sobre la economía y el Estado. Trujillo se comparaba y luego superaría a los factores tradicionales, incluso sumados entre sí. Esa es la razón, entonces, por la cual desde el principio el Trujillo tirano y el Trujillo capitalista fueron dos figuras íntimamente unidas en una sola persona. A lo largo de su tiranía, como puede señalarse, el régimen trujillista llevó a cabo el más grandioso plan de obras públicas y de construcciones jamás realizadas en la Isla hasta entonces.[5]

Es indudable, claro está, que en gran medida las obras públicas fueron parte importante del desarrollo de las fuerzas productivas. Así, contribuían a crear una infraestructura material favorable a la expansión de los intereses capitalistas de la élite burgués. Pero al mismo tiempo, en algunos casos, había proyectos favorables al crecimiento de la producción agrícola e industrial y a expandir el mercado interno. Hay que admitir los ejemplos de carácter suntuario: construcciones que eran vistas por la tiranía como necesidad ideológica para acrecentar su prestigio y su legitimidad con vistosas obras materiales. La famosa Feria de la Paz, de un costo superior a los 35 millones de dólares, o los gastos en equipos militares pueden servir de ejemplos clásicos durante la era trujillista.

Resucita La Ideología Antihaitiana

Pregunta: *" ¿Cómo se distingue a la vista un haitiano de un dominicano?"*
Respuesta: *" No se puede distinguirlos . . . para identificarlos hay que hacer la prueba de perejil."*

Esto es precisamente lo que sucedió durante el odioso masacre de los haitianos en los días iniciales de octubre de 1937, cuando los escuadrónes de la muerte de Trujillo se les dio órdenes directa de matar a los haitianos. Se consideraba la macabra y siniestra "Operación Perejil" el único mecanismo infalible para descubrir la autenticidad precisa de quién era o no un haitiano entre la población negra residente en la sociedad dominicana. El caso era especialmente crítico para aquellas personas de descendencia africana residentes por la frontera. Aquí, por tradición el término castiza se utiliza para identificar a aquéllos nacidos de una pareja transcultural haitiana-dominicana.[6]

Es muy necesario recordar que la exaltación del Jefe engendró definitivas reservas y conspiraciones en varios sectores poblacionales que no se avenían con el cada vez más consolidado autocratismo Trujillista. Para contrarrestar esta lógica reacción, el régimen fue desarrollando un sofisticado mecanismo para detectar, apresar y condenar a tortura o muerte a los señalados como culpables. De esta manera la violencia trujillista se fue ejerciendo de forma brutal y sangrienta. La campaña orquestada de genocida de los haitianos residentes ocurrida en 1937 debió ser relacionada a esos hechos tanto personales como político-históricos. La frontera haitiana-dominicana no era una línea que demarcaba límites, sino una zona imprecisa que permitía la penetración constante de vecinos haitianos hacia pueblos y zonas en territorio dominicano. Desde la Primera República, numerosos haitianos habían hecho esfuerzos realizados por gobernantes criollos junto a sus colegas haitianos para delimitar la frontera, y así solucionando problemas que con decidida constancia se suscitaban en la zona fronteriza. Se encontró una solución final mediante un programa de "Dominicanización de la Frontera," de lo cual vamos a hablar más tarde. No es ningún elemento mínimo el hecho de que en el plan mismo de Trujillo se mezclaron criterios personales bien cargados de un racismo desenmascarado.

Según su manera diabólica, Trujillo había concebido una estratagema: un soldado dominicano al sospechar la etnicidad de un individuo negro (supuestamente haitiano por el color de la piel del individuo) le presentara un ramito de perejil, preguntándole, "*¿Qué es ésto?*" De hecho que los haitianos residentes entremezclados con dominicanos, claro está, hablan muy bien el español; pero el problema lingüístico surge para cualquier haitiano (o de veras, para cualquier persona de habla francesa) al tratar de pronunciar a la manera auténtica española las letras / r / y / j / que en gran medida es una tarea casi imposible para individuos de habla francesa o kreyola. Así, entonces, el pronunciar de manera convincente la palabra "perejil" (al responder a la pregunta del inquisidor dominicano) automáticamente revela la etnicidad del individuo sospechoso.

A principios de octubre de 1937 el Jefe viajó al pueblo fronterizo donde pronunció un discurso del mal agüero acerca de la ocupación de los haitianos no sólo de las tierras fronterizas sino también a través del suelo dominicano:

> ¡Los haitianos! Su presencia a nuestro territorio no puede más
> que deteriorar las condiciones de vida de nuestros nacionales.
> Esa ocupación de los haitianos de las tierras fronterizas no debía
> continuar. Está ordenado que todos los haitianos que hubiera en
> el país fuesen exterminados. [7]

El resultado fue el sangriente masacre de haitianos, en cuyos números se hallaron muchos domínico-haitianos de piel negra, en todas partes del país; los que podían salvar la vida fueron aquellos que lograron cruzar la frontera o los que fueron protegidos por los ingenios azucareros norteamericanos que no querían perder su mano de obra. Después de mucha controversia en cuanto a un número determinado de víctimas, se han señalado cifras oficiales que van desde 30.000 a 40.000 haitianos y domínico-haitianos masacrados entre mujeres, hombres y niños.

Como señala el conocido humanista dominicano contemporáneo Silvio Torres-Saillant en un artículo periodístico de la Isla, "... los incidentes del 1937 no pueden descartarse como el producto de una aberración salida de la mente de un tirano desquiciado." ("Repudiar una masacre para ahuyentar otras," *Listín Diario* [Santo Domingo, R.D.], 28 de abril de 1994). Yo también opino con Torres-Saillant que el hecho fue el engendro de toda la sociedad dominicana, la que produjo al tirano y se aferró a la ideología trujillista por más de tres décadas después de la derrota formal de la dictadora. ¿Cómo se explica una masacre genocida en la que perdieron la vida millones de seres humanos sin que haya alguna medida de complicidad la poplación general?

La historia entera de la matanza de 1937 no corresponde a este trabajo y puede leerse en muchos otros libros de análisis; hay algunos de ellos que presentan éste o aquel aspecto de la masacre y para escribir este trabajo hemos consultado algunos. Ahora bien, lo que interesa desde la perspectiva de este estudio es dirigirnos a una investigación al carácter del Dictador Trujillo y responder a algunas preguntas acerca de una interpretación cultural de la sociedad dominicana. Con todo, dicha matanza de haitianos en el territorio dominicano, ya que era una presencia visible de esta población extranjera y con una amplia influencia en la zona fronteriza, probablemente simbolizaba por Trujillo una profunda afrenta personal de su poder omnímodo. Además, los ocupantes eran negros.

El racismo, pero más bien la fobia antihaitiana, un reflejo ideológico de la clase más dominante en la Isla, fue adoptado por el Generalísimo como doctrina oficial del Estado. Indudablemente fue este racismo también un móvil determinante en la ejecución del horrendo genocidio. Pocos años después, el padre de la Patria Nueva emprendería intentos migratorios en gran escala mediante la aceptación de refugios judíos y españoles para poblar especialmente zonas norteñas y también fronterizas del país. Estas olas migratorias en esa forma venían a ser la contrapartida blanca al intento violento de disminuir la importancia, tanto económica como política, de la raza africana dentro de la comunidad nacional dominicana.

El Proceso de Dominicanización

La matanza de los haitianos, antes de rotundas protestas y repulsas internacionales, motivó a que Trujillo pagara $750.000 como indemnización al gobierno de Haití. Los defensores y apologistas del régimen de terror Trujillista oficialmente se referían como "conflictos fronterizos."[8] Aunque todo el mundo sabía que aquello había sido un genocidio, los defensores del régimen lanzaron una fuerte campaña ante el mundo presentando el Padre de la Patria Nueva como el máximo defensor de la nacionalidad dominicana. Luego procedió a efectuar el gobierno un programa de Dominicanización de la frontera sobre la base de un vasto esquema de construcciones, además de llevar diferentes instituciones educativas a lo largo de la nueva línea de demarcación. El Benefactor sabía muy bien lo que hacía al patrocinar tan grande influjo de gente blanca en el país. La frontera entonces fue repoblada en muy pocos años con nuevas familias dominicanas de descendencia europea. ¿Había sido esto el método del Jefe de blanquear una nación que él personalmente sentía demasiado oscura en color? Muy temprano en 1937, el tono de la política inmigratoria se había establecido en un pronunciamiento de Trujillo mismo:

> Se precisa una gran cantidad de inmigrantes de la raza blanca. Los emigrantes deberán de ser españoles, italianos y también de orígen francés. Los de orígen caucásico deberán pagar seis pesos por el permiso de residencia; los que no sean de ese orígen deberán pagar quinientos pesos. [9]

La Caída de La Bestia

Aunque de ninguna manera sorprendente, el Generalísimo Trujillo logró ganar la aprobación y apoyo del gobierno estadounidense mediante varios canales de apaciguamiento y compromiso por parte de los dominicanos. A pesar de cualquier forma e intensidad de atrocidades de derechos humanos que se cometieron contra el pueblo dominicano o haitiano, mientras que Trujillo estabilizara el país y asegurara las inversiones capitales para los Estados Unidos, Washington, D.C. no le hizo caso; se hizo el sordo y ciego al feudo corrupto de Trujillo. "Es verdad que Trujillo es un hijo de la gran puta; pero es nuestro hijo de la gran puta." Así lo decía muchas veces el Presidente Franklin Roosevelt al caracterizar al tirano dominicano.

Entre los años de 1958-1960 la tiranía acoge a grandes dictadores derrocados por convulsiones políticas que demandaban cambios fundamentales. Trujillo era considerado el más poderoso de los dictadores que plagaban a América Latina bajo el amparo y patrocinio del Coloso del Norte: Juan Perón, Gerardo Machado, Fulgencio Batista, Marcos Pérez Jiménez y Rojas Pinilla muy pronto encontrarán su caída todos ellos. Políticamente, el régimen trujillista logró una continuidad firme a pesar de las numerosas conspiraciones que hubo y de las invasiones montadas por los exiliados dominicanos contra él. Se provocó una crisis internacional y sanciones económicas impuestas al régimen por la Organización de Estados Americanos (OEA) cuando Trujillo intentó asesinar al Presidente Rómulo Betancourt de Venezuela en 1960.

El contexto internacional tuvo sus efectos internos al extenderse a la Isla la crisis política reinante en la zona del Caribe. Comenzó a movilizarse un ambiente mediante una intensa campaña de oposición a la tiranía trujillista. El fracaso de una expedición de invasión, por ejemplo, sirvió para impactar en la conciencia política de las masas dominicanas.[10] Se desarrolló una amplia red clandestina opositora que recibió el nombre de Movimiento Clandestino 14 de Junio. La amplitud del movimiento significaba el paso activo a la lucha por parte de importantes contingentes de la pequeña burguesía urbana, sobre todo de sus sectores jóvenes. Esta oposición ahora bien organizada no dejó de incorporar importantes vínculos con grupos obreros de vanguardia. Ello demostró que ya el régimen trujillista estaba siendo cuestionado seriamente por los sectores socio-económicos muy amplios. El frente antitrujillista constituido en los últimos años de la dictadura tuvo sus raíces en la agudización de las contradiciones inherentes al proyecto trujillista, en la crisis económicas surgida en el país en 1958 al terminar definitivamente el auge de la post-guerra, y en el desencadenamiento del amplio movimiento democrático en la zona de las Antillas que tuvo por punto culminante la Revolución Cubana.

En en el fondo, el movimiento democrático antitrujillista, a pesar de su contenido social progresivo, no superaba los límites que imponía la contradicción burguesía-trujillato. Hacia 1960, las cárceles dominicanas estaban repletas y el asesinato público llegaba a su paroxismo con la muerte violenta de las Hermanas Mirabal. Las tres Hermanas Mirabal de la burguesía prominente del pueblo cibaeño de Salcedo llegaron a ser símbolo dramáticos de la lucha antitrujillista. Hasta hoy en día se oye hablar de la tragedia de Patria, Minerva y María Teresa, quienes se negaron a rendirse al terror del Jefe. El relato se presenta de manera conmovedora por la talentosa escritora contemporánea dominicana-americana Julia Alvarez en su exitosa novela *In The Times of the Butterflies* de 1995. Ya hastiado del escándalo y repulsión de su cliente, el gobierno estadounidense como principal patrocinador del régimen trujillista consideró oportuno eliminar al tirano y co-participó a través de la Agencia Central de Inteligencia (CIA) en una conspiración tramada con allegados a la dictadura. Así se posibilitó que el 30 de mayo de 1961 cayera bajo las balas el tirano.

Trujillo: el monstruo incommensurable. Trujillo: un dictador sangriento. Hay muchos individuos—el catedrático, el historiador, el chófer del público—que tratan de explicar a Trujillo mezclando palabrasególatras y patrióticas. Entre los muchos que tienen datos acerca del progreso material del país— todos mezclan la propaganda trujillista con una gran cantidad de falsificaciones y mentiras históricas. Pero especialmente culpables son los literatos (la lista es larguisima) cuya autojustificación por haber servido a Trujillo tratan de convencernos de que Trujillo fue un patriota enloquecido por el poder, pero están muy lejos de la verdad. La Era de Trujillo en realidad fue una larga pesadilla de torturas, asesinatos, represiones, horrores y lamentos . . . porque Trujillo fue una bestia. "No se puede estar al lado de una bestia sin uno ensordecerse de sus resoplidos, sin uno indignarse de la sangre que emana de sus fauces." (Eloy Alberto Tejera, *El día que Balaguer muera*, p. 111)

En La Sombra de Trujillo

Indudablemente, fue el período entre 1961-1966 uno de los más difíciles en toda la historia de la evolución socio-político del pueblo dominicano. Fue un momento de mucha reflexión seria, tanto como un momento de renacimiento espiritual por parte de todos los sectores de la sociedad en la Isla. La reflexión fue en términos de contemplar la trayectoria del porvenir de una comunidad que se había rendido a un estado casi paralizado a través de 30 años de abusos excesivos personales. Un solo hombre de incuestionable poder y terror, junto con sus familiares, había sido responsable por esta parálisis. El acto de renacer era en gran medida desde la perspectiva de una conversión socio-política dramática, y de volver a despertarse de la consciencia nacional reprimida anteriormente. Inmediatamente muerto el Benefactor de la Patria, se despertaron las energías sociales y políticas de la nación y se dio inicio a un intento proceso de democratización.

De pronto surgieron nuevas voces de las sombras: varios grupos y organizaciones que habían sido reprimido o exiliado por el régimen trujillista.[11] Se convirtieron en medios efectivos para ejercer presión popular contra los remanentes de la dictadura (la burocracia trujillista) y otros sectores que se mantenían fieles a la continuidad del trujillismo. Una gradual y armónica transición entre esquemas de poder no se pudo llevar a cabo por la agudización del combate social entre los campos más opuestos en la lucha para transformar la sociedad dominicana. Los rivales más eminentes fueron por un lado, Joaquín Balaguer, el último presidente nombrado personalmente por Trujillo, y por otro lado el escritor Juan Bosch, exiliado político recién regresado al país una vez muerto el Dictador.

En diciembre de 1962 se celebraron por primera vez en 40 años unas elecciones libres. Las ganó el candidato del Partido Revolucionario Dominicano (PRD) Juan Bosch, quien sustentaba una campaña sobre un programa de reformas sociales muy profundas. Central también a su programa fue la creación de una nueva Constitución. Las ideas generales de Bosch sobre el ejercicio del gobierno eran populistas, quizás radicales; resultaron muy avanzadas para muchos tradicionalistas en el país. Por esta razón en mayor parte lo consideraban comunista al nuevo presidente.

La Guerra de Abril

Por todo el país leales trujillistas y empresarios capitalistas norteamericanos, conjunto a un determinado sector de exiliados cubanos residentes en oposición fanática contra Fidel Castro y su nueva Cuba, atizaban el movimiento antiboschista para derrumbar el gobierno dominicano que había sido elegido libremente en las celebradas elecciones. Este sector extremadamente influyente consideraba que la ideología socialdemócrata y reformista del profesor Bosch era una amenaza genuína para sus intereses. En Septiembre de 1963, el gobierno de Bosch, aunque elegido con el apoyo de más del 70 % del electorado dominicano, fue derrocado después de solo siete meses en el liderazgo. Fue reemplazado por un Triunvirato compuesto por empresarios y abogados de empresas; estuvo conformado este Triunvirato por políticos derechistas e individuos ligados a la burguesía tradicional dominicana.

El Triunvirato tuvo el apoyo firme de los Estados Unidos, la Iglesia y de importantes sectores entre antiguos generales Trujillistas en las fuerzas armadas. Al ser el Triunvirato un régimen de elemento creado por un golpe militar, su impopularidad era extrema por parte del pueblo dominicano en general. Había un movimiento para luchar contra la ilegalidad del Triunvirato y movilizar sentimiento público en favor de un retorno a la constitucionalidad sin elecciones. "La caída del Triunvirato fue celebrada en las calles por la población, pero al mismo tiempo cuando los jefes militares constitucionalista distribuyeron armas a esa población civil. La Isla explotó brutalmente en plena Guerra Civil el 25 de abril de 1965. "Para prevenir el surgimiento de una segunda Cuba en América Latina," el Presidente de los Estados Unidos, Lyndon B. Johnson, ordenó la inmediata y rápida intervención de la marina estadounidense. Pisando tierra dominicana de nuevo, una fuerza de 42.000 soldados llegaron al país bajo el pretexto de salvar vidas estadounidenses y proteger los intereses norteamericanos en la Isla.

Las Consecuencias de La Guerra

Desde el punto de vista social, la Guerra Civil de 1965 fue la expresión en la forma superior de conflicto de clase, de la alianza de diversos sectores políticos y socioeconómicos sobre la base de un programa mínimo común. Dicho programa se sintetiza en la Constitución de 1963, por lo que no traspasaba los marcos del sistema capitalista. La magnitud del proceso revolucionario de abril y sus enormes consecuencias sobre la toma de conciencia política de la población dominicana determinaron ciertas cosas importantes. Lo más urgente fue que la salida "política instrumentada por el imperialismo tras la paralización y derrota del movimiento revolucionario fuese la articulación de un nuevo esquema político de dominación."[12] Las sangrientas batallas de la Guerra Civil terminaron luego de cuatro meses de intensas discusiones dirigidas por el representante estadounidense ante la Organización de Estados Americanos (OEA); de esas conversaciones salió un acuerdo para poner fin a la revuelta constitucionalista. Así, el retorno de Balaguer al poder fue fruto de la agudización del conflicto de clases que había culminado con la Guerra Civil de 1965.[13] El nuevo esquema político planteaba varios elementos esenciales, entre los cuales quizás lo más significante fue la hegemonía sociopolítica y económica directa del imperialismo estadounidense. En las anunciadas elecciones Balaguer ganó claramente con el apoyo de los oficiales militares trujillistas quienes patrocinaron una abierta campaña de terror e intimidación contra Bosch y sus seguidores. Fueron asesinados más de 350 activistas boschistas en los primeros cinco meses de 1966.[14] El candidato derrotado Bosch se tuvo que marchar al exilio.

La Política Balaguerista

La sombra de Trujillo echó a larga distancia y al mismo tiempo de manera muy dura. La violencia resultó en más violencia todavía. La amargura se prolongó y envenenó más la sociedad dominicana. De verdad no se había terminado la venenosa Guerra Civil. El país sufrió por varios años una realidad de terror y represión impuestos por los militares y políticos balagueristas. Estos grupos reprimieron a los partidos de oposición, y con la obvia autorización oficial del nuevo gobierno de Joaquín Balaguer, quien llamaba a los grupos terroristas derechistas "fuerzas incontrolables." Más de 3.000 dominicanos perdieron sus vidas en actos de violencia auspiciada por el Estado entre los años de 1966 y 1974. Algunos observadores creen que esta situación trágica en el país terminó solamente cuando los líderes de los partidos izquierdistas fueron aniquilados. Por otra parte, el gobierno estadounidense y los otros países democráticos exigieron a Balaguer que pusieran fin a la brutalidad de represalias y a las violaciones de los derechos humanos en la Isla.

Hay que notar que estas presiones externas fueron el resultado directo de una intensa campaña a nivel internacional llevado a cabo por el líder perredeísta (PRD), el Dr. José Francisco Peña Gómez en Europa, América Latina y los Estados Unidos. Una vez disminuído el terror y restaurada la calma, Balaguer podía sentirse seguro; los intelectuales y los profesionales izquierdistas fueron dejados en libertad para participar en la vida pública nacional. Durante este período de los primeros doce años del gobierno balaguerista se vio una impresionante ayuda económica del gobierno norteamericano. La mayor parte de estos fondos destinados al país fue para varios programas de desarrollo nacional. La nueva dependencia económica de la ayuda extanjera fue extraordinaria, y no cabe dudas de que sin las gigantescas inyecciones directas de dinero y la cuota azucarera ofrecida por Washington, la Isla no hubiera podido soportar la política balaguerista de austeridad impuesta por su gobierno en estos duros años.[15]

Bajo el nuevo gobierno la formación de capital en el país fue realmente impresionante, especialmente si se considera el pequeño tamaño de la economía dominicana. Por lo general, la construcción de obras de infraestructura y desarrollo económico se destinaron para la futura industria turística que el gobierno quería desarrollar. En consecuencia, las ciudades más importantes del país, así como varios centros poblados de la zona rural pasaron por un significante proyecto de modernización. Con todo, gracias a las inversiones extranjeras y a la inversión nacional pública y privada, el crecimiento económico de la Isla durante los años setenta fue de los más altos de toda América Latina. Pero a mediados de 1987, el gobierno tenía que prestar atención a la deteriorada economía nacional. Un poco después la situación se empeoró rápidamente:

una depreciación monetaria; la cuestión de cómo pagar una deuda externa asombrosa y la suspensión del crédito internacional; los efectos de la escasez de combustibles, materias primas y alimentos.

La Isla entera sufrió del impacto de esta crisis penetrante. Los apagones, por ejemplo, que fueron rutina diaria desde 1986, ahora se habían convertido en una pesadilla nacional. En diciembre de 1989, solamente siete plantas termoeléctricas estaban produciendo energía; las otras doce se encontraban apagadas por reparaciones o por falta de combustible necesario. Todavía, la realidad inmediata fue la miseria económica para casi todo el pueblo dominicano. Durante la campaña electoral de 1986, el candidato Balaguer le había prometido al pueblo privatizar la economía y descentralizar el gobierno. Pero una vez al tomar el poder, el Presidente Balaguer abandonó todas sus promesas y volvió a sus antiguas políticas y prácticas personalistas. Las políticas balagueristas empeoraron la situación de los pobres y la clase media y deterioraron el ingreso de la mayor parte de la población. Mientras en 1984 el número de indigentes ascendía a un millón de dominicanos, en 1989 esta cifra se había duplicado hasta sobrepasar los dos millones. En 1989, el 57 % de los hogares dominicanos vivían por debajo de la línea de pobreza.[16]

Para 1990 casi la mayoría del pueblo dominicano se había empobrecido por la inflacción y la devaluación, y los consumidores no podían soportar las alzas en los precios. El resultado fue previsible: el aumento de la emigración. La migración ilegal por bote hacia Puerto Rico se convirtió en una de las formas más populares de abandonar la Isla, a pesar de los enormes riesgos que conlleva cruzar el Canal de la Mona en las yolas.[17] Un indicador de la magnitud del problema de la migración ilegal es el hecho de que en 1989 y 1990, las autoridades de inmigración estadounidense (en Puerto Rico) deportaron a un promedio de 300 dominicanos por mes; había en 1990 aproximadamente 300.000 dominicanos residiendo (tanto documentados como indocumentados) en los Estados Unidos, es decir, un 12 % de la población dominicana.

¿Valió La Pena?

Después de las muy controversiales y discutidas elecciones celebradas en 1994, muchos dominicanos hacían precisamente esa pregunta. ¿Valió la Pena?. Se oyeron muchas afirmaciones como esta de un votante de edad avanzada, don Roberto Sánchez del pueblo de La Romana: "nunca soñé que treintitrés años después de la caída de Trujillo el pueblo dominicano todavía no tendría una democracia definida."[18] Cuestiones de fraude y violencia, de 43 muertos y más de 5.000 arrestados, de la huelga general, de persecuciones contra supuestos o reales traficantes de dólares más que nada caracterizaban las elecciones de esa época. Así, se produjo una crisis política; Balaguer había sido proclamado como ganador para el sexto período (1990-1994) en su larga carrera presidencial.

Los candidatos principales eran Balaguer y José Francisco Peña Gómez. Fue imposible para que Balaguer escondiera su fobia tradicional antihaitiana: el caudillo octogenario que había dominado la vida política dominicana durante tres décadas levantaba constantemente negativas referencias a la raza negra de Peña Gómez. Como se ha explicado, en la mitología de la Isla el decir "negro" es decir "haitiano." Balaguer entonces señalaba a propósito el hecho de ser su rival de descendencia haitiana y por consecuencia "seguidor de vodún." A pesar de las protestaciones de la oposición y de la intervención extranjera del Coloso del Norte, ganó Balaguer y de nuevo se sienta en la silla presidencial del Palacio Nacional. El pueblo dominicano entero, que estén ubicados en Santo Domingo, Barahona, Higüey o Washington Heights en el condado de Manhattan, Nueva York, tuvieron que aceptar esta realidad y sus circunstancias inherentes. Son ellos mismos los dominicanos como una comunidad unida y colectiva quienes deben empeñarse en laborar para extraer el país de la parálisis económicas en la cual se encuentra en el momento. La tarea necesitará un compromiso sincero y enérgico de diversos sectores de la población para que significantes resultados beneficien toda la nación. El desencanto y las frustraciones se han convertido en las actitudes prevalecientes de los quisqueyanos ante el futuro, en contraste con el optimismo que existía en décadas anteriores.

NOTAS

Capítulo XV

1. Bosch, 370.

2. Helson Cruz Pineda, *Peña Gómez: Reflexiones Políticas* (Santo Domingo: Editora Victorama, C. por A., 1997), 20.

3. Cassá, 412.

4. Moya Pons, 518-19.

5. Hay que recordar que el ideal de obras pública empezó al inicio del siglo por Ramón Cáceres se aceleró durante el período de la ocupación militar estadounidense.

6. Por lo general en la expresión española corriente, la denominación castiza significa *"de sangre pura"* o "de abolengo noble." Sin embargo, por lo largo de la zona fronteriza aún en estos días de hoy la palabra se caracteriza por una ironía: en esta región castiza de manera más común se refiere a la progenitura de una unión conyugal haitiana – dominicana.

7. Don Julio Félix, Profesor de Historia Dominicana, UASD, entrevista grabada por el autor, Barahona, R.D. verano 1993.

8. Entre los más prominentes de estos defensores trujillistas se encontraba a Joaquín Balaguer; estos propagandistas del régimen quisieron hacer aparecer la matanza como un simple incidente ocurrido en la frontera ente campesinos dominicanos y ladrones de ganados haitianos cuando los dominicanos, hastiados de los robos que padecían, decidieron atacar a sus vecinos haitianos matando a muchos.

9. Francisco R. Herrera Miniño, "Raíces, motivaciones y fundamentos de la raza dominicana," *Última Hora XIX* (marzo de 1979): 67-68.

10. En junio de 1959 dominicanos exiliados y revolucionarios de otras nacionalidades protagonizaron una expedición armada contra el régimen trujillista; la invasión terminó en un fracaso militar completo, habiendo sido liquidados todos sus participantes menos unos pocos. Sin embargo, los invasores inmolados actuaron con una fuerza espiritual que despertó la energía opositora latente contra el régimen.

11. Las principales organizaciones que se crearon en aquellos días fueron las siguientes: el Movimiento Popular Dominicano (MPD), un partido de extrema izquierda por Trujillo para operar abiertamente en 1960; la Unión Cívica Nacional (UCN) de gran popularidad; el Partido Revolucionario Dominicano (PRD), encabezado por el escritor Bosch y otros exiliados políticos que regresaron al país; el Movimiento Revolucionario 14 de Junio (MR-14J), una organización política izquierdista que deseaba establecer en la Isla un régimen similar al de la Revolución Cubana.

12. Cassá, 431.

13. A finales de agosto de 1965, ambos gobiernos, el Gobierno Constitucionalista (Bosch) y el Gobierno de Reconstrucción Nacional (Balaguer) convinieron en renunciar en favor de dejar paso a un nuevo gobierno civil seleccionado por nuevas elecciones en 1966. Las tropas extranjeras de ocupación permanecieron en la Isla hasta la celebración de las elecciones y la instalación del nuevo gobierno.

14. A lo largo de la campaña electoral Bosch no se atrevió a salir de su residencia, los jefes militares dominicanos anunciaron públicamente que si el candidato salía de su casa sería asesinado por ellos. Bosch condujo su campaña por medio de discursos diarios difundidos por la radio.

15. Durante cada año de los tres años siguientes (de 1967 a 1969) esta ayuda aumentó a US$ 133 millones al año. De junio de 1969 a junio de 1973, la ayuda descendió a un promedio de US$ 87 millones por año. Moya Pons, 544.

16. Rosario Espinal, "Ciertas realidades económicas nacionales," *Sábado Económico* números. 53-79 (1990): 40-48.

17. La denominación "Yola" es el dominicanismo comun que se refiere al buque cojo, desvencijado y totalmente inadecuado que se usa para hacer el viaje ilegal, normalmente desde el pueblo costeño de Miches en rumbo para Puerto Rico. El Canal de la Mona está infestado de tiburónes.

18. Don Roberto Sánchez, bodeguero con cuarenta 40 años de ser propietario, entrevista por el autor, La Romana, R.D. verano 1993.

Capítulo XVI

CONCLUSIONES: SOÑANDO JUNTOS

Alguien cuyo nombre hace muchísimo se perdió en la historia una vez se refirió a La Española como "La Isla Mágica." ¡Qué descripción apropriada! La matrix cultural de la cual se evolucionó esta isla genuina mágica le refleja un patrón entretejido de diversas etnicidades en síntesis que de verdad evoca algo mágico. La mezcla de culturas que desplejaron en Haytí-Quisqueya produjo, entre otros aspectos significantes de lo que llamamos cultura, una fusión de creencias mágicas y tradiciones espirituales. En conjunto, éstas muchas veces le asombraran; se confunden al extranjero que no tiene conocimiento ni comodidad de otros sistemas de creencia. En la cultura dominicana una fusión cultural triple ejerció un profundo impacto sobre el carácter y pensamiento, tanto como otros aspectos distintos, del pueblo dominicano para que la nación hoy día parezca mágica.

Primero, la cultura dominicana se personifica en el espíritu del valiente cacique taíno Enriquillo, quien encabezó el primer levantamiento contra los españoles invasores. Algunos destacados vestigios de los precolombinos taínos se quedan intactos hoy en la cultura contemporánea: la guáyiga como alimento básico se usaba al menos 1800 a. de C. en la Isla; otros productos alimenticios como yuca, casabe y maíz siguen siendo partes esenciales en la dieta dominicana de hoy. El conuco es un aporte tradicional de importancia sociohistórica. Espiritualmente el conuco simboliza una medida de independencia inmediata para el individuo y su familia, que le permite el sentido urgente de autosuficiencia. Historicamente el conuco garantizaba la supervivencia económica de la sociedad isleña. También hoy en las zonas rurales del país se ve el tradicional bohío del campesino, otro toque floreciente de la herencia indígena.

El Gran Encuentro

En las caras individuales de los dominicanos se ven de inmediato los rasgos visibles del proceso de hibridación transracial. Hoy día en cualquiera esquina de la ciudad capitalina aún el observador inexperto se asombra por la amalgama de la sociedad en cuanto a la diversidad de colores de piel, texturas del pelo y otras características fisonómicas. Hay un verdadero caleidoscopio humano lo que distingue el pueblo dominicano. Entonces, el segundo elemento importante en el mosáico étnico dominicano se sintió al instante al llegar los conquistadores españoles a la Isla el día 9 de diciembre de 1492. Se bautizó el territorio con el nombre La Española cuatro días antes de pisar a tierra. En vez del proceso delicado de transculturación que de forma ideal sucede al encontrarse la una a la otra dos culturas opuestas, en el caso de los españoles fue totalmente otro escenario. Con el Gran Encuentro había un rápido proceso de exclusión ya que la cultura invasora más poderosa de manera brutal e inhumana destruyó la cultura más débil en términos militaristas: la civilización indígena. España transportó al Nuevo Territorio casi todo lo que tenía que ofrecer; al principio los conquistadores les sobrepusieron apresuradamente sus prioridades culturales al pueblo indígena más vulnerable antes de liquidar los números restantes al final.

El tercer elemento mayor en la amalgama cultural dominicana es la importada herencia de África. Por más delicado que se trate el asunto, casi de manera escasa, la cultura dominicana también posee con igual valor la realización que la otra Madre Patria es África. La República Dominicana de hoy—y siempre—ciertamente refleja la voluptuosidad de cultura afrolatina, el impresionante cuerpo de literatura afrolatina y otras artes creativas, tanto como las diversas contribuciones de dominicanos de descendencia africana al desarrollo nacional. En la medida en que el discurso sobre la nación dominicana se desvincule de idearios genocidas y de nociones fraudulentas sobre la fisonomía del pueblo dominicano podría entrar en vigencia un esquema de pensamiento que no repela la rica diversidad cultural y étnica de la población isleña.

Sería cuestión de deponer los protocolos de exclusión que han predominado en las discusiones sobre la dominicanidad, canjeándolos por la modalidad contraria, los protocolos de inclusión de todos los elementos: indígena, español y africano. Primero se resolvería el problema de la contradicción e hipocresía moral del discurso tradicional que niega la cosmovisión humanística al inculcarles a los dominicanos el amor a la patria mediante un credo de odio al otro. Sencillamente, la prédica del odio étnico para apelar al amor patrio apunta a un aborto conceptual imposible de negociar, puesto que quiebra la relación inexorable entre aprecio por la nación y aprecio por la humanidad. Superada esa tensión entre lo dominicano y lo humano, se puede entonces acceder a una teoría de la dominicanidad que integra en un cuerpo holístico de devenir histórico, las aspiraciones, los límites y las posibilidades del exquisito mosaico de grupos sociales, culturales y étnicos.

La cultura dominicana ofrece una herencia de determinada resistencia: celebrados caciques de grupos de cimarrones quienes luchaban y oponían ferozmente la deshumanización de esclavitud. Muchos eran los historiadores en la Isla que excluían al negro de la narrativa de la experiencia humana. Especialmente durante la Era de Trujillo, por ejemplo, el discurso cultural trujillista partía de la visión puesta en boga por la historiografía del régimen del Jefe cuya narrativa blanqueaba e hispanizaba de manera reprensible el rostro de la nación. Pero desde muy temprano en el proceso evolucionario de la cultura dominicana el elemento de resistencia rechazó una edificación de una definición cultural que ocultaba el componente africano de la fisonomía nacional.

Lemba, Ocampo Vaquero y Juan Criollo se incluyen entre los nombres que simbolizan la resistencia cimarrona en la cultura dominicana. Para garantizar su supervivencia, el pueblo dominicano se ha visto obligado a enarbolar el estandarte de la resistencia. Ha sido la manera más eficaz de amortiguar los ataques represivos provenientes o del extranjero agresivo o de los sectores dominantes internos. El pueblo dominicano siempre ha sido forzado a adoptar las destrezas del cimarrón. El desarrollo de una estrategia cimarrona para combatir y subvertir los códigos opresores de la cultura oficial (una cultura, claro está, que tradicionalmente excluía las voces no eurocéntricas y rebeldes) fue necesario para contrarrestar tales imposiciones e injusticias.

Uno de los muchos notables puntos de interés en la Capital Nacional es la bellísima Plaza de la Cultura, que consta del ultramoderno Teatro Nacional, la Biblioteca Nacional y el Museo del Hombre Dominicano. Colocadas en el patio frente al museo están hubicadas tres impresionantes estatuas de granito, esculpidas de forma natural, para presentarles a los visitantes a la cultura dominicana: Enriquillo, Padre Bartolomé de las Casas y Lemba. De manera muy dramática estan tres importantes herencias entretejidas en la evolución cultural isleña: la herencia taína, la española y la africana. Juntas, no separadas, este trio ejemplar de identidad nacional posee lo nuclear de la cultura dominicana. Por más arduo y penoso que fuera el proceso en la mayoría de los casos, por más antagonísticos que se hicieran algunos sectores de la sociedad en aquel proceso inevitable, la conclusión definitiva sonó las cuerdas de solidaridad y edificación nacional. La amalgama cultural de las tres herencias iniciales conducían al establecimiento de una formidable conciencia social que, como una base psicológica e ideológica muy imprescindible, facilitaría la formación de lo que ahora se reconoce como el pueblo dominicano.

Las Voces Auténticas

¿Quién más correcto y más apropiadamente puede definir la identidad nacional del país? ¿Cuáles voces más autenticamente hablan por lo que constituye una identidad colectiva e inclusiva? Creen muchos observadores contemporáneos que para las nuevas generaciones post-dictadura, es Blas Jiménez una de las voces más poderosas y sanas en cuanto a su mensaje de y sobre la realidad de la construcción de la identidad nacional dominicana. Blas Jiménez, como poeta y ensayista, reescribe la historia, y redibuja la auténtica identidad nacional procedente de la verdadera historia --- "ataca la historiografía que niega al personaje afrodominicano central." El poeta recuerda con elocuencia que, en la Isla la identidad nacional, en el pensamiento tradicional, ha olvidado voluntaria e injustamente al afrodominicano y su contribución a la evolución cultural, socio-política e histórica del país.

Otras voces: la estridente conciencia sociopolítica expresada en honestas, intrépidas imágenes poéticas del gran Pedro Mir; Juan Bosch, el cuentista de suma importancia cuya obra inaugura el genero cuento en el país: una enumeracion que incluyen escritores tales como Virgilio Diaz Grullón, Hilma Contreras, Marcio Veloz Maggiolo, J. M. Sanz Lajara, Efraím Castillo, Manuel del Cabral, y Aída Cartagena Portalatín, sin duda, la primera poetisa dominicana en dedicar gran parte de su esfuerzo creativo a describir la realidad racional en el país sin utilizar eufemismos poéticos.

Nelson Mella es un joven intelectual seriamente introspectivo que trabaja por una reforma sociocultural nacional; ha hecho importantes aportes en el campo de la animación cultural. Para Mella, la realidad histórica dominicana amerita de una visión amplia y profunda que posibilite cierto balance crítico, y del cual son elementos integrales que los hombres y las mujeres cotidianamente la viven y sobreviven. Dice Mella que su objetivo continuo y activo es desarrollar en diferentes barrios de la ciudades y pueblos del interior, dirigidos al rescate de la memoria histórica y a la revalorización de la identidad dominicana. La cultura dominicana para Mella rezuma profusamente de todos los rincones del país --- pero con una conciencia liberada.

Zeneida Severino se considera una joven dominicana moderna, práctica y liberada. Para ella la cultura dominicana se ve desde una perspectiva inclusiva que debe reconocer y defender sin compromiso la identidad legítima de la mujer dominicana. Severino, como joven profesional, afirma que cualquier esfuerzo para llegar a conclusiones sobre una identidad cultural nacional tendrá que redefinir la realidad dominicana por incorporar honestidad, quizás para la primera vez historicamente, la presencia activa y significante de la mujer dominicana.

Para el moderno Julio César Belén, muy consciente, agresivo y creativo, la cultura dominicana es un proceso delicado, pero a la vez muy agonizante y vigoroso de promoción y revalorización de las raíces socioculturales, especialmente la síntesis histórica y étnica que produjo Quisqueya la Bella. Este joven habla de la confluencia en la relación de un conjunto de identidades dominicanas que se han ido formando a través de la historia; es la multifaceta, el multiplano de personalidades dominicanas formado de la rica confluencia de culturas. Cada vez que tocan los rítmos cautivados del merengue surge la rica cultura dominicana para Belén.

El número catorce de la Calle Imbert en Puerto Plata, la cultura dominicana está personificada en un erudito, amable historiador local y coleccionista de recuerdos históricos. Rafael Alberto Brugal Paiewonsky, conocido como "Fifo", es el individuo bien respectado por su honesto abrazo a la cultura nacional. El "habitat de Fifo" tiene como su objetivo el documentar los eventos socio-históricos, principalmente los que relacionan a Puerto Plata y la región del Cibao, "para que el individuo pueda entrar en conflicto con el análisis histórico y con la visión del futuro de la identidad nacional."

Milagros Holguín, en todo sentido una dominicana muy progresista y alerta intelectualmente, habla con fuerza al reflejar sobre la vitalidad de la cultura dominicana: el espíritu colectivo y expresión sincera del cariño y hospitalidad del pueblo dominicano. La esperanza de Holguín está presentada con frecuencia por medio de sus comentarios regulares en una estación de radio capitalina. La locutora popular espera arrivar a una identidad cultural nacional por empeñar el proceso de auto-descubrimiento y de formular un tipo de propósito colectivo. Por último, Holguin considera la necesidad de mirar a la cultura dominicana en el contexto más amplio de abrazar la cultura regional del Caribe entero para capturar lo esencial de una identidad local.

Eladio Regalado, un serio pensador y cariñoso ser humano, tanto como Ramón Tejada Holguín, un brillante e imaginativo escritor, son dos dominicanos contemporáneos con mucho en común. Ambos tienen un vivo interés en los asuntos corrientes dentro de su país, pero también más allá de las fronteras nacionales. Los dos discuten la problemática del país en revalorar la cuestión de identidad dominicana. Regalado y Tejada Holguín también favorecen la determinación de restablecer el concepto de mulataje a una posición digna en cuanto a la matrix total de la génesis sociocultural de Quisqueya.

Doña Paulina Lantigua, una inteligente y hermosa hospedera con altísimo nivel de energía y cariño, sin duda personifica la calidad nacional de ser en la Isla lo que se refiere como hospitalaria. Para Doña Paulina, la cultura dominicana significa "todas las bellas imágenes asombrosas que son incomparablemente dominicanas: desde las delicadas muñecas de cerámicas sin cara hasta las místicas cuevas subterráneas de los Tres Ojos."[1] Además, la cultura dominicana para esta Embajadora no oficial despierta en todo dominicano la urgencia auténtica de compartir esta exuberancia sobre las maravillas del país; y más que nada compartirlas con quien por primera vez esté presentado en la Isla.

La cultura dominicana es el maestro mismo, el reconocido antropológico social y folklorista extraordinario Don Fradique Lizardo. Con el Profesor Lizardo, cuyas investigaciones y erudición valiosas han traducido el alma misma de Quisqueya la Bella a una exposición gloriosa. El maestro nos recuerda siempre: "Quien no conoce la historia de su pueblo, mal puede quererlo." Sin duda esta advertencia parece haber sido la motivación pulsadora trás la dedicación honesta para explorar y celebrar la cultura nacional por parte de algunos artistas dominicanos legendarios. Casandra Damirón, responsable por popularizar las tradiciones musicales de la provincia de Barahona, la mangulina; Elenita Santos quien hizo lo mismo para el salve tradicional; el gran compositor y maestro Rafael Solano; Joseíto Mateo, uno de los grandes pioneros del merengue, junto con sus destacados seguidores y los más distinguidos interpretes del merengue tales como *El Caballo Major* Johnny Ventura, Wilfrido Vargas, Juan Luis Guerra, Los Hermanos Rosario, Sergio Vargas, el indominable *El Mayimbe* --Fernandito Villalona; también Kinito Mendez, y *El Cantante* Rubby Perez; y claro está, hay voces femeninas tales como Olga Lara, Vickyana, Maridalia Hernández, y Milly, entre otras.[2]

Con Todos Los Ingredientes

"Soñar solo es peligroso pero soñar juntos ha sido el comienzo de las grandes transformaciones de la historia." Fue éste el tema principal detrás de los esfuerzos dedicados de un grupo de intelectuales jóvenes, inquietos por la situación difícil del país y, sobre todo, por la educación nacional durante los años 1972-73. Estos pensadores reflexivos agonizaban para hallar soluciones a la crisis interna y muy seria enfrentando al país. Por medio del diálogo; estos jóvenes agitados participaban en una intensa búsqueda de propósito nacional y dedicación auténtica, de ser colectivo y conexiones culturales, y por último la realidad dominicana. Para ellos con la emergencia del pueblo dominicano como sujeto histórico y protagónico, la identidad nacional se encuentra y se encaja en la historia misma del pueblo dominicano. Así sería esa condición de que se marchara para siempre el pueblo colectivo.

La tarea de definir la cultura dominicana siempre ha sido una labor de mucha duración y de bastante agonía y frustración. Sin embargo, este grupo intrépido de jóvenes dedicados emprendieron un riesgo calculado: un salto cualitativo hacia la historia, hacia el pueblo, hacia la orientación de la vida colectiva dominicana. Consciente o inconsciente a esa decisión no se le pudo atribuir grado de heroísmo. Los participantes se lanzaron hacia el reto de hallar respuestas evasivas para que determinaran, por medio del diálogo serio, la estrategia navegable en rumba para soñar juntos y juntas en llegar a una definición de identidad nacional. Para estos jóvenes se hizo una cuestión de verdadera urgencia que las investigaciones y análisis se enfocaran sobre una percepción de esa identidad en relación a una misma unidad social.

Al hablar de un soñar colectivo es de incluir todos los segmentos variantes dentro de la comunidad dominicana en considerar la auténtica y completa realidad dominicana sociohistórica. Este proceso es totalmente imprescindible para ayudar en la tarea árdua de buscar soluciones a los muchos problemas urgentes enfrentando la nación. Una faceta notable del carácter dominicano que puede fácilmente poner la tarea es el espíritu extraordinario de *comunidad*; en el ambiente de la Isla este concepto se traduce fácilmente como "comunero."

En la capital de Santo Domingo, desde encima de la Torre del Homenaje en la zona colonial, ondulan las banderas de siete diferentes naciones que han gobernado la colonia a través de su larga historia. Las banderas bien pueden simbolizar la recepción de la gran diversidad de influencias y corrientes llegando y saliendo por el puerto histórico. Por medio de esta amalgama cultural ha surgido una identidad dominicana; es una identidad dinámica, sólida y segura. Quizás lo que mejor representa la fusión de la confluencia de indígenas, europeos y africanos, y así surgiendo la mixtura de los diversos ingredientes, es el famoso sancocho dominicano. En esa hibridez del origen étnico residen los componentes vitales de la identidad colectiva. El sancocho, que se ha hecho el plato nacional indiscutible, constituye la más alta expresión del genio culinario de la Isla y al mismo tiempo de la humanidad dominicana. Su encanto remite a la pródiga multiplicidad de ingredientes dispares, o por lo menos al parecer. Su sabrosura afirma la riqueza del sincretismo cultural. Cuando se añade el toque final de condimentos para sazonarlo, el resultado de hervir juntos todos los ingredientes a fuego lento es una exquisita combinación de gusto muy único.

Las Configuraciones del Color

Se asombra cualquier visitante que llega a Quisqueya La Bella de hoy añadiendo así otros ingredientes imprescindibles en la caldera cultural del país. Como la riqueza culinaria del celebrado sancocho dominicano, el pueblo en sí mismos son la clave para conocer más íntimamente el éxito de la receta dominicana. La cultura dominicana debe su unicidad a lo que se llama mestizaje, o sea un proceso de hibridación. Pero hay que señalar que el término no conlleva las connotaciones despectivas ni hostiles que se encuentran facilmente en la matrix sociohistóricas tradicionales en los Estados Unidos. Completamente ausente en la sociedad isleña esta la práctica de denominar o referirse a un individuo como *"half-breed"* o *"half-caste."* En la sociedad dominicana no puede encontrarse el estigma de *"mongrelization;"* los términos " mestizo" en el contexto de América Latina nunca ha tenido un sentido negativo. De hecho que, se ha mencionado que "la sociedad dominicana es una comunidad mulata única en el mundo." [3]

Entonces, a gran diferencia de la sociedad estadounidense con su preocupación algo neurótica con cuestiones raciales, La República Dominicana se acerca el asunto desde una perspectiva desemejante. Por ejemplo, en la diáspora el dominicano se le activa la conciencia racial algo fuerte. Entonces, el dominicano contemporáneo -- con todo su "bagaje sicológico"-- al instante de pisar tierra firme en los Estados Unidos él descubre . . . "que es negro," después de haber pasado muchos años creyendo precisamente lo contrario; quererlo o no, se les percibe mayormente como *negros* en el ambiente y contexto norteamericano brutalmente realístico. En la Isla las denominaciones del código de color se encuentran mulatos, indios, indios claros, indios oscuros, jabaos, jabaos con pelo bueno y varios otros términos descriptivos. La verdad es que todo esto se cae en el absurdo. En el contexto estadounidense, muy fácilmente 85 -90 % de la población dominicana contemporánea sería designada y considerada como negra. Claro está: esto viene como un choque sicológico para muchos dominicanos.

Históricamente, un rango de clasificación descriptivas de color apareció muy temprano en la sociedad isleña. Hacia el año 1549 se utilizaba un sistema para indicar el color del individuo. Durante el período colonial empezó la práctica de describir las personas con los siguientes términos: mulato: una persona mezclada; blanco: europeo; negro: un africano 100 %; meztizo: progenie de indígena y europeo (caucásico); tercerón: progenie de mulato y caucásico, pero un tércico de sangre africana; cuarterón: progenie de mulato y caucásico, pero con un cuarto de sangre africana (llamado "quadroon" en las antillas inglesas). Había aún una categoría de octerón ("*octoroon*"), el progenie de cuarterón y caucásico, con mera un octavo de sangre africana. Claro está, exactamente cómo se fijaron en estas fracciones cuantitativas es imposible determinar; desafiar aún la más extraña imaginación. ¿Y es fácil?

Por más enigmática e incómoda que sea el código de color para el no dominicano, el sistema se ha puesto más amplio. Se incluyen ahora el aporte de la textura del cabello y la fisonomía étnica/racial para clasificar los individuos. Por ejemplo, pelo ya no es simplemente así; es o pelo bueno o pelo malo.En el contexto dominicano "labios" ahora son "bemba" y "bembón" para definir lo que se relaciona al africano, "labios bastante gruesos." La amplificación de colores ahora se encuentra toda posibilidad de variedad… ni hablar de la estupidez y la locura sin sentido ninguna.

- grifo: progenie de mulato e indígena.
- indio claro: supuestamente con apariencia de indígena de piel clara y con pelo lacio … (ya que no existen indígenas de verdad en la sociedad de hoy en la Isla)
- indio claro, con pelo lacio y labios y nariz fina.
- jabao: individuo de color algo amarillo y piel clara, pero con rasgos distintos a los africanos (supuestamente en cuanto al pelo, labios, naríz).
- zambo: progenie de indígena y africano.
- negro lavao: negro con lo que indica "notable fineza" en cuanto a labios finos, no gruesos; naríz "regular"; bien parecido y no muy oscuro.
- blanco jipato: caucásico con obvios rasgos de negro en términos que se refiere a los antillanos negros provenientes de las islas inglesas principalmente
- cocolo: término despectivo que se refiere a los afroantillanos provenientes de las islas de habla inglesa principalmente.[4]

En fin, la totalidad de la sociedad dominicana consta de una corrupción de ingredientes bien sazonados y mezclados de manera muy única para ofrecer un deleite rica de la simbiosis cultural. La exuberancia y textura resultantes por último formaron la personalidad y espíritu dominicanos que se reconocen hoy en día.

Un Gran Almacén de Tesoros Históricos

Para muchos dominicanos, las realidades de conexiones culturales y de comunidad se iluminan muy prominentemente por medio de la red de pueblos a través de República Dominicana. Mientras que cada uno de los pueblos muestra su propio sabor y carácter, estas comunidades todavía estan vinculados por presencia de mucho más que una moderna red vial nacional. Muy claramente se puede definir la cultura dominicana por sus diversos, pero interconectados pueblos. La ciudad primada de América, Santo Domingo de Guzmán, es el apropiado punto de partida para la emotiva odisea.

La ciudad fue fundada el 4 de agosto de 1496 por el Adelantado Bartolomé Colón, el hermano del Almirante. Eminente cronista de la época Padre de las Casas afirmó que el fundador de la ciudad quiso que se llamase Santo Domingo porque el día que llegó allí fue domingo y por ventura día de Santo Domingo. La llegada segura bajo la protección vigilante de los Santos fue lo que inspiró al Adelantado a nombrar el establecimiento en honor del "apostol de la enseñanza," Santo Domingo de Guzmán, quién se considera el inventor del rosario. Pero los historiadores no se encuentran contentos acerca del origen de este nombre. Una versión popular se atribuye al sobrino del Almirante: el nombre de Santo Domingo se lo dio Bartolomé Colón en memoria de su padre que se llamaba Dominico (en español, Domingo).

Es la ciudad capitalina una cabalgata maravillosa de primicias. Hay que recordar que las iniciales empresas sociopolíticas, culturales y económicas de Europa se lanzaron aquí en Hispaniola. Muy temprano en su historia colonial la ciudad recibió el título distinguido de "Atena del Nuevo Mundo." Nacieron aquí las primeras poetisas americanas, Sor Leonor de Ovando y doña Elvira de Mendoza. Entre los muchos esplendores arquitectónicos sirviéndose como recuerdos del pasado son estos: la Catedral Primada de América, obra maestra de la arquitectura colonial. La Catedral de Santa María la Menor, cuya construcción empezó en 1514; La Torre del Homenaje (iniciada en 1504), la primera fortaleza en las Américas; el Alcázar de Colón, la espléndida casa de la familia del Almirante y sede de la Primera Audiencia con soberanía en todo el Caribe; el primer monasterio en las Américas, el Monasterio de San Francisco; el Convento de los Dominicos, edificado en 1510 y sitio de la fundación de la primera universidad americana (1538), la Universidad Autónoma de Santo Domingo. La ciudad se hizo aquélla de la cual difundirían las primeras chispas de luz para anunciar la llegada también la salida de los majestuosos exponentes de la civilización europea occidental a lo largo de las Américas.

Hacia El Oriente

La odisea de la cultura dominicana viaja quizás 25 km este de la capital, en el eje meridional, hacia el este; existe la Carretera Mella, que conduce hasta la provincia de Altagracia en el extremo oriental de la Isla. Las playas muy populares de Boca Chica y Juan Dolio, entre muchas otras, se encuentran por esta ruta que sirve de enlace a La Romana y San Pedro de Macorís con la capital. El pueblo de San Pedro de Macorís, llamado "La Sultana del Este," fue la reinante capital industrial de toda la isla hace una vez; tenía entonces cinco centrales azucareros funcionando. Por más de cien años la familia de don Pedro Justo Carrión se asociaba íntimamente con la historia socioeconómica del pueblo por medio de la industria azucarera y la producción de ron; la marca popular Ron Macorix se renoce por toda la Isla.

San Pedro de Macorís también tiene fama de ser el lugar de nacimiento del Poeta Nacional, Pedro Mir. No se puede nunca hablar de esta ciudad sin mencionar el hecho de que es a la vez el lugar de nacimiento de muchos de los mejores peloteros latinos en las ligas mayores estadounidenses provienen de San Pedro de Macorís que de cualquier otro pueblo singular o en Quisqueya o en Estados Unidos. El fenómeno se explica por el factor del dinámico sociocultural debido a la ocupación militar norteamericana. La intensidad de la experiencia por cierto dejó en la Isla una variedad de profundas influencias culturales norteamericanas; entre otros elementos importados desde los Estados Unidos fue el béisbol que pronto reemplazó la pelea de gallo y el fútbol como las formas tradicionales de entretenimiento popular.

La Carretera Mella, continuando su rumbo, pasa por La Romana, sitio del complejo azucarero más grande del país, el Central Romana Inc.. Se encuentra aquí los Altos de Chavón, establecimiento hotelero y mundialmente reconocida colonia artística al estilo de una villa renacentista italiana. Fue construido por la empresa Gulf + Western. Un poco más al oriente está Higüey, donde se halla la famosa Basílica de Nuestra Señora de la Altagracia; es ella la venerada patrona de La República Dominicana. El 21 de enero es su día oficial, cuando se celebra la solemne peregrinación a su capilla sagrada dentro de la catedral ultramoderna.

Hacia El Occidente

Otra vía de gran importancia es el eje costero meridional. Desde Santo Domingo y hasta Barahona corre la Carretera Sánchez. Esta es clave para el enlace entre la subdesarrollada región del suroeste y el núcleo central del área metropolitana. Asimismo la Sánchez se prolonga, a través de San Juan, hasta el punto fronterizo de Comendador, constituyendo la principal ruta de penetración en Haití. A lo largo de esta carretera se encuentran el pueblo natal de Trujillo, San Cristóbal. Es aquí también donde fue firmada la primera Constitución (en el Palacio del Ayuntamiento). Muy cerca están las Cuevas de Santa María, donde se celebran los históricos festivales de los palos, una tradición africana. Baní es el próximo pueblo, donde nació uno de los más notables patriotas Máximo Gómez. Hay aún muchos cubanos quienes no saben que este gran campeón de la liberación cubana nació en tierra dominicana, no en Cuba. En las afueras de Baní está la aldea de Paya, productora de lo que se considera el mejor queso de cabra de toda la Isla.

Hacia El Sur y Suroeste

Desde Baní, la Carretera Sánchez nos lleva al pueblo de Azua, cuyo nombre completo es Azua de Compostela. El pueblo es muy antiguo y esta rebosado de una rica historia. Fue establecido en 1504 como guarnición estratégica bajo mando del Gobernador Nicolás de Ovando. Más tarde en Azua surgió un importante maniel. En la zona del suroeste, una región incluyendo el 30 por ciento del territorio dominicano, no hay nada más que el 13 por ciento de la población nacional que reside allí. El lujuriante y fértil Valle del San Juan puede presumir de dos dinámicos centros comerciales: Azua y San Juan de la Maguana. El folklor popular tiene sus remembranzas de la rivalidad feróz que existía entre los dos pueblos durante la época colonial. La competencia por la dominación socioeconómica del Valle creció a niveles muy intensivos. En Azua, la población más vieja, los colonos se referían de manera burlona a los *nouveau riches* sanjuaneros como "barriga verde." El insulto se originó de la práctica por parte de los sanjuaneros en llevar camisas sin botónes, así exponiendo su estómago verde (barriga verde), que se consideraba un acto brutal y sin fineza alguna.

La próxima parada en la búsqueda cultural, todavía en la zona suroeste con el clima seco, los suelos áridos y la escasa población, es Barahona, cercano al Lago Enriquillo. Conjuntamente con el Valle de San Juan, es una subregión con gran actividad económica, pesquera y agrícola, con ricos cafetales en las laderas de sus montañas y plantaciones de caña de azúcar en sus valles. El grandioso lago de agua salada, Enriquillo posee el título distintivo de ser el lago más grande de las Antillas, con una medida de casi 200 km de largo y uno 44 metros por debajo del nivel del mar. La Isla Cabritos, donde está colocada la colonia de cocodrilos, se halla en el mismo centro del lago. A pesar de ser toda esta región muy seca, el paisaje aquí es de lo más pintoresco, presentando atractivos muy particulares: caimanes, flamencos, iguanas, cocodrilos.

Hacia La Zona Fronteriza

El viaje destinado a llegar a una definición más clara de cultura dominicana, aunque por ahora parada en las remotas provincias orientales en la zona fronteriza, ciertamente no termina en la frontera. Desde el pueblo de Pedernales, y los otros por esta ruta, Duvergé, Jimaní, Elías Piña, hasta Bánica y Dajabón, lo que surge de manera notable en todos los pueblos fronterizos es una cultura dominicana con ciertas transformaciones que están de acuerdo con el patrón general de zonas fronterizas mundiales. Dondequiera que sea por la zona están los controles establecidos en conjuntos con instalaciones militares o las guardias nacionales. De costumbre, aquéllos se proveen de personal insuficiente, mal pagados, malhumorado y solitario: los militares deben agonizar preguntandose diariamente "*¿Por qué yo?*" en recibir una asignación tan desolada. En primer lugar, al igual como las zonas fronterizas en muchas otras partes del mundo, existe el sentimiento bastante ambiguo o quizás contradictorio acerca del área en general. A veces hay una tensión inequívoca con inspecciones bien duras; en otras ocasiones existe una actitud de *laissez-faire* en las operaciones aduaneras. Los militares estando en guardia, por ejemplo, muchas veces ignoran (o quizás no parecen muy entusiasmados) el tráfico de contrabando trivial, excepto, claro, en los casos de narcotraficantes . . . claro, lo que es muy grave. Estas actividades, pues, muy seriamente se vigilan y ponen en entredicho por las tropas de gobierno.

Aquí en la zona fronteriza siempre hay un frenesí de actividad, en mayor parte comercial: los agresivos vendedores, artesanos y negociantes haitianos llegan según su rutina, cargados de toda clase de mercancías destinadas a los mercados del aire libre de Elías Piña, Dajabón o Pedernales. El tráfico de seres humanos normalmente es voluminoso, con mercantes de ambos sexos, con frencuencia llevando a su niños a cuetas. Estos seres han caminado a pie, unos días desde muy lejos del interior haitiano, simplemente para alcanzar la frontera a tiempo de los días designados para el mercado. Hay una franja del territorio separando las dos repúblicas hermanas, "la tierra de nadie," que sirve como un tipo de sala de espera afuera para las masas. Cada individuo o familia entonces tiene que negociar su pasaje en cruzar: un arroyo semiseco o río nada profundo. Otro grupo de agresivos negociantes está listo para transportar las masas.

La frontera que separa Haití y La República Dominicana no tiene nada de semejanzas con las zonas fronterizas alrededor del mundo y a lo largo de las épocas: la zona refleja ciertos patrones culturales que son tan resistentes como aquéllos encontrados en las zonas internas más bien protegidas. Aquí por la frontera existe una receptividad general a los modos culturales de una naturaleza intercambiable. Hay una libre fluidez y comodidad fácil con las interacciones sociales, inclusive del idioma (*le kreyòl* haitiano se utiliza muchas veces como *lengua franca*). También, hay muchos casos de matrimonio inétnico; es verdad que los números de dominico-haitianos están creciendo de forma asombrosa. Entonces, lo que se ve aquí es una marcada fusión cultural conduciéndose hacia un tipo de homogenización fronteriza, pero sin separar la crema.

Hacia El Norte

El eje cultural vinculando Santo Domingo con las zonas norteñas, penetrando el núcleo del Cibao, es la Carretera Duarte. Enlaza la capital con Santiago de los Caballeros, a través de las ciudades principales de Villa Altagracia, Bonao y La Vega. De los valles de la región del Cibao, el de la Vega Real, situado entre dos magníficas cadenas montañosas, es el más fértil de la Isla: el célebre Jardín de las Antillas. Más allá de Santiago de la ruta Duarte termina en Monte Cristi; unos 25 km al noroeste de Santiago, la Duarte entronca con la carretera que conduce a Puerto Plata, para continuar ésta por los pueblos costeros de Cabrera y Nagua, cerca de la Bahía de Samaná. Situado en la poderosa Cordillera Central, cerca de Jarabacoa y Constanza, está el gran pico Duarte, el más elevado de todo el archipiélago antillano, que llega a una altitud espectacular de 3.175 m (10.414 pies). Toma dos días enteros en subirlo con una mula.

Fuera de la carretera principal la red se complementa con enlaces secundarios que conducen a Cotuí, San Francisco de Macorís y Moca. A unos minutos en las afueras de Moca, la aldea de El Higuerito capta el alma artística de la cultura dominicana en forma de las célebres muñecas de cerámicas sin cara; están fabricadas aquí por artesanos locales. Muy cerca de la ciudad orgullosa de Santiago de los Caballeros se halla el pueblo de Tamboril. En la más pequeña de las dos plazas municipales de Tamboril, un personaje casi mítico, don Viga Pichardo, a quien todo el mundo le refiere cariñosamente como "el alcalde del parque." Don Viga, en el parquecito desde la salida del sol hasta que se oculte el sol, es como el griot tradicional con sus anécdotas, chistes, narrativas y relatos históricos de eventos locales—que sean estos últimos inventados o inyectados de interpretaciones personales. Tamboril es también el pueblo del "mejor sancocho dominicano de la Isla" según su cocinera, Doña Gudelia; ella insiste en usar sólamente "aquellos pollitos cultivados localmente" . . . es decir, en Tamboril y no importados desde Santo Domingo o Nueva York. La receta para preparar su auténtico sancocho dominicano es celosamente guardada en secreto.

El segundo centro urbano de grandeza de La República Dominicana es Santiago de los Caballeros (fundada en 1500). Tradicionalmente la ciudad cibaeña, a la vez capital de la provincia, ha sido un formidable rival de la capital nacional en términos de sofisticación y cultural. Otras carreteras secundarias ponen a Santiago en contacto con Moca y Salcedo, por el este, y con Janico y San José de las Matas, por el oeste. El litoral norteño, bañado por las aguas calientes del Océano Atlántico, se conoce por su popularidad como la costa Ámbar a causa de la relevancia de los yacimientos ambarinos, resina fosilizada de gran belleza.[5] Puerto Plata (fundada en 1502 por el Almirante) es el centro urbano más destacable de la franja costera septentrional de la Isla. El trajín comercial y portuario, sin embargo no logra impedir que sus calles sigan siendo tranquilas. Sus hermosas playas atraen cada vez a más turistas internacionales. Unos minutos en las afueras de la ciudad existe el popular teleférico que transporta a los pasajeros a la cima de la Loma Isabela de Torres, con una elevación de unos 793 m (o 2.601 pies de altura).

Resta, por fin en la odisea cultural, parar en la bahía de Samaná, en el extremo oriental de la región cibaeña. Es un accidente topográfico íntimamente ligado a los intentos anexionistas estadounidense a lo largo del siglo XIX; pues la Marina de los Estados Unidos le atribuía un importantísimo papel estratégico como base naval. Hoy es objeto de aprovechamiento turístico, destacando las hermosas playas de Las Corozas al sur de la península de Samaná, y las enormes palmeras cubriendo la blanca arena y vegetacion tropical en el litoral norte de la Sierra de Samaná. Se encuentran Las Terrenas y Portillo . . . "la costa de las ballenas" . . . desde el Océano Atlántico Norte hasta el Santuario del Baneo de la Plata, inmensa plataforma arenosa donde llegan cada año las magníficas ballenas jorobadas para aparearse y cuidar sus crias durante los meses de invierno. Es un lugar especialmente apto para la pesca submarina y para la navegación a vela deportiva, como el *"windsurfing"*. En contraste dramático del catolicismo que, como se sabe, se practica más tradicionalmente a través de la cultura dominicana, es el protestantismo que predomina aquí en esta región.

La proliferación de la iglesia protestante, en especial los metodistas wesleyana y los africanos metodistas episcopales, se debe en gran medida a las olas de inmigrantes norteamericanos de descendencia africana hacia la península. En 1824, La República Dominicana se encontraba gobernada por el presidente haitiano Jean Pierre Boyer; parte de su plan nacional de refugio para los ex-esclavos o libertos era de popular la península con dicho grupo étnico. Nada es de extrañar, aquí la iglesia protestante se llama *"la churcha"* en vez de usar el término "iglesia." Por dondequiera en la península las iglesias protestantes son más numerosas que las catedrales católicas. Además, la noción de una fiesta o reunión de gentes bulliciosas y tumultosas fácilmente se llama "una churcha," expresión que se utiliza a través de la isla.

Más Allá de Recuerdos Turísticos

En una de las impresionantes revistas turísticas más divulgadas de la Isla, el ministro estatal del turismo cordialmente le brinda al visitante a La República Dominicana una bienvenida especial: "Que venga y descubra los colores y sienta el ritmo dominicano." La invitación es totalmente sincera, así que el visitante de inmediato descubre de veras la personalidad hospitalaria del pueblo dominicano. El disfrute genuino de todas las bellezas naturales quisqueyanas por cierto hay que colocar en una posición muy alta en la lista de recuerdos agradables para una vacación Caribeña deliciosa. Puede ser que el ministro del turismo espera que las imágenes culturales imborrables sean grabadas profundamente en la conciencia de cada individuo dichoso en haber experimentado esta isla seductora, denominada *Quisqueya La Bella*. Para experimentar de verdad la cultura dominicana distintiva hay que saborear cada pedacito con su mezcla excepcional de ingredientes. Solo en esta manera puede marcharse el viajero de la isla con algo más allá de los recuerdos turísticos triviales y más frecuentemente las baratijas guardadas en su maleta.

Muy correctamente, se puede afirmar que la cultura dominicana es un montaje ecléctico de imágenes que en conjunto revela el alma esencial de toda la dominicanidad. La diversidad de ese montaje se manifiesta en la tierra natal con su topografía contrastante; con sus numerosos ríos caudalosos; en el pueblo mismo con su rica herencia de un caleidoscopio étnico que en un segundo reta en cualquier manera de clasificación; en sus ciudades, sus pueblecitos y aldeas coloridas por cada rincón de la isla; en su historia agonizante y a veces turbulenta; en su tradiciones multiculturales: todo esto es lo que identifica a los dominicanos. Esto es lo que hay que descubrir y debe sentir el visitante dispuesto a lanzarse hacia cualquier experiencia auténtica respecto a la cultura dominicana. Así en esta manera se revela la verdadera identidad nacional.

Para concluir, entonces, se puede señalar que la cultura dominicana abraza toda la realidad histórica y el glorioso renacimiento de una visión optimista colectiva: el soñar juntos. La cultura dominicana es la realización de un proceso árduo por lo cual una comunidad al parecer vencida, sin embargo logró en armarse de valor colectivo para resistir toda derrota. La larga historia del pueblo dominicano, de Quisqueya La Bella, ha atestiguado los abusos, los choques, los espantos y mucho más que en conjunto conmovieron al pueblo a reanimarse. Fueron estos choques lo que sirvieron como los catalizadores necesarios para reavivar el espíritu tradicional de "comunero," que por muchos siglos ha sido la clave del carácter e identidad de los quisqueyanos.

Aún desde la diáspora, los quisqueyanos con este mismo espíritu comunero pueden dar constancia de varios renglones que les describen como una comunidad alternativa con respecto al discurso cultural y los esquemas de identidad vigentes en la isla. Ocupan un lugar de relieve en esa diferenciación la reconsideración de los términos definidores del rostro de la tierra natal en cuanto al papel consagrado a los valores democráticos y humanísticos. Dentro de ese marco global, pues, la diáspora se caracteriza por el interés en reconciliar el concepto abstracto de nacionalidad con el conjunto de principios que se concretizan en la ciudadanía. Así, se muestra la diáspora capaz de ayudar a redefinir una identidad nacional: una teoría plural y colectiva de lo que son los dominicanos, abrazando una representación y erradicando el lastre deshumanizante de odios étnicos y creados genocidas.

Toda valoración de la dominicanidad deberá enaltecer la igualdad racial y de género, la libertad de expresión y de cultos, la consideración por los humildes, el respecto por los trabajadores y la solidaridad con los desheredados, vengan ellos de Villa Mella, de San Juan de la Maguana, de Samaná, de Washington Heights o de Jacmel o Gonvaïves. La nacionalidad dominicana deberá enarbolar los valores humanísticos y girar inexorablemente en torno al eje de la dignidad incondicional humana. El pueblo dominicano sabe que las prédicas de odio y la depravación racista no hace nada bien a la nación dominicana.

Restropectivamente, la cultura dominicana consta de:

Bailar el merengue por el malecón de Santo Domingo durante el Festival del Merengue cada año desde la última semana de julio hasta la primera semana de agosto.

Subir la escalera a la cumbre del Monumento a los Héroes de la Restauración, la elevación más alta de Santiago de los Caballeros.

Visitar las playas aisladas de las islas cercanas a la costa de Samaná.

Mirar con curiosidad los quioscos del mercado haitiano al aire libre en Elias Piñas, atestiguando la destreza de Milagros para regatear con las mercantes haitianas.

Celebrar con amigos dominicanos el día de Independencia el 27 de febrero.

Jugar al béisbol con un grupito de jóvenes de San Pedro de Macorís.

Ir de compras al Mercado Modelo en Avenida Mella de la capital.

Nadar en cualquiera de los pintoresco balnearios o saltos de agua en las colonias de Jarabacoa o San José de las Matas o El Salto de Limon en Samaná.

Meditar en la serenidad de la majestuosa Basílica de Altagracia en Higüey.

Disfrutar de un plato típico de mariscos con coco en Portillo.

Intentar montar un carro público o un motoconcho por los modernos túneles de Santo Domingo -- de día o de noche.

Dar una vuelta con la muchedumbre al mediodía por la Calle El Conde en la capital.

Atreverse a comer un chimuchurri preparado por un vendedor callejero.

Sentarse por una hora en la plaza principal de cualquier pueblecito, para charlar con los viejitos del pueblo, tal como Don Viga de Taboril.

Saborear un plato típico de mondongo en San Juan de la Maguana.

Jugar al dominó al estilo callejero, hasta las horas de la noche con un grupo de vecinos en Capotillo.

Ser afortunado al saborear los ritmos tradicionales de un buen perico ripiao tocado al indominable estilo de Fefita la Grande.

Pasar una romántica noche de luna tropical en las playas de Barahona.

Participar en cualquiera de las fiestas patronales celebradas cada año en los pueblecitos por toda la isla.

Bailar al ritmo del Embajador Mundial del Merengue, el incomparable Johnny Ventura

Participar en las exuberantes actividades de la Iglesia Africana Metodista Episcopal de Samaná.

Comprar libros publicados en el país sobre diversos temas en la popular Librería La Trinitaria en la esquina de Arzo. Nouel y Calle J. Reyes de la capital.

Estar abrumado por la magnitud del Faro a Colón . . . y experimentar uno de los inevitables apagones causados por ello.

Gozar del deleite televisivo de los programas popularisimo tales como *El Gordo de la Semana* con Freddy Beras Goico y *El Sábado del Corporán* con Rafael Corporán de los Santos.

Leer con mesurada intensidad y gusto el liricismo poético y perspectivas audaces de Aida Cartagena, Pedro Mir y Blas Jiménez para saborear lo que es la realidad dominicana en su literatura.

****

NOTAS

Capítulo XVI

1. Tres Ojos es el nombre de las cuevas subterráneas colocadas cerca del Aeropuerto Internacional de Las Américas. Estas antiguas cavernas se caracterizan por una red intrincada de fuentes de agua dulce.

2. *El Mayimbe* es un título honorífico de origen campesino afrocubano; el título significa el incuestionable cacique o líder predominante de la aldea campestre o del hogar.

3. Mella, 1992, 19.

4. Por los años de 1870 el surgimiento en la isla de la industria azucarera se intensificó, sin duda la inmigración de trabajadores haitianos. También llegaron obreros procedentes de las islas británicas del Caribe. Su número parece haber sido lo suficientemente grande para originar un término criollo como designación peyorativa de su grupo: "cocolos." El término se refería al "coco duro e incomible." Por año 1878 existía una fuerte colonia cocola en Puerto Plata. Esta palabra está todavía en boga (perdió la fuerza ofensiva) y se aplica también a los descendientes de los colonistas de Samaná.

5. Aunque clasificado como piedra fina (semiprecioso), el ámbar de verdad es la resigna del árbol que se fosilizó hace unos 48 millones de años, así atrapando numerosas partículas de plantas e insectos. Lo característico del ámbar dominicano es su brillante translucidez-la más fina calidad del mundo, según expertos en piedra preciosas. Dicen que el ámbar dominicano, más que cualquier otro tipo en el mundo, tiene la más alta densidad de inclusión insecta.

APÉNDICES

Apéndice A

¿QUÉ RINDE DIFERENTE EL LENGUAGE DE QUISQUEYA?

Un examen precipitado del lenguaje de Quisqueya es de anotar algo muy especial. De igual manera en que los patrones de entrelazamiento de la diversidad étnica enriquece la textura cultural básica de la nación, una vez más hay cierto elemento muy dominicano en la evolución lingüística. Esta dominicanidad le rinde muy colorido y enérgico el lenguaje en la Isla. Hay que empezar con una observación importante en hablar del idioma español en las Américas: se distribuye geográficamente en América en cinco zonas distintas. Las zonas son éstas: (1)la del Río de la Plata, con la porción más poblada de la Argentina y todo el Uruguay; (2)la región paraguaya, donde el español está en minoría frente al guaraní; tiene caracteres diferenciales que en parte justificaría su clasificación en zona separada; (3)la chilena, dividida en tres regiones: norte, centro y sur, la andina (el territorio que abarcó la antigua cultura del imperio incáica: noroeste argentino, Bolivia, el Perú, el Ecuador y el territorio de la mayor parte de Colombia y parte de Venezuela); (4)la mexicana, que comprende todo México y Yucatán, y la América Central; (5)la del Mar Caribe, en que se incluyen las tres Antillas españolas: Cuba, La República Dominicana y Puerto Rico, con gran parte de Venezuela y la costa caribeña de Colombia.

En la formación de estas zonas influyeron, ante todo, sucesos de historia política; a ellos se sumaban, en grados variables, hechos geográficos, núcleos de culturas de lo hispánico, indígena y lo africano, sustratos de lenguas de la misma conjunta cultural. Hay en la Isla muchos rasgos arcaicos. Pueden atribuirse, en parte, al hecho de haber sido la isla la primera región de América donde se asentaron los españoles. La Isla, históricamente como toda la zona del Mar Caribe de habla española, se distingue por el sabor fuertemente castellano de su vocabulario y de su sintaxis, en combinación con una fonética que se asemeja más a la andaluza que a la castellana. En gran medida, el habla de los primeros peninsulares que llegaron reflejaba la circunstanica sociocultural precisa de este segmento social mientras que se formaba. El núcleo de población se formó durante los quince años siguientes al llegar, estableciendo pués la base lingüística.

El territorio contemporáneo de Quisqueya se divide en regiones con sus propias características lingüísticas, que sean estos rasgos menores o sútiles. Estas divisiones al mismo tiempo evolucionaron por líneas culturales: el suroeste, incluyendo el Distrito Nacional, corriendo hacia el oriental para incorporar San Pedro de Macorís, La Romana, El Seibo y Altragracia; el Cibao, abarcando el litoral norteño desde Monti Cristi hasta Samaná; el suroeste desde Azua hasta la zona fronteriza y Pedernales.

Pero sin duda, en el norte el Cibao, más precisamente la región interior entre la Cordillea Central y la Septentrional, es la región con la más fuerte variación dialectal. Allí, junto a rasgos arcaicos, se advierten hechos fonéticos salientes: lo más característico es el paso de la (r) y la (l) a (i) en final de sílaba: comer> com*ei*; papel> pap*ei*; capital> capit*ai*. En el Cibao hay un predominio casi sistemático de lo que se llama "vacalización" en términos lingüísticos. En el vocabulario y también el sintaxis del habla dominicana hay singularidades de forma y de significado, exhibiéndose fuertes rasgos arcaicos de la tradición ibérica sureña. Al mismo tiempo hay dominicanismo que se limitan a la Isla y son entendidos sólo por los quisqueyanos sin considerar el status socioeconómico o **la ideología política**.

Glosario Breve de Algunos Dominicanismos Comunes

A

Acotegar: acomodar
Agallú: hombre de muchas agallas.
Aigullo: orgullo.
Amemao: tímido.
Angurria: ambición de quererlo todo para sí.

B

Bachata: fiesta popular con música típica en las zonas rurales.
Balsa: gran cantidad de gentes.
Bandera nacional: plato popular consistente en arroz, habichuela, plátano y carne.
Batey: en el contexto cultural de los taínos, era el sitio en que ellos jugaban a la pelota; pero hoy se refiere a la viviendas esquálidas y subestandarte de los braceros haitianos y otros afroantillanos quienes trabajan en los campos de caña.
Bembe: labio grueso.
Boche: reprimenda de palabra.
Buchos: mejillas

C

Caballada: disparate.
Cacarear: repetir mucho una cosa.
Caco (coco): cabeza
Cachivache: cosa en desuso, sin valor.
Can: fiesta, diversión, reunión de mucha gente.
Caña brava: no comestible; crece regularmente a orilla de los ríos.
Carabiné: baile popular que se conoció en la Isla durante la occupación militar estadounidense de 1916-24; se llamaba así porque los soldados norteamericanos, al tratar de bailar no se quitaron su carabine (fulsil) pegado a la pierna; la aparencia pues produjo un hombre con "pierna ríjida."
Carrancho: coche viejo, destartalado.
Cocotazo: golpe en la cabeza.
Cocotú: un rico, persona importante, influyente.
¡Concho!: interjección. ("No me molestes!")

CH

Chamuchina: gente de barrio pobre.
Chimichurri: un tipo de hamburguesa muy picante, con lechuga, tomate, cebollas que se venden por las calles.
Chele: un centavo.
Chepa: casualidad grande.
Chin: muy poquito.
Churcha: una gran cantidad de gente tumultosa en un ambiente festivo.

D

Dar carpeta: molestar, fastidiar.
De carambola: por casualidad.
Definfarrar: destruir.
De orilla: persona plebeya; chusma.

E

Ecolecuá: estar de acuerdo.
En la bajada te espero: amenaza.
Entrotado: enamorado.

F

Fantoche: fanfarrón.
Flaquindé: flaco.
Fuá: de una vez; se dice cuando se va la luz.
Fucú: mala suerte.

Gallareta: Habladora.
Gancho: estafa, fraude.
Guagua: autobús.

H

Hablar purar: decir la verdad.
Hacer un serrucho: contribuir entre varias personas a algún gasto.
Hacer el chivo loco: disimular, hacerse el loco.
Hereméutica: truco; engaño.
Hachas: dientes (muellas)
Hocico: boca

I

Inglés: acreedor; individuo que cobra.
Irse de cabeza: fallar.
Irse como agua: lo que se va, lo que se acaba de pronto.

J

Jacha: dientes grandes.
Jarina: llovizna.
Jeringa: broma; jeringar (molestar demasiado).
Jipato: un caucásico con (supuestamente) características fisonómicas africanas.
Joderse: fastidiarse.

K

Kaki: caqui; tela amarilla muy usada en el país.

L

Labioso: charlatán; que habla melosamente.
Lamber: comer.
Lote: grupo; conjunto de varias cosas; paquete.

M

Mabi: bebida fermentada hecha con bejuco de indio.
Ma-Chepa: hijo de Ma-Chepa; un cualquiera.
Machucar: pulverizar.
Mangú: plátano verde majado; el mangú, un sustento diario
Mojiganga: ridículo.

N

Na: (sincopa): nada.
Naide: nadie.
Ni así, ni asao: de ninguna manera.

Ñ

Ñeco: que tiene una mano o las dos hacia adentro por defecto de lesión.
Ñoñería: mimos; infantilidad.
Ñoño: persona mimada.

O

Opilarse: llenarse uno de agua.
Oye eso: eschuche (expresión muy familiar).

P

Pacá: para acá.
Pai: papá, padre, taita.
Pariguayo: idiota.
Pendenciar: vigilar.
Pezcuezo: cuello

Q

Quema: borrachera.
Quedarse en llanta: sin algo que espera.
¡Qué hay!: saludo muy común.
¡Qué vaina!: Qué calamidad.

R

Rebú: desorden.
Reguerote: muchedumbre de personas o de cosas.

S

Sabichoso: malicioso.
Sacar los trapos al Sol: revelar secretos ajenos.
Salado: fatal.
Salapastroso: muy sucio.

T

Tabaná: pescozada.
Tacaño: que no le gustas gastar dinero.
Tajalán: grandote; muchachón.

Trancar: cerrar con llave.
Trica: burla disimulada.
Truño: cara triste.
Tripa: intestinos del ser humano

U

Una sabrosuana: una cerveza fría.
Uña larga: ladrón.
Usar la izquierda: hacer algo por vía no usual.

V

Vejigazo: golpe en la vejiga (barriga).
Verdá: verdad.
¡Virgen Santísima! Exclamación.

Y

Yaguazo: se refiere a golpear a uno.
Yunque: pescuezo.

Z

¡Zafa!: exclamación de diversos sentidos; para que alguno se aleje.
Zanganerar: tontear.
Zapatazo: golpe de fuerza usando un zapato.

Apéndice B

TESOROS NACIONALES

En La República Dominicana hay dos símbolos indomables que, más que cualesquiera otras imágenes, son completamente inflexibles en su representación del espíritu y sabor de la cultura en la Isla. De hecho, estos símbolos están grabados tan profundamente en el alma nacional y están venerados con tanta religiosidad por el pueblo que han sido convertidos en tesoros nacionales. Sin tener en cuenta nada de lo socioeconómico, lo político ni el nivel educacional ni región del país, estos tesoros conllevan el predominio en la psique nacional. El sancocho dominicano y el merenque han sido y siguen siendo las dos joyas preciosas de valor inmensurables. Indudablemente estos tesoros son las dos imágenes que justamente evocan lo que significa la cultura dominicana.

El Sancocho Dominicano

Quisqueya es una nación que ha recibido una gran cantidad de influencias a lo largo de su evolución cultural; tiene como consecuencia la forja de una identidad muy singular y diferente a la de sus vecinos. Es la Isla muy bien conocida por su música, su sol, sus playas, y la hospitalidad de su gente, pero ha producido también una muy rica tradición culinaria. La cocina quisqueyana tiene raíces verdaderamente multiétnicas. En primer lugar, está la influencia de los indígenas, principalmente la cultura taína. Con la llegada de los españoles y los africanos hay una transformación dramática de la sociedad isleña. Los dominadores recién llegados tenían que adaptarse al nuevo medio, mezclaron su rica tradición de caldos y asados con lo que había disponible en el medio. Los africanos hicieron una serie de aportes valiosos, tales como los plátanos, el guineo, el ñame, el guandul y la pimienta. Estos elementos iban a marcar de forma significativa la manera en que los dominicanos comen y cocinan. Así, entre los caldos más apreciado está el Sancocho.

Hay que anotar que de toda la amalgama antropológica se forma y transforma la tradición culinaria dominicana. La cultura de un pueblo, como se sabe, es como todo en la sociedad: movimiento, dinámica, transformación y síntesis-simbiósis. Y siendo el arte de la cocina una parte de esta cultura, el pueblo dominicano ha ido transformando sus hábitos, enriqueciéndolos con nuevos aportes y creando cada vez nuevas facetas de su establecida cocina criolla. Es de entenderse que existe un sin número de variantes del plato nacional. El sancocho dominicano. Cada región del país tiene su estilo peculiar para prepararlo. También, cada cocinera lo prepara con recetas celosamente guardadas y transmitidas de generación en generación entre los cocineros familiares. Aquí se presenta la variante del sanchocho prieto de siete carnes al estilo de Doña Paulina de Tamboril:

Ingredientes (Rinde 10-12 porciones):

- ½ libra de costillitas de cerdo
- 2 libras de las otras seis carnes: gallina, pollo, chivo, chorizo, jamón, res
- 10 tazas de agua
- 2 cebollas blancas, picaditas
- 2 ½ tomates picaditos
- 2 ajíes dulces, picaditos; 1 diente de ajo machacado
- 2 mazorcas de maíz verde
- 2 hojas de culantro; 2 ramitas de perejíl
- 1 cucharada de sal

Las especias típicas en la gastronomía dominicana: adobo, sazón (con achiote), sofrito.

Las verduras (los víveres): ½ libra de éstas cortadas en forma de cubo o raja: yautía, yautía amarilla, yautía blanca, yuca, ñame, plátanos, aullama, malanga, plátano verde.

Preparación

Corte las carnes en pedazos pequeños. Sazónelos bien a gusto. Sofría las carnes con un poco de aceite de oliva; no fría muchos a la vez para que el aceite no se enfríe. Añada los condimentos (cebolla, ajo, ajíes, perejíl, culantro, tomates: todos picaditos. Salpique con un poco de las especias a gusto. Agregue el plátano verde pelado y cortado en pedazos. Proceda en igual manera con la yuca y el ñame. Deje cocinar hasta ablandar; saque las carnes del caldero y póngalas a un lado. Ponga a fuego alto hasta que esté hervido el agua. Añada un poco más de las especias. Añada todos los víveres con el restante del condimento. Baje el fuego y cocine lentamente. Eche de nuevo al caldo las carnes ya cocidas. Añada pedacitos de naranja agria para el toque final de sabor típico criollo.

El Merengue

Sin excepción, es éste el rítmo nacional singular de La República Dominicana. Es incuestionable el baile más popular del país y domina la vida musical de todas las regiones de la Isla. Al mencionar el merengue es mencionar La República Dominicana a la vez. Investigaciones exhaustivas, especialmente aquéllas del profesor Fradique Lizardi, para determinar los orígenes de esta música tradicional han producido evidencias fuertes afirmando las raíces afro-haitianas del merengue. Al mismo tiempo, sin embargo, parece que la evolución del merengue corresponde a la fundación histórica de la Primera República de 1844. El rítmo se tocaba al principio con el tambor, la güira y la guitarra; así, se llama el perico ripiao este merengue inicial; se tocaba principalmente en las zonas rurales de la Isla.

De igual manera del tango inicial de la Argentina, la plena y la bomba de Puerto Rico, la rumba de Cuba, el *reggae* de Jamaica y el *calypso* de Trinidad, el merengue se ha sido identificado facilmente con la clase obrera desde el principio de su gran popularidad. También como estos otros distintos rítmos nacionales, el merengue dominicano muy pronto fue declarado vulgar y obsceno por el segmento élite dominante de la sociedad dominicana. Hubo campañas organizadas para prohibir la exposición de esta música y su acompañada danza. En una época más tarde cuando ascendió Trujillo al poder, el merengue llegó a simbolizar algo más: el Dictador lo utilizó como su vehículo personal para vengarse de la alta sociedad que siempre le negaba oficialmente la entrada del Jefe entre sus rangos exclusivos. Trujillo contribuyó de gran medida a que el merengue, esta música supuestamente "vulgar y obscena," se tocara y bailara en los salones más selectos de la nación. La evolución de la música se caracterizó con arreglos musicales más sofisticados, ahora con orquestas completas. En este sentido es Don Luis Alberti considerado el Padre del Merengue.

Después del asesinato del Dictador, el merengue se dio a más libertad y exuberancia de expresión creativa por parte de los merengueros. La orquesta se redujo en cuanto al número de músicos participantes, por ejemplo. Además, los músicos que antes se quedaron sentados en posiciones bastante rígidas y controladas, ahora se pusieron de pie, oscilándose con el rítmo de la música que tocaban. Un merenguero fenomenal en particular, más que cualquier otro, fue responsable por transformar por completo el merengue, así formulando nuevos estandartes para los rítmos nacionales durante este período post-Trujillo: el Embajador Mundial del Merengue, Johnny Ventura. Los líderes del nuevo grupo del merengue dominicano desde el período de los 1960s serían Ventura, Wilfrido Vargas y Juan Luis Guerra. Lo más carismático, casi mítico y por cierto la voz más popular en interpretar esta música nacional sería *El Mayimbe* sí mismo, Fernandito Villalona. Entonces, otra vez es de suma importancia al hablar de la dominicanidad como objeto de reflexión, que se plantee el papel de la gente común, trascendiendo aquella historia de las grandes familias o los sectores privilegiados de la sociedad. El ejemplo de la evolución musical del merengue es un caso extremamente ilustrativo en este aspecto de identidad nacional.

Apéndice C

HIPÓLITO Y MILAGROS

Hipólito Mejía y Milagros Ortíz Bosch se convirtieron en los nuevos Presidente y Vicepresente de La República Dominicana para el período constitucional que inicia el próximo 16 de agosto de 2000 y concluye en el año 2004. La voluntad popular se expresó y el que no lo entienda así es un miope. Hipólito y Milagros inician ahora una nueva etapa de sus vidas y con ellos la nación dominicana en pleno. El Partido Reformista Social Cristiano (PRSC) encabezado por su candidato y fundador el nonagenario Dr. Joaquín Balaguer (94 años de edad al escribir este apéndice) ya dijo que haría una oposición constructiva, como lo ha hecho con el actual gobierno. Estamos seguros que el Partido de la Liberación Dominicana (PLD) hará lo propio.

Los candidatos peledeístas Danilo Medina y Amílcar Romero declinaron participar en una segunda elección cuando se reveló que el PRD había logrado el triunfo con el 49.87 % de la votación. Muchos fueron los que le aconsejaron que se aventurara a la segunda ronda (*"run off"*), aún sabiendo que sería un suicidio político. Por suerte no los escuchó. El actual presidente del país, Leonel Fernández (del partido PLD) manifestó en su discurso a la nación que una segunda vuelta hubiera conducido a una tremenda tensión social. De acuerdo a los resultados arrojados por las votaciones, ninguno de los participantes en la contienda logró alcanzar el 50 % que exige la Constitución para otorgar la primera magistratura del Estado.

Mejía y Ortíz Bosch obtuvieron la primera posición con un total de 1 millón 593 mil 231 votos; mientras que Medina y Romero quedaron en un segundo lugar con 796 mil 923 sufragios. El partido de Balaguer, los reformistas, obtuvieron 785 mil 926 votos, equivalente a un 24.60% de los sufragios de las pasadas elecciones presidenciales del 16 de mayo. Aunque los perredístas les faltaron algunos votos para obtener más del 50% establecido para pasar en la primera vuelta, el deseo máximo de la población se expresó con mucha claridad; los dominicanos sensatos entendían que el país no podía ser sometido a otros 45 días de frenética y peligrosa campaña sin necesidad real. La JCE (Junta Central Electoral) anunció al terminar del conteo de los votos que el deber colectivo del pueblo dominicano había sido un trabajo honesto, honrado y limpio. Una nota final a este respecto, el triunfo de Milagros Ortíz Bosch, señalada para ocupar la Vicepresidencia de la República, indica que por primera vez en la historia del país, una mujer va a servir en tan alta posición estatal.

Apéndice D

UNA NUEVA IDENTIDAD NACIONAL DE INCLUSIÓN

En la colección de ensayos con el título *El retorno de las yolas*, el escritor nos presenta una exposición bastante rigurosa y detallada de lo que el considera la nueva identidad nacional dominicana. El ensayista, el muy conocido y erudito humanista dominicano de la diáspora, Silvio Torres-Saillant, ha señalado que el sancocho dominicano constituye una de las más altas expresiones del genio culinario de la humanidad. Hablando del sancocho, el Profesor Torres-Saillant dice que . . . " su sabrosura afirma la riqueza de nuestro sincretismo cultural."[Torres-Saillant 1999:337]. Esta brillante y sana voz está demandando respeto por la multiplicidad de ingredientes dispares en nuestro plato nacional.

De manera semejante, la cuestión de las identidades es un problema complejo. Es un problema que incluye muchos elementos dispares . . . que incluye una variedad de elementos que tenemos que tener en cuenta. Por lo tanto desde esta perspectiva yo confirmo: la identidad dominicana no es más que la confluencia en la relación de un conjunto de identidades dominicanas que se han ido formando como la multiplicidad de pedacitos de vidrios de colores en los caleidoscopios a través de nuestra larga historia. En esa historia la identidad que se identifica sólo por su tradición hispánica — ignorando por completo la dinámica confluencia de lo indigena y lo africano--- se situa en la perspectriva del poder. También así trata de utilizar toda una serie de elementos que están a su mano para afirmarse como la identidad dominicana y por lo tanto descartar a las otras identidades o rechazar a las otras identidades en el importantísimo diálogo social . Al fin y al cabo es lo mismo que se planteó hace 500 años cuando en el llamado Gran Encuentro de culturas que en realidad fue un encontronazo.

Fue una ruptura a partir de una serie de recursos que tenían e impusieron su poder sobre la otra cultura y la destruyeron. Lamentablemente se trata de un macabro juego de poder donde las varias identidades tratan de recoger recursos para afirmarse y afirmándose se están afirmando los grupos sociales porque la identidad es la identidad con un grupo específico. Entonces, es preciso que entremos en una dinámica nueva de establecimiento de nuevos equilibrios del poder que hagan posible la participación genuina y real en igualdad de todos los sujetos sociales. No se trata de eliminar o rechazar a ninguno de los sujetos . . . sino se trata de eliminar en absoluto el exceso de poder del sujeto social que le permita la deshumanización de los demás.

La identidad de un pueblo es un proceso . . . un proceso que puede ser turbulento . . . que no concluye o termina en un momento definitivo. En otras palabras, es la identidad el proceso que se va acumulando al mismo tiempo se va asumiendo en esa turbulencia todos los elementos variados --- esos rasgos, esos componentes, esos ingredientes distintos --- van redefiniéndose. Ya no es el razgo inicial sino que es un razgo que ha resultado del proceso con su perfil propio. Lo que sucede en el caso de la identidad nacional dominicana es que el desarrollo de la identidad, en términos ideológicos y espirituales (pero también materiales), se da a lo largo de un tiempo que se podría calificar de infinito. En el turbulento proceso, varios elementos se van acumulando hasta que hay razgos de contrastes, contradicciones y conflictos. Es decir, para que cada pedacito del caleidoscopio adquiera su perfil propio tiene que darse en función de la turbulencia. En esa manera, cada ingrediente tiene su propia dinámica que lo lleva a él a tener una determinada característica, aun siendo elemento indispensable para "la riqueza del sancocho nacional."

Entonces, en realidad cuando hablamos de una identidad nacional, automáticamente tenemos que hablar de la dinámica de inclusión honesta, no de la exclusión que tradicionalmente ha caracterizado el concepto de cualquier identidad dominicana. A lo largo de la historia dominicana los grupos más dominantes en la sociedad han tenido su propia identidad muy obviamente relacionada con su poder. Es decir, su perfil propio ha sido dado por el ejercicio abusivo del poder y el dominio que proviene del ejercicio de ese poder. Al contrario, aquellos grupos sin poder, sin recursos . . . aquellos que han sido oprimidos y marginados . . . que han tenido sus voces ignoradas o eliminadas en total en cualquier agenda nacional de los diálogos históricos.

Sin embargo, en estos nuevos tiempos, con las nuevas generaciones, con un nuevo liderazgo nacional demostrando nuevas visiones, y más que nada, cuando nosotros planteamos la idea de *"la nueva dominicanidad"* y las profundas reflexiones sobre esa identidad, nuestra mirada y nuestros pensamientos ahora se enfocan sobre la sincera afirmación de la igualdad de todas las personas y todos los grupos sin falta. Enfocamos sobre todos los ingredients especiales --- dentro de la misma unidad social para que soñemos juntos.

Como dijo un joven intellectual-activista dominicano hace varios años en momento en que exponía sus opiniones en un panel de Identidad Cultural: "La realidad dominicana amerita de una visión amplia y profunda que posibilite su comprensión aprendiéndola como una suma de diferentes factores, como el producto procesal que nos contiene y dirigido al rescate de la memoria histórica y a la revalorización de una identidad autentica e inclusive dominicana." El joven es Nelson Mella del Centro Dominicano de Estudios de la Educacion--- CEDEE]. Por lo tanto la historicidad, lo historico de la identidad reside en la identificacion de los procesos de luchas que han creado las culturas de un tipo de sobrevivencia. Entonces, el asunto de la nueva identidad nacional sirve precisamente para contraponer el problema de la identidad a la estrategia de identificar lo popular con las necesidades estratégicas de la colectividad del pueblo dominicano.

Apéndice E

IRONÍAS INEXPLICABLES DE UNA COMUNIDAD:
LUCES Y SOMBRAS

Durante el verano del año 2002 el Arzobispado de Santo Domingo firmó un acuerdo con una fundación financiera y con un consorcio energético con el objetivo de iluminar la Catedral Primada de América (La Catedral de Santa María la Menor). Según el obispo de Santo Domingo, "es hacer que la Catedral como monumento histórico de la fe cristiana sobresalga en toda su dimensión y que en horas de la noche se destaquen todos los ángulos de su bien concebida estructura arquitectónica." La suma de 100 mil dólares se invertirá para este proyecto ambicioso.

Durante el mismo período, la irregularidad del servicio energético, o sea los cortes de la electricidad, igual que la falta de agua potable y el escandaloso cúmulo de basura en las vías en los más populosos sectores de la capital (tales como de Capotillo, Villa Juana y Herrera) siguen generando intranquilidad peligrosa a sus moradores. La tanda de apagones de 10, 12 y hasta 18 horas a que están sometidos los residents de esos barrios está creando una seria indignación contra las autoridades responsables de enfrentar el malestar.

También durante el mismo verano, la muerte del último caudillo nacional — uno de los últimos en toda Latinoamérica-- inicia una controversia histórica. Tibio aún su cadaver, las discusiones sobre cuáles fueron las condiciones en la sociedad dominicana que posibilitaron que el doctor Joaquín Balaguer, fallecido a los 96 años de edad, sobreviviera políticamente durante setenta y dos años, suscitan debates. Se cumple con mayor vigor la frase de Marti sobre las luces y las sombras de tanto los individuos como los eventos en la vida. Hay un extraño balance entre las razones que pueden servir para admirarlo o reconocerlo y las que valen para rechazar su aporte histórico y humanístico. ¿Por qué un intellectual fecundo, poeta ilustre, historiador, y el enigma de un poder . . . un hombre que sirvió fielmente por décadas al sanguinario monstruo Trujillo . . . muere en medio de tan unánime respeto? ¿Cómo?

Con el fallecimiento del ex mandatario Joaquín Balaguer, quien logró mantenerse en el poder durante 22 años e interpretó la realidad dominicana para sus propios fines políticos, se cierra un ciclo histórico en la República Dominicana. La historia contemporánea del país cuenta con tres grandes estadistas, tres gigantes de verdad, quienes conmocionaron a la sociedad dominicana tanto por sus apasionados valores humanos y literarios, como por significar el fin de la era del liderazgo político en los partidos principales dominicanos. El doctor José Francisco Peña Gómez (fallecido en 1998), el profesor Juan Bosch (fallecido en 2001) y ahora el doctor Joaquín Balaguer (falleció el 14 de julio de 2002), separados dramáticamente entre sí por profundas razones ideológicas y políticas . . . los tres no podrán nunca ser olvidados ni ignorados fácilmente de la conciencia dominicana.

Con más ironía aún durante el caluroso verano de 2002, en la última sesión de la Asamblea Nacional Revisora el voto era sí o no por la reducción del cincuenta por ciento más uno para ganar en la primera vuelta. Sin embargo, algunos de los asambleístas del Partido Revolucionario Dominicano (PRD) — el partido del actual presidente Hipólito Mejía—quisieron motivar su decisión y antes de sufragar proclamaban . . . "por José Francisco Peña Gómez, sí," . . . con lo que querian insistir en la creencia de que el fallecido líder perredeistas no fue presidente de la República por la segunda ronda y el porcentaje establecido.

Dicen que por sus obras lo conoceréis . . . Reordenar la capital nacional requirió un esfuerzo colossal, para adecuar la infraestructura urbana al enorme contingente humano que ya la habita. El espíritu (o quizás la obesión o el ego personal) de Balaguer quedó impregnado en los monumentos faraónicos que le dan fisonomía a la infraestructura de todo el país, pero especialmente a la ciudad de Santo Domingo. La lista de tales monumentos es larga: Expreso V Centenario, reordenación territorial de la Zona Oriental, autopistas, viviendas, rescate de la Ciudad Colonial, El Faro a Colón, el Acuario Nacional, edificios gubernamentales, La Biblioteca Nacional, el Puerto de Haina, el Aeropuerto Internacional Las Américas, El Centro de Cultura Dominicana, El Teatro Nacional, el Parque Mirador Norte, El Palacio de los Deportes . . . entre muchas otras obras públicas.

Pero junto con los sombrosos eventos en su gobierno durante "los doce años" (1966-78) . . . caracterizado por una fuertísima represión política . . . el doctor ejerció el poder con mano bien dura . . . centenares de jóvenes opositores al régimen fueron brutalmente asesinados . . . También vimos la apariencia de la publicación de una monstruosidad de su libro racista, vomitando el venenoso sentimiento personal pero contagioso antihaitianismo en *La isla al revés* (1983). En este texto Balaguer atribuyó el subdesarrollo del país al "ennegrecimiento" de la población creada por la cercanía con "el país salvaje" y "sin cultura" del vecino al occidental Haití . . . invocando de nuevo la "amenaza haitiana" que supuestamente está lista como siempre para "destruir la dominicanidad"/ o *la sagrada hispanidad* de nuestra sociedad.

Comentando sobre otro asunto literario, hay que plantear la pregunta . . . ¿Fue el poder de coerción del Estado balagueriano que provocó la revocación del premio nacional de novela que un jurado de respetables literatos y otros expertos de la profesión había otorgado al escritor Viriato Senció por su obra explosiva "*Los que falsificaron la firma de Dios*" (1992)?

La novela de Sención presenta unas ineludibles referencias a ciertos funcionarios públicos claramente identificables . . . incorporando literatura y realidad que muchos consideraban seriamente ofensivos. Dicen que el doctor Balaguer había expresado publicamente su inquietud y hasta disgusto a "los conceptos difamatorios e injuriosos del libro". Muchos familiares del autor Sención se preocuparon por su vida. Luces y sombra del verano de 2002.. El país está de luto. La muerte del ex presidente Balaguer fija el fin de uno de los individuos más poderosos y de mayor influencia en la vida dominicana del período postrujillista.

Irónicamente, se dice que hoy la nueva Santo Domingo encara su futuro airosamente. El turismo en el país se ha triplicado en los últimos diez años. Este sector se ha convertido en el más dinámico de la economía dominicana. Según el banco Central, los ingresos provenientos del turismo en el año 1990 ascendían a 890 millones de dólares, mientras que para el año 2000 fueron de 2, 895 millones de turistas (53. 5% provino de Europa . . . otra ironía debido que la isla está situada más cerca de EUA). Los domincanos — especialmente los capitaleños— se enorgullecen de sus impresionantes "túneles" y "elevados" al estilo 'Nueba Yor' . . . (¿Posiblemente se puede imaginar túneles para los vehículos o autopistas elevadas en un país del Caribe?) Muy pronto se terminará el suntuoso proyecto de El Malecón Center y el super túnel con rumbo directo al Aeropuerto Internacional. ¿Y tantas mujeres dominicanas de toda variedad de cuerpo físico . . . llevando esos jeans increíblemente apretados . . . y hablando por sus teléfonos celulares?

A pesar de tanto indicio de modernidad ¿por qué parece imposible el manejo de la sencilla recogida de basura --- grandes acumulaciones de basura--- en las calles y avenidas de todos los sectores de la ciudad . . . cada día más amenazando de manera muy seria la salud de las gentes. Pero además, supuestamente esta vergüenza escapa a la vista de los millares de turistas quienes llegan cada año en más grandes cantidades para disfrutar de una belleza extraordinaria de nuestra Isla preciosa que es **Quisqueya La Bella**. ¿Y es fácil?

Apéndice F

LOS MAPAS

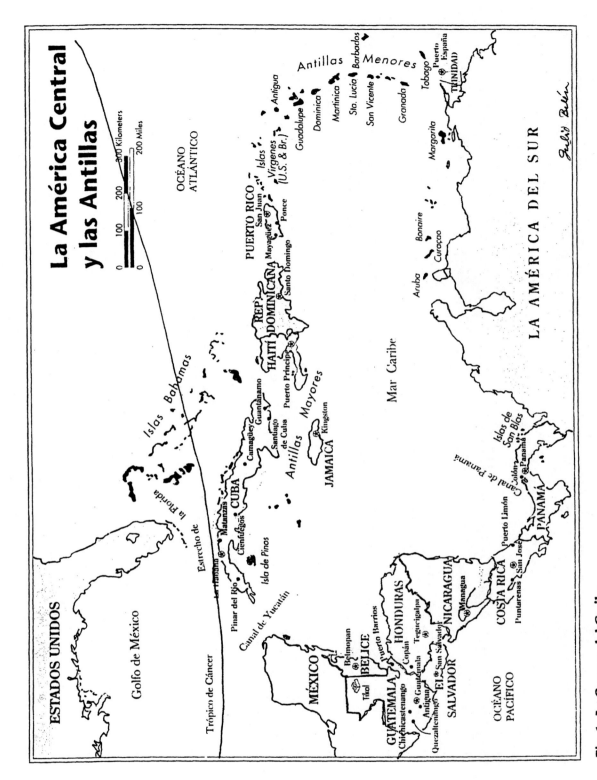

Fig. 1. La Cuenca del Caribe.

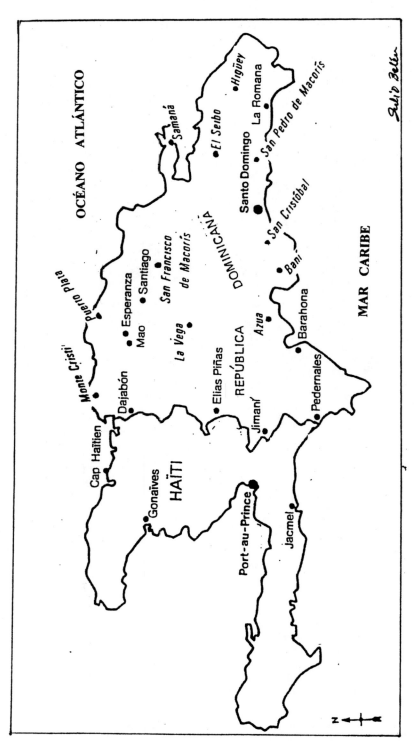

Fig. 2. La Isla de Hispaniola.

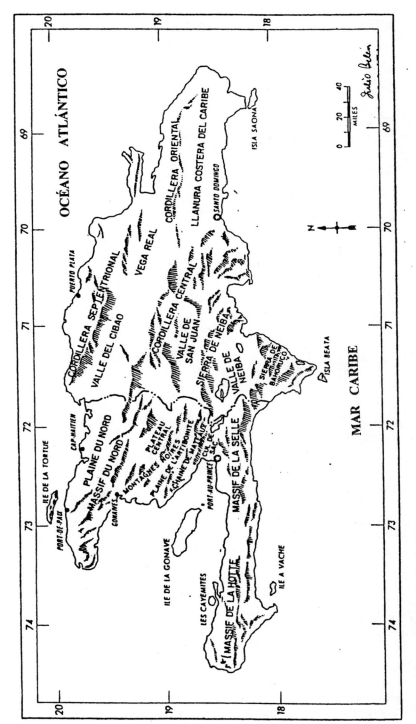

Fig. 3. Mapa físico de Hispaniola.

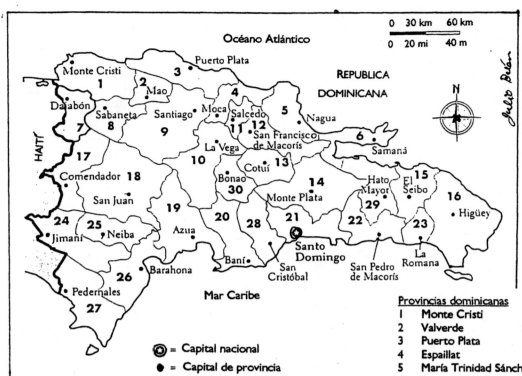

Fig. 4. Los centros de población y divisiones administrativas.

Provincias dominicanas
1. Monte Cristi
2. Valverde
3. Puerto Plata
4. Espaillat
5. María Trinidad Sánchez
6. Samaná
7. Dajabón
8. Santiago Rodríguez
9. Santiago
10. La Vega
11. Salcedo
12. Duarte
13. Sánchez Ramírez
14. Monte Plata
15. El Seibo
16. La Altagracia
17. Elías Piña
18. San Juan
19. Azua
20. Peravia
21. Distrito Nacional
22. San Pedro de Macorís
23. La Romana
24. Independencia
25. Bahoruco
26. Barahona
27. Pedernales
28. San Cristóbal
29. Hato Mayor
30. Monseñor Nouel

REFERENCIAS CITADAS

Alvarez, Julia. *In The Time of The Butterflies*. Chapel Hill, NC: Algonquine Books, 1995.

_____. *How The García Girls Lost Their Accent*. Chapel Hill, NC: Algonquine Books, 1991.

Balaguer, Joaquín. *La Venda Transparente*. Madrid: Impresos y Revistas, 1987.

_____.*La Isla al revés: Haití y el destino dominicano*. Santo Domingo: Editora Corripio, Librería Dominicana, 1984.

_____. *Colección Discursos. Títulos publicados. viii tomos*. Santo Domingo: Editoria Corripio, 1983.

_____. *Guía Emocional de la Cuidad Romántica*. Barcelona: Los Telleres Sirven, 1978.

_____. *Los Próceres Escritores. 2ª edición*. Buenos Aires: Rafael Calzada, 1971.

Barnet, Miguel. Barnet, Miguel. *Biografía de un cimarrón*. La Habana: Academica de Ciencias de Cuba, 1966.

Bautista, Jaime A. "Llegó la hora." *Revista de Hoy, 10 de junio de 1994*, 67.

Beneyto, Juan. *Historia social de España y de Hispanoamérica*. Madrid: Casa Aguilar, 1961.

Black, Jan Knippers. *The Dominican Republic: Politics and Development in an Unsovereign State*. Boston: Allen & Unwin, 1986.

Bosch, Juan. *Composición social dominicana: historia e interpretación, 17ª edición*. Santo Domingo: Alfa y Omega, 1991.

_____. *Breve historia de la oligarquía*. Santo Domingo: Impresora Arte y Cine, 1971.

_____. *De Cristóbal Colón a Fidel Castro: El Caribe, Frontera Imperial*. Barcelona: Editora Alafaguara, 1970.

Calder, Bruce J. *The Impact of Intervention: The Dominican Republic During the North American Operation of 1916-1924*. Austin: University of Texas Press, 1984.

Campbell, Mavis. *The Maroons of Jamaica, 1655-1796*. Granby, Mass: Bergin & Garvey Publishers, Inc., 1988.

Cassá, Roberto. *Historia Social y Económica de La República Dominicana, 2 tomos*. Santo Domingo: Editora Alfa y Omega, 1989.

_____. *Los Taínos de La Española*. Santo Domingo: Universidad Autónoma de Santo Domingo, 1974.

Caswell, Robert D. Trujillo: *Life and Times of a Caribbean Dictator*. New York: Macmillan, 1966.

Cela, Jorge. Cela, Jorge. "Identidad cultural del país." *Hoja Cedee 5*, no.13 (junio 1992).

Colón, Cristóbal. *Los cuatro viajes del Almirante y su testamento, su edición*. Madrid: Gredos, 1971.

Cordero Michel, Emilio. *Análisis de la era de Era de Trujillo, 5ª edición*. Santo Domingo: Editoria Universitaria, 1987.

_____. *La Revolución Haitiana y Santo Domingo*. Santo Domingo: Editoria Taller, 1974.

_____. *Historia económica, social y política de Santo Domingo. tema viii*. Santo Domingo: Universidad Autónoma de Santo Domingo, Facultad de Ciencias Económicas y Sociales, 1970.

Cruz Pineda, Helson. *Peña Gómez: Reflexiones Políticas*. Santo Domingo: Editora Victorama, C. por A., 1997.

De las Casas, Bartolomé. *La Destrucción de las Indias, tomo II*. Caracas: Biblioteca la Academia Nacional de la Historia, 1962.

De la Fosse, J. B. Lemonioer. *Segunda Campaña de Santo Domingo*. Santo Domingo: Editora de Santo Domingo, S.A., 1975.

De Moya, Casimiro. *Bosquejo Histórico del Descubrimiento y Conquista de La Isla de Santo Domingo, vol.II*. Barcelona: Gráficas Manuel Pareja, 1976.

De Navarrete, M. Fernández. *Los viajes históricos de Cristóbal Colón, 6ª edición.* Madrid: Editora Espasa-Calpe, 1968.

Deive, Carlos Estéban. *Los Cimarrónes del Maniel de Neiba: Historia y Etnografía.* Santo Domingo: Banco Central de La República Dominicana, 1985.

Diop, Chekh Anta. *The African Origins of Civilization.* Westport, Ct: Lawrence Hill, 1984.

Dobal, Carlos. "Herencia Española en la Cultura Dominicana de Hoy," en *Ensayos Sobre Cultura Dominicana, 3ª edición.* Santo Domingo: Fundación Cultura Dominicana, 1990.

Drake, St.Clair. *Black Folks Here and There: Essays in History and Anthropology, 2 vols.* Los Angeles: Center for African American Studies, UCLA, 1990.

Fage, J.D. *A History of West Africa.* New York: Cambridge University Press, 1989.

Félix, Julio. Entrevista con el autor el 16 julio 1993, Barahona, República Dominicana. Colección privada de grados.

Ferguson, James. *The Dominican Republic: Beyond the Lighthouse.* London: Monthly Review Press, Latin American Bureau, 1992.

Fernández de Oviedo, Gonzalo. "Historia General y Natural de las Indias," en *Raíces, Motivaciones y Fundamentos de la Raza Dominicana,* ed. Francisco R. Herrera Miniño, 257-77. Santo Domingo: Editora Taller, 1979.

Franco, Franklyn J. *Los negros, los mulatos y la nación dominicana, 8ª edición.* Santo Domingo: Editora Nacional, 1989.

Franco, José Luciano. *Revoluciones y conflictos internacionales en el Caribe, 1789 – 1854. 3rd edición.* La Habana: Editorial de Ciencias Socials, 1989.

Furtado, Celso. Furtado, Celso. *La economía latinoamericana desde la conquista ibérica hasta la revolución cubana.* Santiago de Chile: Editoria Universitaria, 1989.

García Manuel, Juan. *La masacre de Palma Sola: partidos, lucha política y el asesinato del general: 1961-1963.* Santo Domingo: Editora Alfa y Omega, 1986.

Gleijeses, Pierto. *The Dominican Crisis: The 1965 Constitutionalist Revolt and the American Intervention.* Baltimore: Johns Hopkins University Press, 1978.

Guerra Vilaboy, Sergio. *Historia y revolución en América Latina.* La Habana: Editorial de Ciencias Sociales, 1989.

Hall, Gwendolyn M. *Social Control in Slave-Plantation Societies: A Comparison of Saint-Domingue and Cuba.* Baltimore: Johns Hopkins University Press, 1971.

Heinl, Robert and Nancy. *Written in Blood: The Story of the Haitian People, 1492-1971.* Boston: Houghton Mifflin, 1978.

Henríquez Ureña, Pedro. *El Español en Santo Domingo, 4ª edición.* Santo Domingo: Editora Taller, 1982.

Herrera Miniño, Francisco R. *Raíces, Motivaciones y Fundamentos de la Raza Dominicana.* Santo Domingo: Editora Taller, 1979.

Hoetink, Harry. Dominicano: *El Pueblo Dominicano: 1850-1900. Apuntes para su sociología histórica.* Santo Domingo: Universidad Católica Madre y Maestra, 1985.

Holly, James T. and J. Dennis Harris. *Black Separatism and the Caribbean, 1860.* Ann Arbor, MI: University of Michigan Press, 1970.

James, C. L. R. *The Black Jacobins.* New York: Random House, 1963.

Jimenes Grullón, Juan Isidro. *La América Latina y la Revolución Socialista.* Santo Domingo: Editora Cultural Dominicana, 1971.

Jiménez, Blas. *Aquí. . . Otro Español, 2a edición. Series Literatura Caribeña.* Santo Domingo: Editora Manatí, 2000.

_____. *El Nativo: Versos en cuentos para espantar zombies.* Colección Cimarrónes. Santo Domingo: Editora Búho, 1996.

_____. *Caribe Africano en Despertar.* Colección Cimarrónes. Santo Domingo: Nuevas Rutas, 1984.

Larrazábal, Blanco, Carlos. *Los negros y la esclavitud en Santo Domingo.* Colección Pensamiento Dominicano. Santo Domingo: Julio D. Postigo e Hijos Editores, 1967.

Lawrence, Harold G. "African Explorers of the New World," en *The Crisis 16* (June-July 1962): 219-27.

Lebrón Saviñón, Mariano. *Historia de la cultura dominicana. vol. 4* Santo Domingo: Universidad Nacional Pedro Henríquez Ureña, 1982.

Lemoine, Maurice. *Azúcar amargo: Hay esclavos en el Caribe, 2ª edición.* Santo Domingo: Ediciones CEPAE, 1987.

Lizardo, Fradique. *Intrumentos musicales folklóricos dominicanos.* Santo Domingo: Editorial Santo Domingo, 1988.

_____ . *El folklór: problemas, métodos y prioridades en la antropología en La República Dominicana, una evaluación.* Santo Domingo: Fondo para el Avance de las Ciencias Sociales, 1978.

Marrero Aristy, Ramón. *Over. 15ª edición.* Santo Domingo: Biblioteca Taller No.4, Colección Pensamiento Dominicano, 1992.

Marx, Carlos. *Sobre las sociedades precapitalistas.* La Habana: Fondo Cultural Cubano, 1970.

Mella, Nelson. *Escarbando las raíces de la explotación: período precolombino a 1804.* Santo Domingo: Colectiva CEDEE, 1990.

_____. "Balance crítico de una práctica cultural." *Hoja CEDEE 5, no.13* (junio 1993): 15-19.

Mir, Pedro. *Hay un país en el mundo y otros poemas de Pedro Mir.* Biblioteca Taller No. 81. Santo Domingo: Ediciones de Taller, 1994.

_____. *El gran incendio: los balbuceos americanos del capitalismo mundial.* Santo Domingo: UASD, Celección Historia y Sociedad. Editora del Caribe, 1970.

_____. *Tres leyendas de colores.* Santo Domingo: Editora Nacional, 1969.

Moreno Fraginals, Manuel. *El ingenio: el complejo económico social cubano del azúcar.* La Habana: Comisión Nacional Cubana de la UNESCO. Empresa Consolidada de Artes Gráficas, 1964.

Moya Pons, Frank. *Manual de Historia Dominicana, 5ª edición*.
Santiago de los Caballeros: Universidad Católica Madre y Maestra, 1980.

_____. *La Española en el Siglo XVI*. Santiago de los Caballeros: Publicaciones UCMM, 1974.

Murray, R.N. *West Indian History*. London: Thomas Nelson & Sons, Ltd., 1987.

Ortíz, Fernando. "Introducción," en José Antonio Saco, *Historia de la Esclavitud de los indios en el Nuevo Mundo*. La Habana: Fondo de Estudios Culturales, 1932.

Paiewonsky, Rafael A. Iberto. Entrevista con el autor, el 5 de june de 1993, Puerto Plata, República Dominicana.

Paquin, Lyonel. *The Haitians: The Story of Class and Color Politics*. Brooklyn: Multitype Press, 1983.

Peña Batlle, Manuel A. *La República Dominicana, tomo I*. Ciudad Trujillo: Editora del Caribe, 1957. citado en J. Bosch, *Composición Social*, 268-74.
Santo Domingo: Alfa y Omega, 1991.

Peña Gómez, José Francisco. *Diez Discursos*. Ediciones de la Secretaría General del Partido Revolucionario Dominicano. Santo Domingo, 1989.

Peguero, Valentina and Danilo de los Santos. *Visión General de la Historia Dominicana*. Santo Domingo: Editoria Taller, 1981.

Price-Mars, Jean. *La República de Haití y la República Dominicana*. Port-au-Prince: Colección del Tercer Cincuentenario de Haití, 1953.

Remigio Pichardo, Diomedes. *Peña Gómez: Su Pensamiento Político*.
Santo Domingo: Editora Victorama, 1994.

Rodríguez Demorizi, Emilio. *Cancionero de Lilís*. Santo Domingo: Editora del Caribe, 1962.

Salmador, Victor. *José Francisco Peña Gómez*. Madrid: Edición No Venal, 1990.

Sánchez, Roberto. Entrevista con el autor, el 2 de mayo de 1993, La Romana, República Domingo.

Santana, Pedro. "Manifiesto a los dominicanos," citado por Gregorio Luperón en *Notas autobiográficas y apuntes históricos, tomo I*, ed. Bernardo Vega,141-47. Santo Domingo: Editora de Santo Domingo, 1974.

Sherlock, Sir Philip. *A History of the West Indies*. London: Nelson Press, Ltd.,1983.

Silié, Rubén. *Economía, Esclavitud y Población*. Santo Domingo: UASD, 1976.

_____. "El Hato y El conuco: Contexto para el Surgimiento de la Cultura Criolla," citado en *Realidades Históricas, no.1*, octubre-diciembre 1975, 59-64.

Tamayo García, E. "Familia y economía campesina en la frontera dominicana," citado en *Revistas Sociales, año xii, no. 48* (1979): 220-29.

Tannenbaum, Frank. *Introducción al negro en las Américas: esclavo y ciudadano*. Buenos Aires: Biblioteca América Latina, 1968.

Tolentino Dipp, Hugo. *Raza e historia en Santo Domingo: los orígenes del prejuicio racial en América. 2ª edición*. Santo Domingo: Fundación Cultura Dominicana, 1988.

Torres, A."Primero la Gente," en *Revista Última Hora*, 17 de mayo de 1994, 35.

Van Sertima, Ivan. *Blacks in Science: Ancient and Modern. 11th edition*. New Brunswick, NJ: Transaction Books, 1991.

_____. *They Came Before Columbus: The African Presence in Ancient America*. New York: Random House, 1991.

Vega, Bernardo. "La Herencia Indígena en la Cultura Dominicana de Hoy," en *Ensayos Sobre Cultura Dominicana. 3ª edición*. Santo Domingo: Fundación Cultura Dominicana, 1990.

_____. *Control y represión en la dictadura Trujillista*. Santo Domingo: Fundación Cultural Dominicana, 1986.

Wilentz, Amy. *The Rainy Season: Haiti Since Duvalier*. New York: Simon & Schuster, 1989.

Williams, Sir Eric. *Capitalism & Slavery, Sixth Printing*. New York: Capricorn Books, 1966.